KB082472

나는
행복한
엄마

창업가입니다

나는 행복한 엄마 창업가입니다

초판 1쇄 2022년 05월 26일
지은이 강진애 | **펴낸이** 송영화 | **펴낸곳** 굿웰스북스 | **총괄** 임종익
등록 제 2020-000123호 | **주소** 서울시 마포구 양화로 133 서교타워 711호
전화 02) 322-7803 | **팩스** 02) 6007-1845 | **이메일** gwbooks@hanmail.net

ISBN 979-11-92259-18-5 03320 | 값 **15,000**원

꿈꾸는 엄마, 당당한 엄마, 이루는 엄마! 나를 믿는 순간 꿈이 현실이 된다!

나는 행복한 엄마

강진애 지음

FOUNDER

창업가입니다

굿웰스북스

▶▷ 프롤로그

당신이 살아갈 앞으로 10년 동안의 모습을 상상해본 적이 있는가?

나는 사랑하는 남자를 만나고 꿈꿔왔던 결혼 생활을 시작하면서 영원히 행복할 것 같았다. 사랑하는 남자와 나를 닮은 자녀를 낳아서 키우면 그것만큼 행복한 일은 없으리라고 생각했다.

그러나 아이를 낳고 밀려오는 우울함과 바닥까지 내려가 더 이상 내려갈 수도 없는 자존감에 힘든 시간을 보냈다. 그렇게 믿고 있던 행복이 사랑하는 사람을 통해서, 주어진 환경 속에서 오는 것이 아닌 것을 알게 된 순간이었다.

당신 자신을 사랑하지 못하고 당신만의 목적이 없이 살아간다면 절대로 행복할 수 없다.

아이만을 위해서 살아가는 삶, 남편만을 위해서 살아가는 삶으로는 절대로 행복할 수 없다. 이 세상 누구도 당신의 행복을 가져다주지 못한다. 삶의 주인공이 되어 살아가는 삶을 원하는 여성을 위해 이 책을 쓰기로 결심했다.

이 책은 이 세상 어딘가에서 나와 같이 힘든 시기를 거치고 삶의 의미를 찾지 못해 고민하는 여성들에게 전하는 메시지이다. 자신이 가지고 있는 특별함을 찾아 삶의 의미를 두고 살아가는 숨어 있는 선한 리더들을 위한 메시지이다.

현실 속에서 엄마의 자리, 아내의 자리를 양보하지 않고 그 자리에서도 최고의 삶을 살아갈 수 있는 나만의 방식을 담았다. 시간이 부족했고, 경험이 없었고, 돈도 없었고, 많은 것들이 부족했지만 매 순간 내가 할 수 있는 작은 것을 찾아 해오는 날들을 보냈다. 그 작은 한 발짝이 모여서 어느새 멀리 그렇게 꿈꾸던 목적지에 다가가고 있다.

자신 스스로가 부족하고 준비되어 있지 않다고 생각하는가? 아직 때가 이르다고 생각하는가?

기억하라. 당신의 인생을 움직일 수 있는 사람은 오직 당신 한 사람뿐이라는 것을.

세상의 모든 이들은 누구나 자신만의 특별한 것을 가지고 태어났다는 것을.

그 특별함을 필요한 곳에 나누며 삶의 목적을 찾아 이루며 행복하게 자신의 삶을 주도해 살아가길 바란다.

멋진 여자, 훌륭한 엄마, 능력 있는 아내, 선한 리더로 살아가려는 모든 여성들에게 용기와 꿈을 선물하는 책이 될 것이라 믿는다.

당신은 꿈꾸는 대로, 말하는 대로, 바라는 대로, 상상하는 대로, 생각하는 대로, 행동하는 대로, 기대하는 대로, 노력하는 대로, 도전하는 대로 이루는 사람이라는 것을 기억하길 바란다.

2022년 5월 5일

샌프란시스코에서

강진애

목 차

당신은 이미 '나'라는 주식회사의 CEO이다

▶▷ 3장

창업가를 꿈꾸는 엄마들을 위한 7가지 조언

▶▷ 4장

행복한 엄마 창업가로 살아남는 방법

▶▷ 5장

나는 행복한 엄마 창업가입니다

착한 엄마보다 **당당한 엄마가 되라**

◀ 01 ▶

당당한 엄마가 되는 길을 창업 속에서 찾다

왜 당당해지고 싶은가?

2004년 7월 10일. 그렇게 기다리던 첫아이를 만나는 날이다. 나는 완벽하게 아이 맞을 준비를 했다. 필요한 육아 지침서를 통해서 많은 것을 배웠다. 산모를 위한 클래스도 자주 가서 듣고 배웠다. 아이를 낳으면 입힐 옷, 기저귀, 카시트, 유모차 등 필요한 모든 것을 구매했다. 혹시나 필요할지도 모르는 것들까지. 이렇게 나는 완벽한 엄마가 되기 위해서 할 수 있는 모든 것을 준비했다. 사랑하는 아이에게 최고의 엄마가 되고 싶었다. 젖을 물리는 방법을 인형으로 수없이 연습했다. 포지션도 좋다고 칭찬도 받았다. 하지만 내가 상상했던 것과는 전혀 다른 일상이 내 앞에 펼쳐졌다.

'뭘 잘못하고 있는 거지?'
'뭐가 불편한 거야?'
'이렇게 안아줄까?'
'그럼 이렇게?'

아이의 울음을 그쳐보고자 자세도 고쳐보고 일어나 걸어도 보았다. 멈추지 않고 우는 아이를 보고 나도 함께 울었다. 젖 먹은 지 얼마 안 되어서 배고픈 건 아닌 것 같았다. 옆에 있는 남편은 아이가 울고 있으니 나에게 서운한 말을 던진다.

"그때 수업 시간에 배우지 않았어?"
"잘못하고 있는 거 아니야?"
"그니까 잘 배워놓으라고 했잖아."

아이가 자지러지게 울고 있으니 남편의 언성도 점점 높아진다. 아이를 낳고 병원에 있는 3일간 간호사를 통해 기본적인 젖 물림, 기저귀 갈기, 씻기기를 배웠다. 아직까지 서투르지만 매일 반복적으로 하다 보니 조금씩 익숙해지기 시작했다.

아이를 잘 먹일 수 있다는 기쁨도 잠시, 트림을 제대로 못 시켜 아이는 가스 찬 배로 너무 힘들어 징징거리고 있다. 어느 날은 무슨 이유인지 한두 시간마다 아이는 깨고 운다. 아이가 무엇이 불편한지 몰라 달래보고 노래도 불러주고 하지만 울음은 금세 멈추지 않았다. 새벽에 일찍 일을 해야 하는 남편 때문에 나는 아이가 울지 않도록 돌보며 그렇게 밤을 꼬박 새우곤 했다. 간단한 일상을 반복하는 것 같지만 부족한 게 너무 많았다. 내 품 안에서 울고 있는 아이를 보며 순간 '너를 위해 제대로 할 수 있는 게 없는 엄마구나.' 하면서 슬픔이 몰려왔다.

"모든 엄마는 워킹맘이다."

2021년 6월 22일자 〈여성조선〉에서 이상문 부장은 여성의 가사노동의 가치에 관한 기사를 이렇게 쓰고 있다.

"집안 청소나 빨래, 요리처럼 가사노동이 창출하는 가치가 명목 국내총생산(GDP)의 25%를 넘어선 것으로 집계됐다. (생략) 1인당 가사노동 가치는 949만 원으로 5년 새 33.3% 늘었다. 가사노동 가치에서 차지하는 여성의 비중은 72.5%(356조 원), 남성은 27.5%(134조9000억 원)이다. 이를 성별 인구로 나누면 여성의 가사노동 가치는 1인당 1380만 원, 남성은 1인당 521만 원이다. 여성 1명이 수행하는 가사노동 가치가 남성의 2.6배에 달하는 셈이다."

이렇게 우리는 엄마가 되는 순간 기존과는 다른 일상의 루틴으로 워킹맘이 된다. 하지만 기사와는 달리 가사를 하고 아이를 돌보는 것에서 나의 가치를 전혀 느낄 수가 없었다. 아이가 태어나기 전에 나는 무엇이든지 자신 있게 도전하고 두려움을 못 느꼈다. 실수하고 틀려도 다시 하면 되니까 큰 문제가 아니라고 생각했다. 하지만 아이가 태어난 이후부터 난 어쩔 줄 몰라 하며 '혹시라도 잘못하면 어떡하지?' 하며 걱정부터 한다.

나와 사랑하는 남편을 닮은 아이를 낳아 키운다는 건 축복이다. 하지만 아쉬운 게 한 가지 있다면 육아는 아무리 열심히 해도 본전도 못 찾는다는 것이다. 대가와 인정을 바라고 아이를 키우는 건 아니다. 하지만 끊임없이 실수를 거듭해 엄마로 커가는 과정에서 가끔은 나도 칭찬을 받고 싶었다. 매일 최선을 다하니까 그리고 열심히 잘해보려 하니까. 그래서 가끔은 수고했다는 말도 듣고 싶었다. 이런 감정은 엄마인 나만이 아닌 남편도 그랬을 것 같다. 우리 둘은 새벽마다 아이 잠재우기 전쟁으로 서로를 위로할 마음의 여유조차 없었다.

주변에 나와 함께 육아의 어려움을 나눌 친구도 없었다. 이런 허전한 마음을 채우기 위해 내가 찾아간 곳은 싸이월드다. 누군가가 나의 이야기를 들어주고 그냥 '잘하고 있어요.', '괜찮을 거예요.'라고 해주는 그런 말들을 듣고 싶었다. 매일 나누는 나의 일상을 보고 나와 같이 어려움을 느끼는 엄마들이 하나둘씩 이웃이 되었다. 나에게 새로운 세상이 열린 것이다. 혼자만 느끼는 어려움이 아니었고 나만 느끼는 우울함이 아니었다는 것을 알게 되었다. 이제 막 엄마가 된 이웃들에게 어느새 나는 그들의 친구가 되어가고 있었다. 그렇게 우리는 서로를 격려하고 응원하면서 잃어버린 자존감들을 다시 찾게 되고 위로를 받게 되었다.

"비관론자는 어떤 기회가 찾아와도 어려움만을 보고, 낙관론자는 어떤 난관이 찾아와도 기회를 바라본다."

– 윈스턴 처칠

2004년 10월 1일, 아이가 태어난 지 백일도 되지 않은 평범한 날이었다. 아직도 엄마로 부족함이 수두룩했다. 매일 예상치도 못하는 육아 일상에서 답을 찾지 못해 헤매고 있었다. 그래도 괜찮았다. 더 이상 우울하지 않았다. 나에게는 지구 반대편에서 함께하는 엄마들이 있었기 때문이다. 우리는 서로 만나본 적이 없다. 하지만 매일 서로 격려, 응원, 위로를 주고받으며 그렇게 함께했다. 아침에 눈을 떠 침대에서 가만히 멍하니 오늘 하루를 그려봤다. 그 순간 나의 머릿속에 스쳐가는 생각들이 있었다. 그리고 나는 바로 결단을 한다.

'부족함을 통해서 누군가에게 희망을 주고 용기를 줘보자.'

'매일 자존감이 떨어지고 우울함을 느끼는 엄마들에게 도움을 주자.'

'그래서 그것을 채워주고 해결책을 찾아내는 엄마들의 친구가 되자.'
'육아를 좀 더 편리하게 해줄 수 있는 제품을 찾아서 소개해보자.'

아침에 맴도는 아이디어로 가슴이 뛰기 시작했다. 오랫동안 내 마음 속에 있었던 생각이었던 게 틀림없다. 낮잠을 자고 있는 아이를 남편에게 잠시 맡겨두고 창업을 위해 사업자 등록을 하러 갔다. 남편은 다행히도 창업을 한다는 것에 반대하지 않았다. 출산 전에도 몇 가지 창업을 하기 위해 사업자 등록을 한 적이 있기 때문이다. '이번에도 또 저러다 말겠지.'라고 생각하는 것 같다. 하지만 이번에 나는 확신했다. 운전을 하고 가는 길에서 여러 가지 마음이 교차해나갔다. 해야 하나 말아야 하나의 마음이 아니다.

'어떻게 하면 잘할 수 있을까?'
'무엇부터 시작해볼까?'
'어떻게 엄마들을 도와줄 수 있을까?'

나에게 당당함이란 무언가를 이루어놓은 것에서 오는 게 아니었다. 그것은 부족함을 인정하고 채우기 위해 힘쓰는 삶에서 나온 것이다. 먼저 한발 앞서가 해보니 괜찮았다고 말할 수 있는 그 순간 나는 샘솟는 당당함과 자신감을 느끼게 되었다. 그렇게 나는 한 번도 가보지 않은 창업의 길로 들어섰다. 그리고 이제는 당당하게 많은 여성분들에게 말한다.

“나도 그때 많이 망설였어요.”

“당신은 이 과정을 이겨낼 수 있어요.”

“행복하게 즐거운 육아를 할 수 있고 당당한 엄마가 될 수 있어요.”

그렇게 나는 안개로 가득 덮여 끝이 보이지 않는 창업의 길로 당당하게 입문하게 되었다.

블로거 활동시 아이 안고 컴퓨터 글쓰는 모습

◀ 02 ▶

엄마를 통해 아이는 행복한 삶을 배운다

엄마들이 아이들에게 공통적으로 바라는 게 있다면 무엇일까?

사업을 시작한 지 벌써 19년이 다 되어간다. 창업 초창기 때는 블로거로 활동하면서 엄마들과 소통하는 시간을 많이 가졌다. 엄마들과 삶을 나누다 보니 고객이기보다는 나는 그들에게 친구 같은 존재가 되었다. 세상이 참 좋아서 나는 미국에 있고 한국에 있어도 인터넷을 통해 많은 것을 나눌 수 있었다. 지금처럼 Zoom이 있는 게 아니었고 카카오톡이 있는 게 아니라서 우리는 매일 댓글과 쪽지를 주고받으면서 소통했다. 그런 과정에서 대부분의 육아 고민은 '어떻게 행복하게 아이를 키울 수 있을까?' 하는 것이었다. 장난감을 하나 구매해도, 신발을 하나 사도, 책을 하나를 구매해도 엄마들의 깊은 내면에는 행복한 아이를 위해서였다. 엄마들은 자신이 아이들에게 해줄 수 있는 최고의 것을 찾았다. 좋은 옷을 입히고, 좋은 음식을 먹이고, 그래서 건강하고 밝게, 그리고 행복하게 자라주기를 소망한다는 것을 알았다.

'어느 부모든지 능력 안에서 최고의 것으로 아이들에게 주고 싶어 하는 마음이 다 같구나.'
'아이들에게 행복을 선물하고 싶어 하는구나.'

능력이 되는 만큼 아니 그 이상만큼 아이를 위해 해주고 싶은 마음은 다 같은 엄마 마음이다. 최고로 안전한 카시트를 골라야 했고 최고로 편안한 아기 띠를 사야 했다. 나는 현명한 엄마가 되려면 좋은 것을 사야 된다고 홍보하면서 엄마들을 부추기기도 했다. 이렇게 물건으로 아이들을 채우는 게 아이들을 행복하게 하는 전부는 아닌데 말이다. 물질적으로 채우는 무언가에서 아이가 편리함을 느끼면 그 속에서 행복한 삶을 살 거라고 생각했다.

2021년 11월 25일자 〈헬스조선〉 뉴스에서 이슬비 기자는 "임신 중 엄마 스트레스, 태아 '이곳'에 남는다."라는 기사를 썼다.

"산모가 임신 중 스트레스를 받았다면, 그 흔적은 태아에게 평생 남는다. (생략) 영국 에든버러 대학 연구팀은 스트레스를 많이 받은 산모에게서 태어난 태아는 뇌 발달에도 영향을 받는다는 것을 뇌 MRI 영상 분석으로 증명했다. (생략) 최근 미국 하버드대 의대 메사추세츠 제너럴 병원(MGH) 소아청소년과 에린 던(Erin Dunn) 박사 연구팀이 태아가 모체 내에서 스트레스를 전달받았다면, 그 흔적이 젖니 성장선으로 남는다는 연구 결과를 발표했다. (생략) 무엇보다 산모의 정신 건강이 결국 가장 중요하다."

이렇게 아이를 가진 순간부터 엄마가 느끼는 감정부터 아이에게 큰 영향을 주는 거다. 태어나 매일 보고 듣고 함께 가장 많은 시간을 보내는 건 엄마이다. 아이가 막 태어나면 아이의 눈과 귀는 엄마를 향해 있다. 엄마가 웃으면 아기도 웃고 엄마가 울면 아기도 운다. 엄마가 하는 행동과 말투 그것을 통해서 아이는 엄마의 감정으로 편안함 또는 불안을 느낀다. 또한 엄마의 행동을 보고 따라 한다. 엄마의 감정이 아이에게 끼치는 영향은 우리가 생각하는 것보다 훨씬 크다.

큰딸 에리카가 한참 말을 배우기 시작했을 때다. 내가 일하는 동안 여느 때와 다름없이 어지럽게 장난감을 다 널어놓고 놀고 있다. 아이가 놀 때는 맘 편히 놀라고 그냥 둔다. 어느새 장난감에 흥미를 잃은 듯 내 핸드백을 뒤지고 있다. 그러다 발견한 내 핸드폰을 가지고 놀면서 나를 흉내 낸다.

"에리카스 클로젯입니다. (초창기 회사 상호) 무엇을 도와드릴까요?"

큰딸 에리카는 발음도 제대로 하지 못하면서 그렇게 전화를 받는 흉내를 낸다. 그 목소리는 참 밝았다. 그러면서 뭐라 알아들을 수 없는 말들로 중얼거린다. 그렇게 한참을 중얼거리더니 "전화 주셔서 감사합니다." 하며 즐겁게 통화를 마무리한다. 내가 일하는 모습을 다 보고 있었던 거다. 다행히 고객들과 브랜드 파트너들과 전화 상담하는 모습이 아이의 모습 속에 즐겁게 비친 듯했다. 한참을 아이의 모습을 보면서 웃었다. 아직까지 짜증 나고 화난 나의 모습을 보지 못한 듯하다. 정말 다행이라고 생각했다.

비즈니스 출장을 다닐 때마다 가능하면 아이들과 남편을 데리고 갔다. 남편도 개인 사업자고 컴퓨터 하나로 업무를 보는 업종이라 가능했다. 그것도 그렇지만 남편에게 아이 둘을 맡겨놓고 가기도 미안한 마음이 컸다. 출장을 함께 가면 집에서처럼 낮에는 일을 해도 오후 시간은 개인 시간을 낼 수 있으니 좋았다. 그리고 새로운 도시에 가서 오후에는 가족과 틈틈이 여행도 할 수 있어서 좋았다. 2007년 한국 지사를 처음 설립했을 때도 그랬다. 한국과 미국을 3개월씩 번갈아가며 회사를 돌볼 때도 아이들과 남편을 다 데리고 왔다갔다했다. 나는 사업을 한다는 이유로 가정을 소홀히 대하진 않았다. 그리고 나는 두 딸들이 엄마가 열심히 사는 모습을 통해 많은 것을 배우길 원했다.

아이들이 어렸을 때는 일을 마치고 오면 강아지들이 달려오듯이 나를 발 벗고 맞이했다. 비즈니스 출장 가기 전날부터 아이들은 나보다 더 행복해한다. 그리고 엄마가 일을 마치고 오면 함께 나가서 놀 수 있다는 생각에 들떠 있다. 그래서 아빠랑 엄마를 기다리면서 징징거리지도 않는다. 어린 두 딸은 그렇게 일하고 오는 나를 기쁘게 맞아줬다. 참 행복해했다. 아마도 나보다 미팅 후 받아오는 샘플을 기다렸을 것이다. 아이들은 매번 받아온 샘플들을 학교에 가지고 가 친구들에게 나눠주는 것을 좋아한다. 어느 날 학교에 가면 애들 친구 엄마들이 나를 붙잡고 재밌는 질문들을 한다. 아이가 바라보는 나의 위치는 대기업 CEO같이 보였나 보다. 엄마를 한순간에 그런 사람으로 둔갑해서 자랑을 해놓은 것이다.

나는 항상 아이들에게 질문을 자주 한다. 아이들이 무슨 생각을 하는지 궁금하고 일을 하다 보니 틈날 때마다 질문을 하지 않으면 금세 멀어지는 느낌이 들까 봐 그렇다. 질문을 할 때는 아이들에게 상냥한 말투로 해야 한다. 최대한 상냥하고 애교 섞인 목소리로 해야지 아이도 편하게 엄마한테 답을 해준다. 나의 질문은 항상 '왜'가 들어간다. 그렇기 때문에 자칫 잘못 내 목소리 톤을 조절하지 않으면 심문하듯이 들릴 수도 있다. 아무리 오늘 일터에서 힘든 일이 있었어도. 사랑스러운 목소리로 질문을 한다. 아이의 맘이 활짝 열려서 답을 해주도록.

"엄마랑 출장 가는 게 왜 재밌어?"

"왜 그걸 해보고 싶은데?"
"그걸 배우면 뭐가 좋을 것 같아?"
"왜 그게 필요한데?"
"왜 거기에 가고 싶은데?"

아이들도 항상 나에게 묻는다. 호기심에 가득 찬 목소리로 묻는다. 꼬리에 꼬리를 물고 할 때가 있어서 답하기 힘들 때도 있다.

"엄마, 왜 출장 가요?"
"왜 하고 싶은데요?"
"그 브랜드를 왜 좋아해요?"
"왜 그런 건데요?"

내가 하는 질문들과 비슷한 질문으로 나에게 묻는다. 이 질문들 속에서 나도 모르게 내가 왜 일을 하는지, 목적이 뭔지 생각하게 되고 좀 더 명확한 답을 찾게 된다. 아이가 어리지만 그 나이에 알맞게 대화가 다 된다. 그렇게 대화를 하다 보면 어느새 내 생각이 정리되곤 했다. 아이들이 어렸을 때, 막 말을 시작했을 때부터 지금까지 해온 대화의 방식이다. 우리는 그렇게 서로에게 관심을 준다. 그런 과정에서 아이는 아이대로 성장하고 나도 엄마로 성숙해진다. 서로가 습관처럼 묻는 질문 속에서 우리는 그렇게 서로가 무엇을 원하는지 알고 무엇을 통해 행복해지는지 알게 된다.

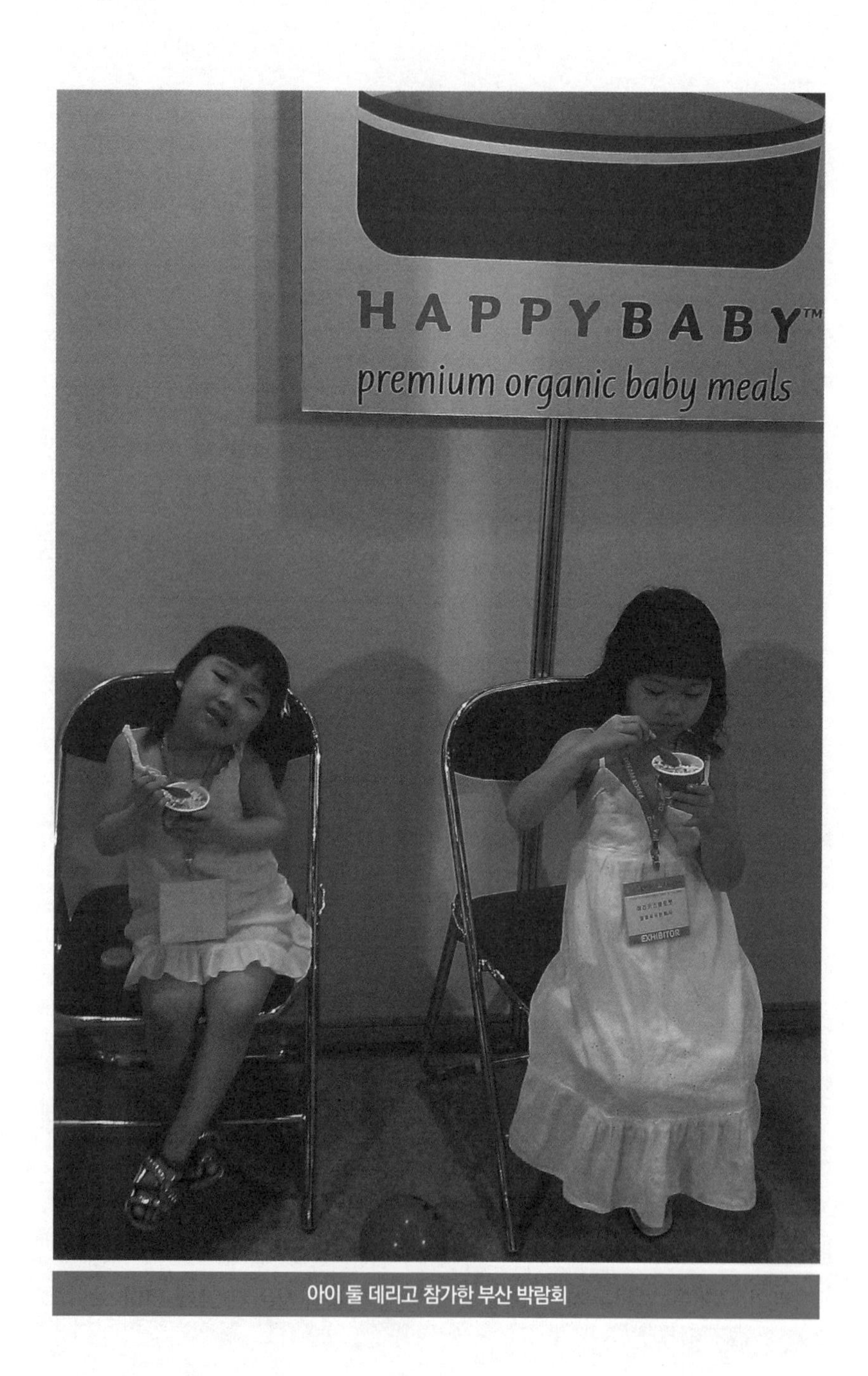

아이 둘 데리고 참가한 부산 박람회

행복은 매일 웃는 웃음 속에 있는 게 아니다. 행복은 모든 것에 실수 없이 완벽하게 살아가는 것에서 오지 않는다. 행복은 누군가와 함께 같은 곳을 바라보며 나누는 곳에 있다. 아이들과 나누는 이야기 속에서 우리는 각자가 바라보는 행복한 삶이 어떤 거라고 알아가게 된다. 아이들을 마냥 어리다고 생각하지 말자. 순수함 속에서 바라보는 세상을 아이를 통해서 듣자. 내가 몰랐던 세상이 아이들을 통해서 보인다. 그 속 안에서 아이들은 엄마와 함께 행복하게 살아가는 방법을 배우게 된다.

매일 행동하는 나의 작은 일상들 속의 언어와 행동을 통해 아이들은 삶을 주체적으로 살아가는 방법을 알게 된다. 보고 듣고 나눈 대화를 통해서 엄마가 하는 모든 일들은 돈이 전부가 아닌 행복한 삶을 살아가기 위해서라는 것을 배운다. 그러고 그것을 이루려고 노력하는 매일이 행복하다는 것을 간접 경험을 통해 느끼고 배운다. 대화가 진정한 키이다. 대화를 통해 아이는 엄마를 알아가고 나는 아이들을 알아간다. 그리고 아이들은 대화를 통해 알아가는 엄마의 모습을 바라보며 삶을 바라본다. 목적을 가지고 살아가는 엄마의 삶, 어떤 의미로 살아가는지 알게 되는 엄마와의 대화를 통해 아이는 어느새 행복한 삶을 배우게 되는 것이다.

옆에 아이 두고 열심히 블로그 글 올리는 중. 책상이 없어서 상자를 놓고 작업했다.

초창기 한국지사 – 아이가 항상 오피스에서 놀고 있었다.

◀ 03 ▶

엄마의 행동이 아이들에게 인생 교육이다

오랜 시간 사업을 하면서 내 깊은 마음속에서 무언가가 나를 괴롭혔다. 내가 하고 싶은 대로, 내가 준비해놓은 대로, 내가 원하는 대로 돌아가지 않은 상황에 반항심이 생겼다. 오랫동안 공들여 준비해서 성과를 내고 있었던 프로젝트도 내가 제안하는 대로 파트너가 믿고 따라주질 않는다. '내가 영어를 못 해서 그런가?' 아니면 '내가 그들보다 학력이 낮아서 그런가?' 자꾸 부정적으로 그들은 내 의견을 들어주지 않는다. 내가 제안한 대로 진행을 했다면 결과가 훨씬 좋았을 건데 하고 후회가 밀려온다. '왜 난 자신 있게 뜻을 전달하지 못하나?', '왜 이리 파트너를 설득하지 못하는 거지?' 한없이 자존감이 낮아졌고 앞으로 어떻게 회사를 이끌어야 될지 너무 막막했다. 내가 컨트롤 할 수 있는 것이 없다는 생각에 너무 많이 힘들었다.

어느 날 나는 정신적으로 지칠 만큼 지쳐 집에 돌아왔었다. 집에 들어가니 아이들과 남편은 집 안을 난리 쳐놨다. 맘이 지치니 작은 거 하나가 다 눈에 거슬린다. 집에 들어가면 좀 쉬고 싶지만 그럴 수 없다. 집에 들어가면 엄마가 온 거고 아내가 온 거니 아이들과 남편은 그런 나의 모습을 원한다. 이날은 나를 누가 손가락으로 딱 밀치면 넘어지기 일보 직전인 심리 상태였다. 그런 나를 보자마자 남편이 "오늘 저녁 뭐야?" 이렇게 물어본다.

평상시 자주 해왔던 질문이다. 근데 이날은 나의 상태가 안 좋으니 이 한마디에 나는 사납게 대답한다. "이제 일하고 온 나한테 하는 첫마디가 밥 이야기야? 당신은 내가 밥하는 여자로만 보여? 당신이 좀 만들 수 있는 거 아니야? 왜 내가 올 때까지 맨날 기다리는 건데?" 막 쏘아내기 시작했다. 남편과 아이들은 나의 이런 모습을 보고 당황해한다. 이렇게 나는 소리 지르고 안방으로 들어가 한참을 침대에 누워서 소리 내어 울었다. 아주 펑펑 울었다. 더 크게 소리 내어 울어버렸다. 안 그러면 심장이 터질 것 같았다. 더 이상 혼자서 담아놓기 힘들 만큼 차서 이제는 다 내어버릴 수밖에 없었다. 문밖에서 아이들은 "엄마, 괜찮아요?", "엄마, 왜 그래요?" 하면서 '똑똑'하고 두드린다. 나는 물어보는 아이들에게 대답도 하지 않고 그렇게 한참을 혼자서 울고만 있었다.

2018년 1월, 오랫동안 함께 알고 지내던 큰딸 친구 엄마가 새로운 운동 클래스가 있다고 한번 가보자고 한다. 'Red Room'이라고 불리는 곳에 들어가면 터지는 음악 소리에 서로의 말소리가 들리지 않는다. 쿵쿵 거리는 베이스 비트 소리에 내 가슴이 쿵쿵 뛰었다. 나이트클럽같이 어둡고 빨간 조명으로 꽉 차 있다. 강사의 목소리는 군대의 소장들같이 우렁차다. 감히 말을 듣지 않으면 쫓아낼 만큼 강하게 준비 체조를 시킨다. 처음 보는 나에게 그렇게 대놓고 소리를 지르면서 뛰라고 한다. 온전히 강사의 말을 듣고 난 그대로 운동만 하면 되는 거다. 그렇게 딱 한 시간. 온전히 내 몸에 집중해서 운동만 할 수 있었다. 일 생각, 아이들 생각, 오늘 뭐 먹을지, 오늘은 무슨 일을 처리해야 할지, 아무것도 생각할 틈이 없었다. 1시간이 후딱 가버렸다. 땀을 뻘뻘 흘리며 숨이 차서 말도 못 할 정도로 집중해 운동을 마쳤다. 가슴이 뻥 트이듯이 속이 시원해졌다. 그동안 답답해 힘들었던 마음의 체증이 날아갔다.

아직도 밖은 깜깜하다. 아직 1월이라 밤이 너무 길다. 근데 오늘은 내가 다짐한 게 있다. 그동안 세상 모든 것이 내 맘대로 돌아가지 않았지만 이젠 더 이상 속상한 마음에서 멈추지 말자고. 이제는 내 맘대로 할 수 있는 것부터 해보자. 새로운 마음으로 세상을 바라보고 살아보자. 새벽 5시. 전날 일찍 자지 못해서 눈이 떠지지 않지만 힘든 몸을 겨우 일으켜 일어났다. 내 몸을 일으켜 내가 할 수 있는 것에 도전해보자. 오늘부터 나는 새벽 6시에 운동을 나가기로 결단을 했다. 태어나서 새벽에 운동을 다녀본 적이 없었다. 거기다 Bootcamp 운동을 해본 것은 지난주에 친구 초대로 몇 번 가본 게 다다. 남편은 전날부터 걱정했다. 처음부터 무리하지 말라며 그냥 일주일에 한두 번 가보는 것을 추천했다. 내 맘대로 내가 할 수 있는 것을 해보고 싶은 반항 같은 그런 맘이었다. '나만 잘하면 결과가 나올 테니까.', '누구한테 승인을 받지 않아도 되니까.' 그렇게 나는 고집을 부려서 운동 프로그램 3개월 치를 결제해버렸다.

'내 마음을 다스려야 내 몸도 다스리고 내 미래도 다스릴 수 있다.'

'나는 절대 포기하지 않아. 여기까지 오느라 얼마나 힘들었니. 이겨버릴 거야.'

'곧 지나갈 거야.'

'이날을 생각하면서 웃는 날이 있을 거야.'

'이까짓 게 뭐가 그리 힘들었다고 그랬을까 하고 생각하면서 미소를 지을 거야.'

아이들은 내가 가장 정신적으로 힘든 시기를 거친 그 순간을, 엄마가 평상시에 다른 행동을 하는 것을 옆에서 다 봤다. 미친 듯이 화를 내고 우는 모습. 갑자기 생뚱맞게 새벽에 나가 생전 해보지도 않은 Bootcamp 스타일의 운동을 시작한 모습. 그렇게 나는 일주일에 6일 새벽 운동, 일요일 하루 휴식을 하면서 10개월을 빠지지 않고 새벽 운동을 했다. 아이는 눈뜨면 엄마가 땀에 흠뻑 젖어 오는 날들을 매일 보고 자랐다. '매일 엄마는 운동하러 가는구나.' 하며 별생각 없이 아침에 나를 맞는다. 아니, 엄마가 운동을 갔다 오면 기분이 좋아서 돌아오니 어쩌면 가는 것을 좋아하는 것 같다. 그렇게 아이들은 엄마가 힘든 시기를 지나는 시간을 봐왔다. 따로 설명이 필요 없었다. 아이들은 당연히 인생의 어려움이 있으면 엄마처럼 새로운 변화를 주고 도전하면서 기분을 전환시키고 노력하는 모습을 봤다. 내가 일일이 설명하지 않았지만 아이들은 눈으로 보고 느끼고 옆에서 배우고 있었다.

두 딸은 9세, 6세 때부터 방과 후 펜싱을 했다. 펜싱을 가르치게 된 개인적인 이유가 여러 가지 있지만 아이들의 집중력을 키우는 데 가장 좋은 스포츠라고 생각해 시작하게 되었다. 몇 달간 아이들이 좋아하는지 시켜봤는데 아이들이 너무 재밌어했다. 처음에는 기대하지 않고 했던 펜싱인데 경기를 나가다 보니 더 잘하고 싶은 마음이 생겼다. 그래서 아이들은 미국 전국에 있는 청소년 경기들을 다니면서 실력을 쌓아갔다. 다녀올 때마다 기대한 대로 성적을 못 내고 아쉽게 지고 올 때도 있고 이겨서 메달을 받아 올 때도 있고 매번 롤러코스터 타듯 경기를 마치고 온다. 근데 어느 날은 큰아이가 경기를 하면서 집중도 못 하고 생각보다 실력을 발휘하지 못하는 것 같아 너무 속상했다. 경기하는 딸의 모습을 보면서 왠지 최선을 다하지 않고 대충한다고 느꼈다. 너무 화가 났다. 시간을 들여서 비행기 타고 여기까지 왔는데 뭐 하는 건지 너무 실망스러웠다. 경기에서 져서 속상해하는 아이를 보며 나도 너무 속상했다. 비행기 타고 돌아오는 길에 아이와 많은 이야기를 나눴다.

아이한테 "언제 멈출지 아는 것도 현명한 것 같아.", "아닌 건 아니라고 말할 수 있는 용기도 필요한 것 같아." 이러면서 아이한테 이제 펜싱을 그만하자고 제안했다. 열심히 해도 결과도 없고 시간과 돈도 많이 드는데 이렇게 희생하면서까지 할 필요가 뭐가 있을까 하는 생각에 그렇게 말을 해버렸다. 그러고 그날 나와 아이는 조용히 집에 돌아왔다. 남편은 싸한 분위기에 말을 걸기 조심스러워한다. 화도 내지 않고 울지도 않고 그냥 묵묵하게 말을 하지 않으니 묻는다. 그렇게 나는 마음의 준비를 했다. 더 늦기 전에 결정하는 게 아이를 위한 것이라 생각했다. 그렇게 조용한 밤을 보내고 우리는 아무 말도 없이 잠자리에 들었다.

새벽에 눈이 일찍 떠졌다. 사실 잠을 뒤척거리면서 잤다. 일어나 그 전날 아이에게 너무 심하게 말을 한 건 아닌가 하고 맘이 너무 쓰였다. 아이에게 혹시라도 상처 주는 말을 했을까 싶어 너무 미안했다. 아침에 일어나자마자 엄마가 미안했다고 사과하고 안아주고 싶었다. 조용히 아이가 깰까 봐 문을 살짝 열었다. 그런데 큰딸아이가 침대에 없는 거다. '어디 간 거지?' '화장실에 갔나?' 화장실에 가도 없다. 이 새벽에 아이가 없어져서 순간 너무 당황스러웠다. 어디서 들어오는 발소리. '쿵 쿵 쿵' 무슨 소리인지 뒷마당에서 나는 소리다. 급하게 보러 걸어갔다. 걸어가는 길에 유리창으로 아이의 얼굴이 보인다. 큰딸아이가 밖에 서서 나를 보고 이빨이 다 보이게 큰 미소로 나를 보고 있는 거다. 갑자기 눈물이 났다. 전날 화가 나서 말을 그렇게 해서 난 엄청 미안했는데 엄마한테 화내지 않고 웃어주는 아이에게 정말 고마웠다. 난 순간 '이 새벽에 왜 나가서 뭘 하고 있는 거지?'라는 생각이 들어 얼른 밖으로 나갔다. 아이가 뭐 하나 너무 궁금했다. 보니 운동복에 펜싱 신발을 신고, 장갑에 검을 들고 서서는 나를 보고 미소를 또 한 번 크게 짓는다.

"에리카! 이 새벽부터 뭐 하는 거야? 춥고 깜깜한데?"

"엄마! 나 펜싱 연습하고 있어요."

내 마음속에서는 큰 미소가 지어진다. 미안한 마음에 잠을 제대로 못 잔 건 표현하고 싶지 않았다. 그래서 속으로 생각한다.

'뭐야, 갑자기…'

'엄마 말 왜 듣지 않지?'

'근데 좀 미안하네. 엄마가 먼저 포기하자고 해서 정말 미안해…'

'언제 이렇게 큰 거지?'

'엄마가 네가 힘들고 성장하느라 그런 건데 먼저 손 놓자고 해서 정말 미안해…'

너무 맘이 찡했다. 마음속에 밀려오는 말들을 하지 못하고 바라만 보고 있었다. 나는 큰 미소를 짓고 있는 딸에게 마음속에 밀려오는 말은 한 마디도 못 했다.

"추운데 그러지 말고 얼른 들어와."

우리 딸은 어떤 상황에서도 그냥 울고 있지 않았던 것을 배웠던 거다. 엄마가 하는 말이라도 그냥 착하게 인정하고 포기하는 게 옳지 않다는 것을 알고 있었던 거다. 내가 말로 가르치는 어떤 것보다 더 강하게 아이는 눈으로 마음으로 깨닫고 배우고 있었다.

2017년 내셔널 펜싱 경기 금메달 – 포기하지 않는 엄마의 모습에서 배운 아이도 목표를 달성했다.

◀ 04 ▶

엄마가 창업을 해야 하는 이유

엄마이기 때문에 세상이 다르게 보인다. 엄마가 되기 전에는 나만을 챙기면 되었다. 내 인생만을 잘 챙기면 되었고 내가 무엇을 원하고 무엇을 하고 싶은지만 알면 되었다. 근데 그때는 왜 이리 세상이 힘들게 느껴졌고 나 하나만 보살펴도 되는데 뭐가 어렵다고 느꼈는지 모르겠다.

엄마가 돼보니 신경 쓸 게 참 많아졌다. 나 하나만이 아닌 남편도 챙겨야 하고 아이들도 챙겨야 한다. 하루에 24시간이 모자랄 정도로 시간은 참 빨리 간다. 처음에는 어디서부터 시작하고 무엇을 할지 몰라 아이 젖 먹이는 거부터 기저귀 갈아주는 것, 빨래 청소 모든 것에 쫓기면서 살았다. 엄마가 되어보니 시간이 왜 이리 부족한지 모르겠다. '나이가 들었나?' 에너지가 부족한 것 같다. 집안일이 많이 불편하게 느껴진다. 나는 항상 부족한 점이 많은 듯했다. 많은 것을 못 하고 어렵다는 생각이 들었다.

'누군가가 나의 꿀잠을 돌려줬으면 좋겠다.'
'누군가가 저녁 차리는 시간을 줄여줬으면 좋겠다.'
'아니, 아예 나를 위해 저녁을 차려줬으면 좋겠다.'
'누군가가 글로서리 쇼핑을 대신 해줬으면 좋겠다.'
'누군가가 나 커피 마시는 동안 전기 청소기를 대신 돌려줬으면 좋겠다.'
'누군가가 내 시간을 벌어만 줄 수 있었으면 정말 좋겠다.'

이렇게 누군가가 해줬으면 하는 생각들이 지금 현실에 비즈니스가 되어서 우리의 삶을 더 편리하게 바꿔주었다. 엄마들이 매일 하는 육아를 통해서 정말 많은 창업 아이디어를 얻을 수 있다. 창업을 시작한다는 건 거창한 게 아니다. 내가 좀 더 이해할 수 있는 고객들을 선정해 그들에게 차별화된 가치를 제공해주면 되는 거다. 불편한 것을 해결해주고 편리함과 만족도를 높여줄 수 있는 그런 것을 찾아서 창업화시키면 된다.

내가 창업을 한 계기도 그렇다. 아이를 낳고는 '어떻게 하면 아이를 건

강하게 키울까?' 고민을 많이 한다. 아이가 커갈수록 이제는 아이들을 어떻게 놀아줄지 고민한다. 내가 큰아이를 낳고 첫 3개월간 아이가 밤에 잠을 푹 자지 않아서 많이 힘들었다. 그런 과정에서 누군가도 나처럼 힘들게 육아를 할 수도 있다는 생각에 내가 시도하는 방식들을 나누게 되었다. 그리고 잠 잘 재우는 데 필요한 것들을 소개하며 판매하기 시작했다.

아이 몸을 꼭 감아주는 이불, 아이를 편하게 재울 수 있는 롤러바이 노래가 나오는 모빌 장난감, 바운서 등. 그렇게 엄마들의 마음을 사기 시작하면서 '국민 과자', '국민 아기띠', '국민 아기체육관', '점퍼루' 등 히트 상품을 하나씩 만들어가기 시작했다. 그중 가장 기억에 남는 상품이 하나 있다.

큰아이 첫 이유식을 시작할 때이다. 식습관을 가르치기 위해서 아이를 부스터 시트에 앉혔다. 부드러운 숟가락과 아이가 그릇을 잡아도 엎어지지 않은 상품을 소개했다. 손에 쥐어줄 부드러운 치발기와 함께 아이의 먹는 장면을 소개했었다. 그것이 엄마들의 마음을 움직이게 되었다.

엄마들이 하나같이 아이 첫 이유식을 먹이기 위해서 어려움이 있었던 거다. 지금은 너무나 많은 부스터 시트들이 시중에 판매되고 있지만 18년 전만 해도 아기 부스터 시트는 한국에 흔한 상품이 아니었다. 그전에는 어떻게 아이들을 먹였을까 할 정도로 부스터 시트는 엄마의 아이들의 필수품이 되었다. 우리 회사는 효자 상품이 된 부스터시트를 처음으로 한국으로 수출을 할 수 있게 되었다. 이렇게 정식으로 무역회사로 자리 잡을 기회를 가지게 되었다.

창업 아이템의 시작은 나의 고객이 어떤 사람인지 먼저 아는 것에서 시작되어야 한다. 내 상품을 사용할 고객이 원하는 게 무엇인지, 무엇을 불편하게 생각하는지 누구보다도 잘 알고 있어야 한다. 나는 육아하며 일하는 여성으로 살아왔기에 누구보다 더 잘 알 수 있었다. 그래서 나의 충성고객들은 큰아이와 나이가 비슷한 아이들을 둔 엄마들이었다. 엄마로 아내로 살아가면서 느끼는 마음을 동감하고 이해해주고 해결해줄 수 있는 아이템으로 나의 사업을 이끌어갔다. 그랬기 때문에 나는 내 있는 그대로의 모습을 보일 수가 있었고 멋진 사장이 되려고 특별히 노력할 필요도 없었다. 나와 아이의 모습을 포토샵으로 꾸밀 필요도 없었다.

창업을 하기 위해 시간의 여유가 필요하다고 생각하는 경우가 많다. 하지만 나의 경우를 보면 그렇지 않았다. 매일 살아가는 삶을 나누는 거라 특별히 따로 시간을 내어서 일을 한다고 느끼지도 못했다. 그냥 일상의 한 부분일 뿐이었다. 한국에 수많은 친구 엄마들이 있다는 생각에 너무 든든하고 행복했다. 수없이 올라오는 댓글과 함께 나누는 채팅 시간들이 그냥 일상이었다. 좋아하는 일을 하면서 의미 있을 일을 해나가는 것이 너무 행복하고 거기다 돈도 벌 수 있어서 일석이조였다.

많은 분들이 창업을 하려면 돈이 있어야 한다고 생각한다. 돈은 있으면 도움은 된다. 하지만 돈이 있어야 창업을 하는 것은 아니다. 나는 자금 500달러로 18년에 큰아이를 낳고 100일이 지나 사업을 시작했다. 그때 당시 싸이월드, 다음 카페를 이용해서 우선 나는 나의 팬들을 모았다. 나의 육아 이야기들을 나누며 매일 샌프란시스코의 일상을 나눴다. 지금처럼 아이폰이 있는 때가 아니었다. 상상이 되는가? 다행히 디지털 카메라가 있을 때라서 매일 가지고 다니며 아이 사진을 찍고 글을 올리고 상품을 올렸다.

그렇게 나를 사랑하고 지지해주는 엄마들이 하나둘씩 모여서 자연스럽게 사업을 시작할 수 있었다. 판매할 물건을 미리 구매할 수 있는 자금이 없었기에 엄마들에게 선주문을 받아서 그 자금으로 물건을 구매했다.

지금은 많은 플랫폼으로 하고 있는 '공동구매' 형식으로 할인을 해주면서 선주문을 받는 형식으로 사업을 키울 수 있었다. 이런 방식은 고객의 신의를 얻은 상태라 가능했다. 한국에서 미국에 사는 나를 믿고 2주 이상 기다려야 받을 수 있는 물건을 주문한다는 건 큰 믿음에서 가능한 거였다.

당신이 매일 즐겁게 하는 취미가 있을 것이다. 남들보다 조금 잘한다고 생각하는 것도 있을 것이다. 매일 그냥 그렇게 좋아서 했던 일들이 있을 것이다. 그 재능을 주변 사람들과 나누어본 적이 있을 거다. 곰곰이 생각해보라. 내가 그렇게 재능을 나누며 지내왔던 일들이 있다.

음식을 잘해서 이웃들과 나눠 먹었던 기억이 있지 않은가?

베이킹을 잘해서 때마다 초대받는 집에 가지고 간 적이 있지 않은가?

손재주가 좋아 아이 학교 행사 때 봉사한 적이 있지 않은가?

피아노를 잘 쳐서 교회 봉사를 하고 있지 않은가?

컴퓨터를 잘해서 누군가를 도와준 적이 있지 않은가?

영어를 잘해서 대신 서류를 봐준 적이 있지 않은가?

따로 배우진 않았지만 꽃꽂이를 잘해서 행사 때마다 했던 적이 있지 않은가?

집 데커레이션을 잘해서 새집으로 이사 간 친구 집 꾸미는 것을 도와준 적은 없는가?

잘 생각해보라. 모든 엄마에게 분명히 있었던 경험들이다. 분명이 있다. 우리가 인식을 하지 못하고 있을 뿐이다. 그렇게 재능을 가지고 도와주고 그럴 때마다 주변에서 반복적으로 칭찬을 해줬을 거다. 당신이 이미 가지고 있는 재능들이 많이 있다. 많이는 아니라고 반문할 수 있다. 그렇다 해도 하나는 꼭 있을 것이다. 당신이 가지고 있는 그것을 바탕으로 요즘 세상 트렌드에 맞춰서 사업화시키도록 공부해보자. 아직은 취미 삼아서 하는 거라서 창업화시키기에는 부족하다는 생각이 들 것이다.

"현재 있는 곳에서 시작하라. 떨어진 곳이 더 풍요롭게 보일지는 모르지만 기회는 항상 당신이 서 있는 바로 그곳에 있다."

– 코버드 콜리어

지금 당장은 프로의 자리에 설 수 없다고 생각할 것이다. 하지만 평상시에 잘하고 재밌게 하고 있었던 재능이라 우리는 다른 것보다 즐겁게 사업화시킬 수 있다. 좋아하는 분야와 관심 있는 분야를 창업 공부하며 계속 나아가면 된다. 벌써 자신의 적성이 맞는 것을 알았기 때문에 창업의 가장 중요한 '무엇'을 사업화시키는가 하는 숙제는 해결이 된 거다. 보통 창업을 하고 사업가로 자리 잡기 위해서는 특정 영역에 전문적인 지식과 능력, 경험이 있어야 한다. 우리가 찾은 창업의 '무엇'은 재능에서 찾았기에 우리는 기본적인 지식, 능력, 경험이 다 있다. 창업을 위해서 좀 더 깊게 지식을 쌓아가고 사업화시키기 위해 취미가 아닌 전문가로 자리 잡기 위해서 능력을 키우면 된다.

경험은 시간이 가면서 채워지는 부분이다. 이렇게 엄마의 생활 속에서 우리는 창업의 아이디어를 마음껏 얻을 수 있다. 매일 반복되는 일상 속에서 당신만이 잘하는 것들이 분명히 있다. 그것을 찾아 기회로 만들어야 한다.

『결단』을 쓴 저자 롭 무어는 이렇게 말했다.

"지금 시작하고 나중에 완벽해져라."

어차피 우리의 시간은 간다. 우리 아이들은 점점 커가고 있다. 현 위치에서 펼칠 수 있는 당신의 재능을 찾아서 창업화시키길 바란다. 우리는 엄마라서 더 강하다. 우리는 엄마이어서 할 수 있는 거다. 엄마니까 가능한 거다.

아이의 일상을 올리며 상품을 소개한다

◀ 05 ▶

꿈꾸라, 소망하라, 표현하라

1997년 12월 27일, 유난히 추운 날이었던 것으로 기억이 난다. 오늘은 내가 미국 샌프란시스코로 떠나는 날이다. 미국에 도착하면 지낼 곳이 있고 일하면서 학교를 다닐 수 있게 좋은 분을 만났다. 이런 기회가 나에게 왔다는 게 실감이 나지 않고 너무 기뻤다. 1년 전부터 바라고 꿈꾸던 '아메리카 드림'을 이룰 수 있는 기회를 얻어서 가는 건데 가족 누구도 들떠 있지 않았다. 헤어진다는 슬픔에 말을 못 하고 있었다. 그렇게 우리는 아무 말도 하지 않은 채 창밖을 바라보며 공항으로 향했다. 한국을 떠나는 발걸음이 많이 무거웠다. 내가 없이 식당 일을 하면 힘들 부모님과 나를 잘 따르는 멋진 두 남동생을 두고 가려니 마음이 많이 아팠다. 미국으로 가는 비행기 안에서 나는 하염없이 눈물만 흘리고 있었다. 상상하지도 못한 기회가 나한테 와서 들떠 있었던 모습은 어디로 간 채, 가족의 얼굴이 새겨진 선물 받은 베개를 안고 떨어지는 눈물만 닦고 있었다.

'이 눈물을 기쁨의 눈물로 꼭 만들자.'

'나는 반드시 성공할 거야.'

'나는 나를 반드시 성공하게 만들 거야'

'성공할 때까지는 집에 안 간다.'

'더 이상 우리 가족이 돈 때문에 힘들 일 없도록 꼭 돈 많이 벌자.'

'나중에 내가 어떻게 성공했는지 자신 있게 말해야지.'

'성공하면 나처럼 어렵게 미국에 정착하려는 사람들을 꼭 돕자.'

작년에 코비드19로 힘든 시기를 겪으면서 더 이상 홀로서기는 그만하고 싶었다. 19년간 하나하나 벽돌을 쌓는 마음으로 이끌어놓은 두 회사를 포기하고 싶었다. 한번 부정적인 생각이 밀려오니 걷잡을 수 없이 밀려온 것이다. 더 이상 힘들게 회사를 키우고 싶지 않고 이제는 편하게 쉬고 싶다는 생각이 들었다. 내 인생의 갈림길에 선 것이다. 갈림길에서 어떤 길을 가야 할지 결정하는 2가지 방법이 있다.

첫 번째는 힘들 상황이 생기면 피하는 것.

두 번째는 아주 강해지는 것.

2가지 답 앞에서 갈등하고 있는 내 모습이 싫었다.

요즘 나는 어떻게 시간이 가는지 모를 정도로 오랜 시간을 책상에 앉아서 일을 하고 있다. 24년 전 비행기 안에서 울면서 이 악물고 살아보자며 꿈꿔왔던 일을 하나씩 실행하고 있다. 사실 그동안 아이 둘을 키우며 회사를 운영하느라 주변을 생각할 틈이 없었다. 나중에 보란 듯이 성공했을 때 하고 싶었기 때문에 지금은 때가 아니라고 생각했던 것도 있다. 이렇게 빨리 내 앞에 기회가 올 줄 몰랐다. 언젠가는 내가 꼭 성공해서 여성 리더를 이끌어주는 사람이 되겠다고 마음먹었던 것을 이제야 실행하게 되었다.

나에게 오늘은 '글로벌 여성 리더'의 창업 준비를 위한 강의가 있는 날이었다. 보통 일정이라면 8시면 끝나야 한다. 오늘은 강의 후 서로 현재 준비하고 있는 일들에 관해 대화를 나누며 시간 가는 줄 모르고 Q&A 시간을 갖고 있었다. 창업 중심으로 이야기를 나누는 게 주목적으로 모인 그룹이다. 하지만 창업을 시작하는 이유와 목적에 관해 이야기를 나누다 보니 서로의 이야기들로 마음을 열게 된다. 이야기를 나누며 웃고 울고 하느라 자리를 뜨지 못하고 있다. 이렇게 Zoom을 통해서 멀리서 사는 분들을 가깝게 만날 수 있으니 너무 감사하기만 했다. '서로 만나지 못했다면 어쩔 뻔했을까?' 싶다. '이분들을 만나지 못했다면 나는 지금 어떻게 살고 있을까?' 사실 책을 쓰기로 마음먹은 것도 이분들의 영향이 크다. 숨

겨져 있던 나의 자신감과 자존감을 꺼내준 분들이다. 내가 무엇을 잘하는지 무엇을 하면 행복감을 느끼는지 알게 해준 분들이기도 하다. 오랫동안 깊은 마음속에 두었던 꿈의 상자를 다시 열게 해준 분들이기도 하다.

각자 너무나 다른 삶을 사는 여성들이 한자리에 모였다. 다들 이곳에 온 이유는 자신이 그동안 가지고 있었던 꿈을 이루기를 바라는 소망에서다. 강의를 통해서 많은 생각을 하고 제일 중요한 건 본인을 알아가는 시간을 갖도록 생각을 정리할 방법을 알려드린다. 모두 다 꿈을 꾸고 소망을 가진 사람들이 모여서 눈에는 레이저가 나온다. 강의하는 중간에 열심히 적고 있는 분들을 보면 더 열정이 난다. 저렇게 열심히 살아내려고 하시는 분들만 보고 있어도 내가 힘이 저절로 난다. 전날 밤을 새우고 만날 때도 강의 전에 피곤하고 몸이 찌뿌둥해서 걱정했던 적이 있었다. 근데 Zoom을 켜고 만나는 순간 나는 다른 세계에 들어간 듯 컴퓨터 스크린에서 나오는 에너지를 느끼며 온몸이 뜨거워지도록 가르쳐 드리게 된다.

이 넓은 땅에서 한 번도 만나보지 않은 분들인데도 서로가 오랫동안 알았던 사이같이 느껴진다. 그냥 친목 모임이 아닌 우리는 '글로벌 여성 리더' 모임으로 만난 엄마들이다. 어떻게 들으면 정말 이름이 딱딱하게 들린다. 이 모임은 선한 영향력을 끼치는 여성들의 모임이다. 나는 그들만이 가지고 있는 특별함을 찾아 비즈니스화시킬 수 있도록 가르치는 일을 틈틈이 하고 있다. 엄마라는 자리라서 꿈을 꾸지 못하는 줄 생각했다.

하지만 각각의 자리에서 수많은 이야기 속에서 그게 이유의 전부는 아니었다는 것을 알았다. 우리는 한 집안에 딸로, 여성으로 살아오면서 자신을 가둬놓은 무언가에 갇혀서 살고 있다는 것을 알았다.

내 강의 스타일은 생각을 많이 하게 만든다. 생각을 통해서 나 자신을 알아가고 찾아가는 게 제일 먼저라고 생각한다. 나는 강의에 처음 참석하신 모든 분에게 몇 가지 중요사항을 안내한다.

"공지사항을 읽어보고 자기소개부터 하세요."

"이 그룹은 서로의 호칭을 대표님이라 부르세요."

"당신의 삶의 주인은 당신입니다. 당신은 기업의 CEO입니다. 대표답게 삶을 끌고 가세요."

"살아지는 대로 살지 마시고 내 삶을 직접 컨설팅하세요."

"지금 당장 할 수 있는 것을 시도하고 나중에 완벽해지세요."

이렇게 주도적인 자세로 살아가도록 선도해간다. 뭔가를 이루고 싶어서 이 그룹에 들어왔지만 어색한 표정이 다 보인다. 그래도 누군가가 대표님이라고 불러주면 기분은 좋아하신다. 사실 나도 누군가가 처음에 '대표님'이라고 부르면 왠지 뿌듯하고 행복했던 기억이 있다. 누구의 엄마, 누구의 아내가 아닌 내가 뭔가를 직접 대표로 운영하고 있다는 그 자체로 상당한 자신감을 다시 얻게 된다.

이렇게 만난 엄마들에게 당신이 꿈을 이루려는 이유와 목적을 찾는 숙제를 내준다. 그것을 알기 위해 반복되게 물어보는 질문들이 있다. 그것들을 답해서 숙제를 하려면 많은 생각의 시간이 필요하다. 이 숙제를 하면서 많은 분들이 메일을 보내준다. 그 속에서 많은 분들이 한 번도 깊게 생각을 해본 적이 없어서 답을 모르겠다고 한다. 그리고 안 하던 생각을 하다 보니 머리가 복잡하고 힘들다 하신다. 그렇지만 그렇게 자신의 꿈을 꾸고 그것의 이유를 찾아가는 동안 행복함도 느끼게 해주어서 감사하다는 메시지도 수두룩하다. 대부분의 메일 속에는 이유와 목적을 말하기 위해 몇십 년 전 과거의 이야기부터 적어서 보내주시는 분들도 있다. 그 분들에게 꿈이란 사치라고 느끼는 거다. 그냥 먹고살기 위해서 돈 버는 직업을 찾았고 잘되는 직업을 골랐다는 거다. 한 번도 제대로 자신의 꿈의 이유와 목적이 있어서 이뤘던 적은 없었다고 한다. 꿈을 이루고 싶었던 건 물질적인 대가가 있었기 때문이었다. 그것이 전부인지 알았던 거다. 나는 하지만 그들에게 묻는다. 당신만의 진정한 꿈이 무엇이냐고.

찾은 꿈들을 소망하는 순간 우리는 알지 못하는 무언가를 느끼게 된다. 처음 남편을 만난 그때처럼 다시 느끼는 설렘이다. 나는 엄마들과 함께하는 시간 동안 나는 엄마들과 함께 하는 시간 동안 나만의 소망을 가져본다. 이분들이 언젠가는 이 순간을 기억하면서 '그때 그랬었지.'라는 좋은 기억을 떠올리기를 바란다. 아무것도 모를 때 헤매고 있었던 순간에 만나서 함께 꿈을 꾸면서 소망하던 일들이 현실이 되었다고 웃고 말하는 날이 있길 바란다. 지금은 아무것도 보이지 않아 담담한 마음들을 나누면서 울고 웃고 있다. 그렇지만 언젠가 미래에서 우리는 어느 누군가를 보면서 '나도 그랬었지.'라면서 그들을 위로해주는 날이 있을 거다.

『석세스 어퍼메이션』의 저자 잭 캔필드는 이렇게 말한다.

"말이 씨가 된다."

"(생략) 신경과학자들은 뇌가 목표 지향적인 유기체라는 사실을 밝혀냈다. 당신은 생각하고 말하면서 강렬하게 느끼는 그 어떤 아이디어나 이미지, 혹은 결과를 얼마든지 만들어낼 수 있다. (생략) 생각을 집중시켜 목표 달성을 가속화하는 데 도움을 주는 도구까지 존재한다. 우리는 이것을 '확언'이라고 부른다. 확언이란 '마치 목표가 이미 성취된 것처럼 묘사하는 진술'이다."

그렇게 우리는 각자 꿈꿔왔던 것들을 나누며 언젠가는 이루어질 거라고 이야기를 나누며 다짐을 한다. 강의를 하면서 내가 매일 나에게 외쳤던 글을 소리 내어 함께 읽고 시작한다.

"나는 꿈꾸는 대로, 말하는 대로, 바라는 대로, 상상하는 대로, 생각하는 대로, 행동하는 대로, 기대하는 대로, 노력하는 대로, 도전하는 대로 이루는 사람이다."

이렇게 당신 스스로에게 선언하고 꿈을 꾸고 소망하고 표현하라. 그리고 될 때까지 멈추지 말기를 바란다.

글로벌 여성들을 위한 강의를 준비 중이다. 4년 전 그렸던 꿈을 실현하게 되었다.

◀ 06 ▶

육아 속에서 창업의 모든 것을 배운다

"사람을 잘 다루기 위해서는 이성적인 설득보다는 감정을 잘 이해하는 것이 필요하다."

– 폴 P. 파커

토요일 아침이라 오늘만큼은 늦잠을 자고 싶었다. 어제까지 밀린 일들을 마치고 자느라 새벽에 자서 토요일 아침만은 푹 자고 싶었다. 밖에서 나는 아이들의 울음소리가 들린다. 아이 둘이 서로 장난감을 가지고 놀면서 다투는 소리다. 내 귀에 무슨 일로 다투고 있는지 다 들리지만 몸은 일어나기가 싫다. 남편이 먼저 일어나서 아이들을 돌봤으면 하는 생각에 움직이지 않고 조용히 누워 있었다. 누가 더 오래 견디는지 내기라도 하듯이 둘 다 침대에서 조용히 버티고 있었다. 별것도 아닌 것 가지고 싸우는 아이들의 모습을 보면서 설득과 화해를 시키기 위해 협상을 하면서 말이 통하지 않는 두 아이들의 관계를 잘 정리하느라 곤욕이다.

설득과 협상은 우리의 일상 속 어디든 매번 필요한 기술이다. 사업을 할 때는 더더욱 그렇다. 설득하고 협상을 통해서 세일즈 성과를 결정한다고 해도 과언이 아니다. 일반적으로 설득하기 위해서는 상대방의 반응과 행동을 인식해야 한다. 상대방의 동기를 충분히 파악해야 하고 그것을 자극하고 충족시켜야 설득이 된다. 사람에 따라 동기는 다르다. 이 사실을 근거로 그 사람의 동기를 파악하고 설득을 해야 한다. 설득의 중요한 키포인트는 신뢰를 확보하는 것이다. 서로 상대가 약속하는 대로 지켜주고 실행해야 한다. 서로의 이야기를 통해서 동기를 파악하고 거기서 배려하고 약속한 대로 지켜야 신뢰가 쌓이고 다음에도 신뢰를 통해서 설득을 할 수 있게 되는 거다.

두 아이를 잘 키우기 위해 전문가들이 나오는 유튜브를 보고 쓴 책을 읽는다. 로버트 치아디니 『설득의 심리학』, 하버드 공개 수업 연구회 『하버드 협상 강의: 하버드는 왜 협상에 주목할까?』, 리 L. 톰슨 『협상과 설득 그 밀고 당기기의 심리학』, 데일 카네기 『데일 카네기 인간관계론』, 로저 피셔 『Yes를 이끌어내는 협상법』들을 읽어보라고 권한다.

아이들이 커가면서 엄마들은 행복하고 똑똑한 아이로 키우기 위해 노력한다. 아이 적성에 맞는 좋은 유치원을 찾으려고 미리 알아보고 주변 지인들에게 정보를 묻는다. 주변에 먼저 아이를 보낸 엄마들에게 조언도 얻기도 한다. 보낼 만한 학교를 찾느라 인터넷 검색부터 시작해 학교 방문 등 많은 방법으로 아이를 보낼 만한 곳인지 알아본다. 나 또한 그랬다. 주변에 여러 학교들 여러 군데를 찾아보았다. 어떤 환경에서 어떤 아이로 키우고 싶다는 아이를 위한 나만의 바람과 꿈이 있었기에 가장 가까운 학교를 보내는 것이 정답이 아니었다.

미국의 정규 교육은 만 5세나 6세에 시작된다. 보통 유치원 과정 1년을 포함한 초등학교부터 중고등학교를 거쳐서 총 12학년까지 필수 교육과정을 거쳐야 한다. 아이들의 12년간의 교육을 위해서 부모들은 아이의 미래를 계획한다. 좋다고 소문난 최고의 유치원들은 벌써 엄마가 아이를 가졌을 때부터 미리 예약해야 한다고 한다. 나는 큰애 유치원을 보내기 위해서 2년 전부터 알아보고 입학 준비를 했다. 내가 누리지 못한 것을 아이에게 선물하고 싶었다. 나는 가정 형편이 어려워 대학교를 1년밖에 다니지 못하고 생업에 뛰어들었다. 그 이유 때문에 내 아이에게만큼은 인생 최고의 기억이 남을 수 있는 대학 생활을 선물해주고 싶었다. 최고의 교육을 받아 최고의 명문대 또는 아이비리그를 보내고 싶었다. 내 아이의 미래를 내가 미리 계획하고 짜면서 어떤 초등학교, 중학교, 고등학교를 가야 하는지 알아보았다. 그곳에 가기 위해 준비해야 하는 정보를 최대한 여러 곳에서 수집하면서 준비하는 것이다.

많은 엄마들은 아이들의 인생을 계획한다. 그것을 진행하기 위해 정보를 수집한다. 그러고 언제까지 무엇을 알아보고 준비해야 하는지 꼼꼼히 점검하고 준비한다. 이런 모습들을 곰곰이 봐라. 창업을 하기 위해 필요한 요소들을 우리는 아이를 키우면서 하고 있는 거다. 소중한 아이의 인생을 위해서 할 수 있는 모든 것을 동원해 최대한 많은 정보를 얻고 그것을 달성하기 위해서 노력하고 최선을 다한다. 이렇게 우리 엄마들은 창업의 필요한 기본 요소들을 육아를 통해서 하고 있었던 거다. 단지 프로젝트의 내용만이 다를 뿐이다.

'창업의 목적이 무엇인가?'
'5년간, 10년 어떤 창업가의 모습으로 살아가고 싶은가?'
'얼마큼 매출을 올리고 싶은가?'
'어떤 고객들을 만나고 싶은가?'
'어떤 기업이 되고 싶은가?'
'어떤 모습의 기업인이 되고 싶은가?'
아이의 인생을 계획하는 것처럼 우리는 나만의 창업의 길을 만들어가면 된다.

같은 부모님 밑에서 태어난 아이들이지만 하나같이 닮은 구석이 없다.

큰애는 성격이 좋은 건지 잘못한 게 있어서 화를 내고 혼내도 금방 몇 분도 지나지 않아서 울음을 그치고 다시 신나게 놀고 아무 일도 없었던 듯이 행동한다. 반성을 했는지 느낀 게 있는지 몰라서 나는 아이를 다시 혼낼 때가 있었다. 둘째 아이는 내 얼굴 표정이 조금 화낼 것 같으면 금세 울거나 기분이 안 좋아져서 한참을 꿍하게 있다. 그러다 보니 더 안아주고 달래주게 된다. 큰애는 활동적이어서 뭐든 나가서 뛰어놀려고 하고 학교에서도 수업 시간에 가만히 앉아 있지 못한다. 그래서 자주 선생님들께 지적을 받곤 한다. 둘째는 소극적이진 않고 자신이 하고 싶은 뭔가가 있어도 가만히 순서가 올 때까지 기다릴 줄 안다. 하지만 가끔은 표현하지 못해 기회를 놓치고 올 때도 많다. 그렇게 차분하게 기다리는 아이의 모습을 선생님들이 칭찬해주신다. 이렇게 두 아이는 너무나도 성격이 다르게 태어났다. 좋아하는 음식, 색깔, 옷, 책 등등 모두 다 다른 색깔의 것들을 좋아하고 다르게 느끼고 배우며 성장한다.

우리는 안다. 본인의 재능을 찾기 위해서는 많이 시도하고 도전해야 한다는 것을. 또한 최선을 다해서 연습을 하고 잘할 때까지 해봐야 한다고 알고 있다. 그래서 아이들에게 우리는 포기하지 않고 아이들이 잘할 수 있게 서포트를 하고 있다. 하지만 정작 본인에게는 어떤지 생각해보자. 아이 엄마가 되고 아내가 되어버린 우리는 자신을 위한 꿈이 있는가? 그것을 이루기 위해서 시도해보고 도전해본 적이 언제인가? 아이들이 걷기 시작하고 뛰기 위해서 몇 번을 넘어지고 일어섰는가를 기억해보

라. 엄마, 아빠라고 부르기 위해서 수백 번도 넘게 옹알이하면서 말을 시작하지 않았는가? 자전거를 가르쳐주기 위해서 아이들을 데리고 몇 번을 데리고 공원에 나갔는가? 학교에서 스펠링 시험이 있다고 해서 아이들과 숙제하고 공부하면서 얼마나 여러 번 외울 수 있도록 도와줬는가? 이렇게 우리는 엄마의 입장에서 아이들이 포기하지 않고 최선을 다해서 배울 수 있도록 서포트를 해주고 있다. 그런 모습 속에서 당신만의 창업을 만들어가기 위해서 어떻게 해야 되는지 알고 있다. 그리고 무엇을 해나가야 하는지도 잘 안다.

내가 강의를 통해서 만나는 수백 명의 엄마들은 정해진 시간에 직장을 다니기 힘들어 창업을 꿈꾸는 사람들이다. 언젠가는 꼭 창업하겠다고 생각하고 실제로 행동으로 옮기지 못한 채 시간을 흘려보낸 분들이 많다. 창업은 하고 싶지만 어디서부터 해야 할지 모르고 자신이 잘할 수 있을지 많이 두려워한다. 위에서 언급한 대로 엄마들은 아이가 태어난 순간 해보지 않은 많은 것들을 습득하고 해결하면서 아이를 키우고 있다. 한 번도 해보지 않은 엄마의 길을 최선을 다해서 하고 있는 것이다. 창업도 마찬가지이다. 한 번도 가본 적이 없지만 사랑하는 아이를 키우는 것처럼 그렇게 원하는 창업의 꿈을 키워갈 수 있는 것이다.

아이를 낳고 아이가 대학교에 들어가는 그 순간 부모의 역할이 끝난 게 아닌 거처럼 창업을 그렇게 장기전으로 보길 원한다. 아이를 키워가는 매일 하루하루는 육체적 많은 에너지가 필요하지만 사랑하는 아이기 때문에 우리는 힘든 줄 모른다. 아이를 키우는 과정에서 행복과 보람을 느낀다. 그런 것처럼 창업을 바라보고 꿈꾸길 바란다. 부모가 되고 아이의 미래가 잘못될 거라는 가정하에 키우는 부모는 없을 거다. 육아를 하다가 어렵고 잘못하고 힘들다고 부모의 역할을 포기하는 부모도 없을 것이다.

육아와 창업을 같은 방향으로 바라보는 나의 모습에 동의하지 않는 분도 있다. "육아랑 창업은 다르죠." 그건 창업의 목적을 돈으로만 바라봤을 때의 이야기이다. 창업을 하는 목적을 뚜렷하게 정하고 창업에 대한 비전이 있다면 창업을 육아를 하듯 그렇게 바라보고 성장시키는 마음으로 임할 수 있다. 육아를 하는 것처럼 매일 내 삶의 일상처럼 창업을 하는 것이다. 장기간으로 바라보고 기고, 걷고, 뛰고, 성숙해지는 과정을 거쳐 가면서 온전하게 만들어가는 것이다.

『창업은 한 권의 노트로 시작하라』의 저자, 우에노 미츠오는 말한다.

"창업은 마라톤과 달리 '골인 지점'이 없습니다. 창업은 결승점이 아니라 출발점이며 끝없이 끌고 나가야 하는 일입니다. 또 창업을 한다 해도 '60살까지만 해야지.', '10억만 벌고 그만두자.'라는 식으로 결승 지점을 설정해두는 사람은 없습니다. (생략) 창업을 할 때는 창업하는 그 순간부터 '종착지 없는 긴 여행길에 나선다.'라는 각오로 끊임없이 경영에 몰두해야 합니다."

육아를 하면서 살아가는 그 삶 속에서 우리는 충분히 창업을 할 수 있는 훈련이 되어 있다는 것을 잊지 마시길 바란다. 삶 속에서 해결해나가는 그 능력만으로 꿈꾸는 모든 것을 충분히 만들어갈 수 있다. 뚜렷한 창업의 비전과 목적이 있다면.

◀ 07 ▶

지금 당장 시도하고 행동하라

"당신이 저지를 수 있는 가장 큰 실수는 실수를 할까 두려워하는 것이다."

– 엘버트 하버드

용기 내지 못해 포기했던 것을 후회하고 있지는 않은가? 40대가 넘어가니 변한 게 하나 있다면 주변 사람들의 시선을 상관하지 않게 되었다. 20대에는 무언가를 결정할 때 꼭 다른 사람들이 바라볼 시선들을 생각하곤 했었다. 집안 환경이 어려워 대학교는 1년만 다니고 휴학했다. 나는 26세 어린 나이에 창업을 하게 되며 사장이 되었다. 항상 학교를 못 마치고 미국 와서 영어도 제대로 구사하지 못하는 것에 자격지심을 느꼈다. 그래서 일을 할 때면 직원들이나 파트너들에게 밉보일까 조심했고 걱정했다. 그런 생각이 들게 되면 항상 두려움을 느꼈다. 내가 판단하고 결정해 행동하는 것에 대한 편견을 가질 거라는 생각에 잦은 스트레스를 받았다.

시간이 흘러 나이가 드니 이제는 세상 사람들이 내가 걱정하는 것만큼 관심 있게 나의 부족한 점을 보고 있지 않는다는 것을 알았다. 과거를 생각하면서 그때 두려워서 시도도 못 하고 지나간 일들을 후회한 일들이 하나씩 떠오른다. 많은 사람들도 나 같지 않을까 싶다.

'내가 왜 진작 시작하지 않았을까?'
'나도 그런 아이디어 있었는데. 아, 아쉽다.'
'부모님이 말씀하셨을 때 공부 좀 해놓을 걸.'
'그때 미리 알아서 투자를 했었다면 돈 많이 벌 텐데.'
'한 살이라도 젊을 때 해놓을 걸.'

이런 식의 지난 과거에 못 했던 것들을 후회하는 경우가 참 많다. 그때 당시에는 두려움으로 가득 차서 행동으로 옮기지 못했던 것들의 후회이다. 대분의 사람들은 다른 이들의 성공한 것을 보고서야 그제야 아쉬워한다. 그때 행동으로 옮기지 못한 이유를 생각하며 자신을 안도시킨다. 그러고 다시 고민에 빠져 머뭇거리며 다른 것의 기회를 찾고 있다.

'좀 더 아이들 키워놓고.'

'좀 더 돈 모아서 도전해보자.'

'좀 더 배워놓고 하는 게 좋지.'

'좀 더 형편이 나아지면 해보자고.'

이렇게 '좀 더'라는 생각으로 우리는 다시 두려움의 틀에서 나오지 못하고 돌고 도는 삶을 살고 있게 된다.

요즘 틈틈이 하고 있는 창업 강의에 미국 전 지역에 사는 엄마들이 한자리에 모인다. 그분들은 다들 어떻게 사는지, 특히 내가 어떻게 사업을 하고 있는지 궁금한 마음에 오신다. 처음 강의를 하면서 내준 숙제를 읽어보면 많은 분들이 이렇게 나에게 묻는다.

"애들만 키우고 살아서 내가 뭘 할 수 있는 게 있을까요?"

"뭘 좋아하는지 도대체 모르겠네요."

"꾸준히 할 수 있을지 모르겠어요."

"나만 제일 뭘 모르고 산 것 같아요."

"어디서부터 시작해야 하는 건가요?"

그분들이 나에게 가장 궁금한 것은 어떻게 언어 장벽을 넘고 아이 둘을 키우면서 사업을 오랫동안 했냐는 것이다.

그들은 대체로 현재의 나를 보면서 '어떻게 그렇게 긴 시간을 포기하지 않으셨어요?' 하며 묻는다. 사실 포기하지 않았다기보다는 내가 사장이고 대표다 보니 사표를 쓸 수가 없었다. '어떻게 아이를 키우면서 사업을 하시고 계세요?' 그들은 내 시간의 자유로움을 가장 부러워한다. 두 딸아이를 키우면서 직장에 매이지 않고 자유롭게 아이들을 서포트하는 나의 삶을 동경한다.

아이들이 지난 8년간 펜싱을 훈련하는데 나는 사업을 하면서도 아이들을 경기장으로 모두 직접 데리고 다닌다. 언제든지 어느 곳에 있든지 일할 수 있는 시스템을 만들어놨기 때문이다. 오피스에 꼭 나가야 업무를 할 수 있는 게 아니다. 최대한 많은 것들을 자동화시키고 심플하게 만들어놔서 장소에 구애를 받지 않고 기업을 운영해나간다. 그래서인지 주변에서 가깝게 나를 지켜보는 이들은 어쩌면 내가 쉽게 사업을 한다고 오해를 한다.

어느 사업이나 다 마찬가지다. 지난 시간을 돌이켜보면 많은 성장의 아픔을 겪으면서 오늘까지 왔다. 자금 500달러로 시작한 사업이라 투자한 금액을 회수한 뒤 다시 재투자하는 방식으로 키워왔다. 가능한 금액 안에서 도전하고 바로 결과를 내야 했다. 손해라도 보면 다시 원점으로 돌아가야 했다. 오늘까지 내가 포기하지 않고 버티고 생존한 이유를 곰곰이 생각해보았다.

지금에 와서 가장 잘했던 건 무엇을 결정하면 바로 당장 시도해보는 추진력이 있었다. 어쩔 때는 이런 나의 진취적인 시도와 행동으로 나와 함께 일하는 사람들은 힘들었을 것 같다. 머릿속에 많은 아이디어들이 맴돌다 하나가 딱 잡히면 어떻게 행동을 취할지 온종일 몰입한다. 밤사이 시나리오를 돌린 아이디어는 다음 날 행동으로 옮겨 곧바로 부딪혀본다. 내 아이디어가 실제로 어떤 결과를 낼지 너무 궁금해서 기다릴 수가 없었다. 그러다 보니 함께 나와 일하는 직원들은 "사장님, 매번 이렇게 일을 진행하시면 저희는 뒤처리하기 조금 바쁩니다." 하며 조심스레 힘들다는 표현을 하곤 했다.

나는 미국의 중소기업 브랜드들과 함께 일하는 경우가 많다. 같은 눈높이에서 사업을 진행할 수 있어서 선호하는 편이다. 그리고 그들은 대기업들보다 일하는 절차가 단순하다. 또한 앞으로 성장 가능성이 높은 기업들이다.

비즈니스 초장기일 때 일이다. 한국 시장 성향에 맞는 상품이라는 시장 조사만 하고 파트너십을 맺었던 경우가 있었다. 큰 꿈을 갖고 한국 런칭을 준비하는 도중 미국과 동일한 이름으로 한국에서 상표권을 등록할 수 없다는 것을 나중에 알게 되었다. 국제 상표권을 새로 등록하고 제품 디자인을 다시 하기에는 충분한 여유자금이 없었다. 빠르게 시도하고 행동에 옮기려는 자세는 옳았다. 하지만 그것을 해결하기에 자금이 부족했기에 우리는 다음을 약속하고 잠시 멈춰야 했다. 이렇게 생각하지 못한 곳에서 오는 많은 것들이 계획한 일들을 멈추게 한다. 어떻게 보면 준비해온 모든 것들을 낭비한 것처럼 느껴진다. 하지만 시도하지 않았다면 배우지 못했던 부분이다.

『결단』의 지은이 롭 무어는 자수성가 백만장자 수백 명을 분석해 이렇게 말했다.

"지금 시작하고 나중에 완벽해져라. 그들은 빠르고 자신감 있게 결정을 내리고 필요할 때는 '천천히' 결정을 바꾼다. 신속하고 확실하게 결정을 내리는 사람들은 자신이 원하는 게 뭔지 알고 있고, 일반적으로 그것을 얻는다."

당시 우리 회사는 미국 유명 장난감 브랜드, 의류, 신발 브랜드 등 일반 공산품 브랜드의 총판 역할을 했다. 다음 카페와 네이버 카페에서 많은 엄마의 신뢰를 얻으며 내가 런칭하는 브랜드마다 성공할 수 있었다. 그때마다 얻게 된 닉네임 '국민 장난감', '국민 아기체육관', '국민….' 이런 식의 닉네임을 붙이게 된 히트 상품들이 속속히 나왔다.

하지만 인기도를 올려놓으면 대기업들에게 뺏기는 사건들이 번번이 일어났다. 당연히 대기업의 막대한 투자를 거절할 회사가 어디 있겠나.

하룻밤 사이에 우리 회사는 을이 되어버렸다. 그렇게 번번이 일어나는 사건들에 가만히 앉아 있을 수는 없었다.

회사가 살아남기 위해서 일반 공산품이 아닌 식품이나 뷰티 카테고리를 판매하고 싶었다. 3가지 이유에서다. 첫 번째, 대기업에서는 빠르게 성과를 낼 수 있는 제품이 아니기에 관심을 덜 둔다. 두 번째, 식품이나 뷰티는 식약청 통관 자료들이 기밀 자료들이 많기 때문에 많은 회사들은 자기의 정보를 카피할 수 있는 회사랑 일하고 싶어 하지 않는다. 셋째는 한번 나의 고객이 되었을 때 재구매 확률이 높아지기 때문이다.

미국 내 식품 시장에 유기농 바람이 한창 불던 시기였다. 여러 육아 관련 잡지를 통해서 유기농 제품들이 다투어 경쟁하고 있었다. 내 아이가 많이 먹었던 식품 카테고리에 있던 한 스낵 브랜드가 눈에 들어왔다. 우리 회사는 한 번도 식품을 통관해보고 유통해본 적이 없었다. 주변에 들리는 소리로는 식약청 통관이 어렵고 힘들다고 한다. 유통기한 안에 판매를 다 하지 못하면 큰 손해를 입을 수 있다. 몇 년간 망설였던 도전을 시작하기로 결정을 했다. 불안함을 이겨내고 오직 회사를 살리기 위해 시도하고 행동했다. 더 이상 뜸 들이며 망설이다가는 안 될 상황이다. 또다시 대기업에 뺏기는 일을 만들지 않겠다고 다짐을 했다.

새로운 것을 시작하기 전 불안함과 두려움이 생긴다. 평생 살아가면서 느끼는 당연한 감정이다. 나이가 어리든, 많든, 프로이든, 아마추어이든, 모두에게 있는 감정이다. 이것을 극복하고 넘기 위해서는 시도하고 행동하는 방법이 제일이다. 행동하는 순간 생각했던 두려움이 별거 아니었다는 것을 알게 된다. 그러고 다시 또다시 행동하는 것이다. 어린아이들을 생각해보라. 아이들이 기기 시작하고 스스로 혼자 설 때까지 어떻게 할 수 있었는지. 이 원리는 진리이다. 시도하고 실패하면 다시 행동하고 시도하고. 그렇게 수백 번 수천 번을 시도해 혼자 서고 걷고를 배운다. 그렇게 우리의 모든 삶은 반복되는 시도와 행동을 통해서 실패와 행동을 수십 번 수백 번 거쳐야 원하는 결과를 낼 수 있다.

무엇을 망설이고 있나? 원하는 그것이 있다면 당장 할 수 있는 그것을 찾아 바로 시도하고 행동해보자. 두려움과 불안함을 뛰어넘어 당신은 곧 희망과 소망의 길로 가게 될 것이다.

공동 구매 완판 후 배송 중인 한국지사

초창기, 나와 같은 엄마들이 필요할 만한 상품들을 준비한 모습. 미국의 물류 창고.

미국 회사들과 미팅. 직접 방문하여 한국 런칭을 준비 중이다.

미국 물류 창고. 선반이 없어서 바닥에 놓고 배송하던 시절이다.

◀ 08 ▶

목적이 있는 삶은 당당하다

당신은 왜 이 세상에 존재하는가?

"목적이 없는 사람은 키 없는 배와 같다. 한낱 떠돌이요, 아무것도 아닌, 인간이라 부를 수 없는 사람이다."

– 토마스 칼라일

1997년 12월 28일 새벽 5시, 겨울이라 아직도 밖은 캄캄하다. 미국에 도착한 지 하루도 되지 않아서인지 아직 시차 적응이 되지 않아 일찍 눈이 떠졌다. 주인 이모가 깨우셨다. 마켓에 나가서 새벽 오픈 준비하는 일 배우라고 하신다. 부모님의 사업이 어려웠던 때라 나는 내 스스로가 생존해야 했다. 다행히 지인을 통해 만나게 된 분들은 샌프란시스코에서 슈퍼마켓을 운영하시는 한인 부부셨다. 그 집에는 나보다 두 살이 많은 딸이 있어서 같은 방을 사용하게 해주셔서 여행 가방 하나와 $100 비상금만 들고 와서 정착이 가능했다. 새벽에 배달된 따끈한 도넛들을 들고 가게에 들어가 모닝커피와 샌드위치 만드는 법을 첫날부터 배우기 시작했다. 미국에 도착하자마자 다음 날부터 일도 시작하고 학교도 가게 될 수 있어서 얼마나 행복했는지 모른다.

내 하루 일정은 빡빡한 일정이다. 새벽 5시에 일어나 슈퍼마켓에 나가 6시부터 새벽 손님들을 맞을 준비를 한다. 그렇게 두 시간을 일하고 영어를 배우러 SF City College에 있는 ESL 영어 클래스를 간다. 한국에서 중고등학교 때 들었던 것과 다른 교육 방식의 수업으로 영어를 배우게 된 게 너무나도 감사했다. 그렇게 매일 1시까지 수업을 열심히 듣고 나는 다시 슈퍼마켓으로 향한다. 가서 오후 일들을 도와드리고 5시에 집에 와 주인 이모와 이모부, 그리고 언니를 위해 저녁밥을 챙긴다. 따뜻하게 밥을 먹고 치우고 나면 어느새 7시가 넘는다. 그럼 그제야 학교 숙제를 하고 하루를 마무리한다.

그렇게 매일 반복되는 일을 하면서 첫 미국 생활을 시작했다. 매일 틈틈이 집안일, 빨래, 청소도 해야 했다. 그리고 정해진 시간에는 슈퍼마켓

잡일들을 해야 했다. 그래도 나는 너무나 행복했다. 나에게는 꿈이 있었고 내 삶의 목적이 있었기 때문이다. 많은 돈은 아니지만 주인 이모님께서 매달 $750씩 수고비도 주셨다. 일하는 곳과 학교만 왔다 갔다 하고 점심은 슈퍼마켓에서 만든 샌드위치를 사 갈 수 있어서 매달 $700 이상 모을 수 있었다. 너무 행복했다. 영어도 배우면서 돈도 벌면서 미래를 꿈꿀 수 있으니 마냥 좋았다.

날씨가 유난히 좋은 날이다. 학교를 마치고 나와 같이 수업을 듣는 아이들이 밖에서 나를 기다리고 있었다. 다들 무슨 좋은 일이 있는지 웃고 이야기를 나누고 있다. 그중에 한국 아이들도 몇 명이 있었다. 다들 영화를 보러 간다고 들떠 있다. 나와 같이 가자고 물어봐주어서 너무나 고마웠다. 매일 말도 잘 걸지 않았던 나를 초대해줘서. 하지만 나는 갈 수가 없었다. 바로 슈퍼마켓으로 돌아가서 일을 봐야 했다. 사실 이런 상황을 누구에게도 설명할 수가 없었다.

그리고 시간이 된다고 해도 돈을 쓰기가 싫었다. 하나라도 더 모아서 얼른 집안의 빚을 갚고 싶었기 때문이다. 그렇게 친구들은 때가 되면 모여서 영화도 보고 밥도 먹으러 다니고 했지만 나는 한 번도 그런 기회를 얻지 못했다. 그래도 나는 하나도 슬프지 않았다. 내가 미국에 온 목적은 온전히 '아메리칸 드림'을 이루는 것이었기 때문에 누구의 삶을 부러워할 시간도 없었다.

가끔은 버스비가 아까워서 걸어 다닐 때도 있었다. 슈퍼마켓이 지대가 높은 트윈픽스에 있었다. 거기는 샌프란시스코 방문 명소로 뽑히는 곳이다. 그곳을 학교를 갈 때마다 매번 지나다니곤 했었다. 근데 그때 나는 그곳이 그렇게 아름다운 곳인지도 모르고 다녔다. 아침에 학교에 갈 때면 항상 안개가 가득 차 있어서 그 아름다운 전경을 전혀 볼 수가 없었기 때문이다. 오후에는 빨리 일하러 들어와야 하므로 버스를 타고 와서 일하는 동안 한 번도 그 명소 동네에 살면서 알지 못하고 살았다.

나중에 한참을 지나서야 아이들을 데리고 엄마가 처음에 일했던 곳을 보여준다고 갔던 날, 그제야 아름다운 전경을 볼 수 있었다. 20세 때 그렇게 가족도 없이 돈도 없이 미국에서 내가 버틸 수 있었던 것은 내가 가졌던 비전과 목적이 있었기 때문이다. 무엇으로 어떻게 내 비전을 이룰 수 있을지, 목적을 달성할 수 있을지는 몰랐다. 단지 미국 오기 전 한국에서 막연하게 꾸었던 나의 미래의 모습들을 이루는 그날을 상상하면서 살 수 있었던 거다. 부모가 없이 미국에 혼자 온 아이라 이상하게 보는 주변 사람들이 있어도 전혀 기죽지 않았다.

나도 시간이 지나서 10년, 20년이 지나면 떳떳하게 살 거라는 막연한 자신감이 샘솟았다. 슈퍼마켓에서 허드렛일을 하는 사람이지만 일할 때 내 가게라고 상상하면서 일도 했다. 내가 삶이 고달프고 현실의 내 모습을 보면 희망이 없고 슬플 수도 있지만 그럴수록 나는 내 머릿속으로 상상했다. 내가 주인인 양 생각하고 모든 일을 해나갔다. 내 돈도 안 들이고 사업을 해볼 수 있었던 거다. 이런 상상의 모습이 내가 당당한 모습을 가지게 해줬고 나는 주인 정신으로 일하는 모습에 어디를 가나 일 잘한다고 칭찬도 받게 되었다.

수 세기 동안 단 1%만이 알았던 부와 성공의 '비밀'을 담은 『시크릿』에 보면 이와 같이 말한다.

"지금 당신의 삶은 지난날 당신이 한 생각들이 현실에 반영되어 나타난 결과물이다. 과거에 한 생각 중에는 훌륭한 생각도 있고, 그렇지 못한 생각도 있다. 누구나 자신이 가장 많이 생각하는 것을 끌어당기기 때문에, 지금까지 당신의 삶의 여러 가지 일들에 관해 어떤 생각을 해왔는지 알아보기란 어렵지 않다."

"마음으로 본다면, 손으로 쥐게 될 것이다."

– 밥 프록터

미국에 온 지 벌써 24년이 되어간다. 한국에서 살아온 시간보다 미국에서 살아온 시간이 더 많아졌다. 앞만 보고 달려온 시간이 내 머리를 스치고 지나간다. 대학교 1학년을 마치고 잠시 휴학을 하면서 아메리칸 드림을 꿈꿔왔던 게 어제 일같이 떠오른다. 어렵게 미국에 온 경우라 마음의 여유나 재정적인 여유가 전혀 없었다. 그냥 앞만 보고 달려만 왔다. 20세부터 살아온 인생을 쭉 보면 마음 편히 카페에 앉아서 친구들과 사는 이야기를 하면서 커피를 마셔본 기억도 없는 것 같다. 친구들과 저녁 모임이나 연말 파티에 가본 기억도 없다.

결혼하고 나서 몇 년은 학교를 다니면서 틈 날 때마다 남편과 여행도 다니고 쉬기도 했다. 그것도 잠시, 미국에 와서 꼭 이루고 싶다는 '아메리칸 드림'은 내 마음속에서 사라지지 않는다. 그 꿈은 돈을 많이 벌어 큰 정원이 있는 집을 사는 게 아니다. 멋진 차와 멋진 옷을 입고 다니는 그런 모습도 아니었다.

내가 이 땅에 태어나서 나의 재능을 살려 나만의 무엇을 만들고 싶었다. 미국에 오면서 가족들에게 한 말이 있었다. "나는 멋진 CEO가 될 거예요." '멋진'의 의미를 무엇으로 정한 것은 아니었다. 그냥 누가 봐도 '멋지다.' 하는 그런 사람이 되고 싶었다. 내가 축복의 통로가 되는 리더가 되고 싶었다.

그러나 아메리칸 드림을 이루기 위해서 살아가는 내 삶이 주변인들에게는 힘들게 보였던 것 같다. 자주 마주치는 주변 사람들은 왜 맨날 뭐가 그리 바빠서 모임도 못 나오냐면서 그렇게 매일 바쁘게 살아서 힘들어서 어떻게 하냐며 나를 위로해준다. 그렇다. 정말 매일 하루를 꽉 채워서 살았다. 나는 나의 목적이 뚜렷했기 때문에 그것에 초점을 맞춘 삶을 살고 있었다. 목적이 있었기에 내 삶은 힘이 넘쳤다. 그리고 그 목적은 열정을 낳았다.

사람은 간절하면 무엇이든지 하게 된다. 그럭저럭 먹고살 만한 상황에 있는 사람들에게는 본인의 의지를 찾아서 나아가지 못하곤 한다. 그렇다고 간절함을 억지로 만들어낼 수는 없는 것이다. 우리는 성공하려면 반드시 편안하게 안주하면 안 된다는 것을 알고 있다. 그 과정을 통해서 많은 고통과 어려움이 오게 된다. 그걸 우리는 알기에 도전하기가 어렵고 그 실패를 넘어서서 성공한다는 확신이 없으니 부끄러워하기도 한다.

성공한 사람들의 이야기를 살펴보아라. 어느 누구나 실패는 다 있었다. 그래서 어려움도 있었다. 그들에게 가장 큰 것은 이룰 때까지 어떤 과정이라도 이겨나가는 목적이 있었다. 그 목적이 이루게 되는 날이 언제인지 모르고 살아가는 게 쉽지는 않다. 그러나 포기하지 않는 사람은 반드시 목적을 이루게 될 것이다. 될 때까지 해볼 테니까.

미국에 처음 왔을 때를 생각하면 나는 참 초라해 보였다. 한국에서 가져온 옷들도 몇 벌이 없었고 악착같이 돈을 모아서 집안을 살리고 싶은 마음에 버는 돈은 한 푼도 쓰지 않고 모았다. 그래도 나에게는 젊음이 있었고 현재 살아가는 모습은 잠시 지나가는 길이라고 생각했다. 영어도 배우면서 꿈을 향해 나아갈 수 있는 미국 생활이 나에게는 과분한 기회였다. 미국 땅에 와 어떤 모습으로 성공하고 싶은지 기대하고 상상했던 시간이 있었기에 나는 열심히 살아갈 수 있었다.

당신은 이미 '나'라는 **주식회사의 CEO이다**

◀ 01 ▶

당신은 이미 '나'라는 주식회사의 CEO이다

"나는 내 운명의 주인이며, 나는 내 영혼의 선장이다."

– 영국 시인 윌리엄 헨리

미국에 가서 '아메리카 드림'을 이루고 싶다고 부모님께 말씀드린 날이 언제였는지 잘 기억이 나지 않는다. 그냥 편안하게 내가 꿈을 나누었을 때 부모님이 나를 혼내시거나 허황한 꿈이라고 하시지 않아서 그런 것 같다. 그렇다고 내 꿈에 동의해서 기뻐해주시지도 않으셨다. 이제 나도 엄마가 되니 이해가 된다. 19세밖에 안 된 딸이 아무도 없는 미국으로 성공하고 싶어 간다고 하는데 어느 부모가 그 꿈을 기뻐해주겠는가? 그때는 함께 지지해주시지 않은 부모님께 서운한 마음이 있었지만 그래도 내 꿈을 짓누르지 않은 것에 너무 감사드린다.

1997년 12월 겨울, 대한민국이 IMF 사태에 있을 때였다. 묵묵히 나는 열심히 식당 일을 도우면서 언젠가는 부모님을 설득해 미국에 가겠다고 마음을 먹었다. 부모님 식당에서 매니저 역할을 하면서 월급을 모았다. 그때 내가 버는 돈은 한 달에 백만 원이었다. 그때 당시 미국 달러 환율은 2,000원대에 육박하는데도 나는 아랑곳하지 않고 무조건 돈을 모아서 준비해야겠다는 생각에 은행에서 가장 높게 주는 금리에 적금을 부었다. 당시 은행은 시중에 돈이 잘 돌지 않아서 1년 확정 금리를 20%까지 줄 때였다. 경제는 안 좋아 어려운 건 알았지만 나에게는 행운의 기회라고 생각해 버는 즉시 다 적금에 넣어서 1년간 열심히 자금을 모았다. 사실 생각해보면 아무리 열심히 모아도 천만 원 정도 되는 돈은 미국으로 공부하러 갈 수 없는 금액이다.

코넬 대학교 사회심리학 교수 데이비 더닝과 대학원생 저스틴 크루거가 코넬 대학교 학부생들을 대상으로 실험한 결과를 토대로 제안한 이론 '더닝 크루거 효과'를 보면 딱 내 이야기 같다.

– 능력이 없는데도 확신이 강한 이유

– 능력이 있는데도 확신이 없는 경우

– 지나친 신중함이 불러오는 문제

특정 분야에 대해 조금 아는 사람이 자기 능력을 과대평가하는 경향이 있지만 정당히 유능한 사람은 자신의 능력을 과소평가한다는 내용이다. 그중 나는 '능력이 없는데도 확신이 강한 사람' 분류에 속했다. 모르면 용감하다고 내가 그런 상황이었다. 지나치게 신중하게 고민하지 않고 결정한 거라 미국에 어떤 방법으로 갈지도 모르고 내 미래를 결정했다. 그리고 당당하게 계획해 나는 성공할 확률이 생긴 거다. 잘 파악하고 알았다면 포기해서 내가 미국에 와서 성공할 확률이 0%로가 되었을 거다. 어느 누가 환율 2,000원대에 미국 유학을 꿈꾸겠는가? 거기다 재정적으로 보조를 받지 못하는 상황이었다. 이 불가능한 현실을 인지했다면 오늘 나는 이 자리에 없었을 거다. 세상 물정에 무지하고 그냥 용감하기만 한 것이다. 그랬던 미국에 오겠다는 꿈을 가졌던 것에 20대의 나에게 참 감사한 마음이 든다.

미국의 유명한 동기부여가가 들려준 이야기가 생각난다. 한 초등학교 교사가 학생들에게 과제를 내줬다. 커서 어떤 사람이 되고 싶은지 적으라고 했다. 어떤 학생들은 선생님이 되고 싶다고 하고, 어떤 학생들은 과학자가 되고 싶다고 하고, 어떤 학생들은 배우가 되고 싶다고 하고, 어떤 학생은 가수가 되고 싶다고 한다. 이 교사는 교실을 다니며 학생들이 어떻게 대답을 써 내려가는지 유심히 보고 있었다. 그중 눈에 띄게 다른 답을 하는 학생이 있었다. 그 학생은 '행복'이라고 적었던 거다. 이 교사는 의아해하며 "네가 숙제를 잘못 이해한 것 같아."라고 말하였다. 그러니 학생이 "선생님이 인생을 잘못 이해하신 것 같아요." 대답했다고 한다. 잠시 그냥 스쳐가는 에피소드의 이야기였지만 나에게는 큰 가르침을 느끼게 했다. 대부분의 사람은 어떤 사람이 되고 싶다는 기준을 보이는 것의 기준으로 찾게 되는 것 같다. '진정으로 어떤 사람이 되고 싶은가?'는 보이지 않는 곳에 있는데 말이다.

우리는 모두 행복하게 살아가는 것을 바란다. 삶 속에서 많은 계획을 세우며 목표를 이루기 위해 살아가는 이유는 다 행복을 위해서가 아닌가? '돈을 많이 벌고 싶다.', '좋은 차를 사고 싶다.', '훌륭한 학교에 진학하고 싶다.', '음악을 배우고 싶다.', '운동을 하고 싶다.', '여행을 가고 싶다.' 등등 모두 다 행복해지기 위해서이다. 행복하게 살아가려면 삶의 참 주인이 되어야 한다. 그래서 어떤 상황에서도 자기 삶을 결정하고 책임질 수 있어야 한다. 삶의 주인이 되는 삶은 당당하게 원하는 것을 이뤄가는 것을 뜻한다. 수동적인 삶으로 남에게 이끌려 가서는 안 된다. '나'라는 주식회사를 이끄는 사람은 '나'라고 인지해야 하는 것이다. 자신을 사랑하고 아끼면서 나를 지킬 힘을 길러야 한다. 나를 지킬 힘은 '내면의 힘'에서 나온다.

종종 많은 사람은 지나치게 주변 사람들의 시선과 생각을 의식한다.

그러고 그들이 항상 자신이 살아가는 모습을 보고 판단할지도 모른다는 생각을 가지고 산다. 타인이 어떻게 평가할까를 걱정해서 본인들이 원하는 일들을 못 하고 망설이는 때가 많을 것이다. 최근에 나는 인스타그램을 시작하면서 그런 생각을 참 많이 했다. 퍼스널 브랜딩 시대라고 해서 시작은 했는데 나 자신을 드러내기가 참 어려웠다. 누군가가 내 포스팅을 보고 평가를 할까 봐 걱정하고, '좋아요'를 누르지 않으면 창피했다. 작은 것 하나가 사람을 소심하게 만들 수 있다는 것을 새삼 느꼈다. 사실 주변 사람들을 의식하지 않기란 쉽지 않다. 우리는 혼자 살 수 있는 존재가 아니기 때문이다. 사회라는 공동체 속에서 살아가기 때문이다.

사업을 시작한 지 몇 년이 되지 않은 초보 사장이라 많이 부족했다. 매일 아이를 업고 정신없이 업무를 봐야 했다. 작은 오피스에 그냥 배송할 물건을 잔뜩 벌여놓고 그 속에서 아이는 신나게 놀고 있다. 아이가 두 살 정도 되었을 때라 한참 호기심도 많고 걸어 다니느라 조심히 봐야 하는 상황이다. 몇 분이 흘렀나. 딸이 너무 조용하다. 그러다 갑자기 내 뒤에 와서 나를 툭툭 치며 "엄마~~~." 하면서 내 바지를 쥐고 당긴다. "응~ 왜?" 하며 보니 손에 뭔가를 쥐고 있다. 밤톨 같은 작은 손을 보니 피가 뚝뚝 떨어지는 거다. "얼른 손 펴!!", "뭐야?" 악! 조그마한 칼끝을 쥐고 있는 거다. 나는 순간 온몸이 부르르 떨리며 소리를 질렀다. 아이는 내가 자지러지게 소리를 지르는 모습에 당황해서 더 큰 소리로 울기 시작한다. 분명히 나는 아이 손이 닿지 않게 높은 선반 위에 칼을 놓았다. '어떻게 이런 실수를 했을까?' 아이를 급하게 응급실로 데려가는 길에 아이도 울고 나도 울면서 갔다. 병원에 다녀와 울다 지친 아이를 재워놓고 사무실에 가서 보니 상황 판단이 되었다. 아이는 엄마가 선반 위에서 항상 뭘 가져다 상자를 열고 하니 자기도 그렇게 하고 싶었나 보다. 손이 닿지 않으니 작은 상자들을 블록처럼 쌓아 밟고 올라가서 그 것을 손에 쥐어 꺼낸 거다.

이 사건이 일어난 뒤 주변에서는 얼마나 많은 돈을 번다고 아이 위험하게 그렇게 일하냐고 다들 나를 훈계하신다. 그렇게 돈 벌고 아이 다치면 무슨 소용 있냐고 잘 생각하고 사업하라고 조언하셨다. 특히 남편이 화가 많이 나 있다.

"누가 돈 벌어 오라고 했어?"
"아이 잘 돌보지 못할 거면 그만둬."라고 하면서 화를 낸다.

나는 죄인이 되어버렸다. 며칠 동안 내 마음은 혼란했다.

주변에서 흔히 볼 수 있는 뉴스를 보면 기업의 CEO의 역할이 얼마나 중요한지 알고 있다. 어떤 CEO냐에 따라서 기업의 성공이 좌우된다. 어떤 CEO가 회사를 리드해나가느냐에 따라서 회사의 미래가 결정되고 회사의 가치가 정해진다. 기업의 CEO의 역할을 살펴보면 여러 가지가 있지만 가장 중요한 역할이 3가지가 있다.

첫 번째는 기업의 미래에 대해 구상을 해야 하고 비전이 있어야 한다. 어디로 가는지 알고 있어야 올바른 방향에 따른 목표를 설정하고 성공하는 튼튼한 기업으로 만들 수 있다. 비전도 없이 돈을 버는 목적으로 가서는 안 된다. 어떤 회사로 성장해야 하는지 큰 그림을 볼 수 있어야 한다.

두 번째는 회사를 화합시키는 중심지 역할을 해야 한다. 혼자서 박차고 나가는 것이 아닌 모든 팀이 화합해서 하나의 비전으로 향해 나가도록 경영 철학을 가지고 끌고가야지 훌륭한 기업으로 이끌어갈 수 있는 것이다. 이를 위해서는 모두가 함께 더불어 비전을 향해 가도록 이끌어 가도록 해야 한다.

세 번째는 빠르게 변화는 세상을 앞서나가 준비해야 된다. 세상은 빠르게 발전하고 달라지기 때문에 CEO 본인 스스로 틈틈이 자신이 바로 설 수 있도록 끊임없는 배움과 끊임없이 문제를 해결하고 대처하는 능력이 필요하다.

나는 결정을 해야 했다. 첫아이를 낳고 키우면서 사업도 함께 키워가는 게 맞는 일인지 고민이 많이 되었다. 나에게 주어진 엄마와 아내의 자리는 내 평생 주어진 자리이다. 내가 만약에 현재 '내가 꿈을 접고 온종일 집안일을 하고 아이에게 눈을 떼지 않고 본다고 가족의 행복을 지킬 수 있을까?' 그러면 '나는 행복한 삶을 살 수 있을까?', '아이를 안전하게 돌보면서 내 꿈을 지켜나갈 방법이 뭘까?' 생각의 방식을 바꾸기 시작했다. 내 삶을 하나의 기업으로 보고 나의 비전만이 아닌 가족 모두가 행복해지는 비전으로 바로 세워야겠다고 마음을 가졌다. 엄마의 역할을 소홀하지 않으면서 사업도 잘할 수 있도록 방법을 찾아야 했다. 멋진 기업의 CEO처럼 내 인생의 주인이 되어서 나아가야 하는 것이다. 가족을 기업처럼 잘 돌보는 방법을 고민해야 했다.

우리는 인생의 수많은 갈림길 앞에 놓인다. 어떤 길을 가야 하는지 결정할 때가 수없이 많다. 이때 우리에게 필요한 것은 '나는 내 인생의 주인이다.'라는 마음이다. 타인이 말하는 것들로 인해서 두려워하지 않아야 한다. 앞서 말한 방법들을 통해서 삶의 비전을 가지고 주도적으로 계획하고 삶 속에서 일어나는 변화에 잘 대처하도록 미리 계획하고 배워야 한다. 그렇게 '나'라는 주식회사의 멋진 CEO가 되도록 하자.

◀ 02 ▶

나를 믿는 순간 꿈이 현실이 된다

"세상 모든 일은 여러분이 무엇을 생각하느냐에 따라 달라진다. 삶을 이끄는 건 바로 당신 자신입니다."

– 오프라 윈프리

가을이 지나 어느덧 2004년 한해 끝이 보였다. 아침 일찍 일어나 모닝 커피를 마시며 컴퓨터를 켰다. 아침에 일어나 하는 여러 가지 루틴 중에 가장 즐거운 시간은 엄마들이 남긴 게시판 글이랑 댓글을 확인하는 거였다. 어제 남긴 장난감 후기를 보고 필요한 분은 연락 달라는 글을 남겨놨었다. 그전까지는 그냥 정보만 나누고 그렇게 소통하는 곳이었다. 관심을 가지고 제품 문의가 자주 들어오니 한번 어느 정도 관심이 있을까 하고 남긴 글이었다. 컴퓨터를 켜서 본 순간 내 눈을 의심했다. 밤 사이에 난리가 난 거였다. 깜짝 놀랐다. '구매 관심이 이렇게 많을 줄이야.', '이렇게 사업화로 전환할 수 있겠다.'

무엇을 팔고 싶어 시장 파악하고 관심도를 분석하지 않았다. 이익을 얼마를 남겨야 하겠다고 해서 올린 글이 아니었다. 천만다행으로 내가 선택한 상품이 무척 괜찮은 상품이고 내가 만나는 엄마들이 힘들어하는 부분을 채워줄 수 있는 상품이었기에 가능했다.

이제 6개월밖에 안된 딸을 낮잠 재워 남편에게 맡겨놓고 코스트코에 다녀왔다. 코스트코에서 구매한 아이 장난감 사용 후기를 보고 주문이 밀려오기 시작했다. 아이가 자는 동안 얼른 물건을 구매해 배송을 하려고 한다. 좀 더 잤으면 좋겠구만, 벌써 엄마를 찾으며 울고 있다. 아무리 아빠가 달래려고 해도 울음을 그치지 않는다. 콧물 눈물을 흘리는 아이를 등에 업고 작은 리빙룸에서 바쁘게 포장을 해야 했다. 혼자서는 감당하기 힘들 만큼 주문이 밤사이에 수백 건이 들어왔다. 너무 감사하고 신이 났다. 미국에 있는 나를 믿고 주문해주시다니 너무 행복했다.

행복도 잠시, 수백 건이 되는 물건들을 이동해 포장할 것을 생각하니 막막했다. 돈은 다 받았고 주문 들어온 제품을 구매해서 출고를 해야 하는데 전혀 시스템이 갖춰지지 않은 상태였던 거다. 입금 순서도 확인하기 어렵게 여기저기 메시지가 오고 거기다가 수백 건이 되는 배송을 우체국에 가서 내려다 주기도 막막한 상황이다. 초보 사장인 나는 땀을 뻘뻘 흘리면서 낑낑거리고 있었다. 아이는 내 다리만 잡고 있고 한국말을 전혀 못하는 중국인 2세 남편은 밀린 배송 업무를 돕기에 부족했다. 도저히 감당할 수 없어 부모님께 전화를 드렸다.

부모님도 미국에 온 지 얼마 안 돼서 시작한 식당이라 많이 힘들고 정신이 없으셨다. 그래도 딸이 힘들다고 하니 일 마치자마자 단숨에 달려오신다. 집에 거실이 너무 좁아 배송을 할 수가 없었다. 엄마가 딸을 봐주는 동안 차고로 내려가 조그만 전등을 켜놓고 그렇게 남동생 둘과 아빠와 나 넷이서 매일 배송을 했었던 시간들이 기억이 난다.

그렇게 몇 주, 몇 달의 시간이 흘러갔다. 운이 좋아서 잠시 주문이 많이 들어왔던 거라는 생각에 그냥 집에서 배송을 하면서 버텼다. 오피스를 구해서 본격적으로 사업을 시작하고 싶었지만 혹시라도 매출이 멈출까 걱정이 밀려와서 결정을 할 수가 없었다.

걱정과는 달리 내가 구매하고 올리는 후기마다 대박 상품이 되어서 주문이 끊임없이 들어오기 시작했다. 더는 혼자서 감당할 수 없을 만큼 매일 수백 건의 주문들이 몰려오기 시작했다. 여기저기 한국에 계시는 엄마들이 앞장을 서서 공동구매로 주문을 받아와서 수십 건씩 한 번에 주문을 넣기 시작한다. 매일 넘치는 고객들의 질문과 체계가 잡히지 않은 상태에서 밀려오는 주문 때문에 밤을 꼬박 새운 날도 많았다. 동생들도, 부모님도 식당을 운영하시면서 나를 도와주기에는 역부족이었다. '그냥 부모님께 나를 도와 무역회사를 키워보자고 할까?' 계속 마음속으로 망설였다. '그렇게 해서 가족들 다 끌어들였다가 잘못되면 어떻게 하지?'라는 생각에 선뜻 말을 꺼낼 수가 없었다.

사업에 성공한 사람들을 보면 그들은 실패에 대한 두려움을 뛰어넘는다. 결단하고 빠르게 실행력으로 성공의 길을 가려고 끊임없이 노력한다. 그들에게 좋은 아이디어도 있었던 것도 있지만 제일 중요한 건 용기를 내서 도전했다는 거다. 시중에 나와 있는 유명 브랜드나 서비스 중에서 가끔씩 '나도 해보고 싶었었는데.'라고 생각해본 것이 있었는가? 나는 그런 생각이 든 적이 몇 번 있었다. 나는 그런 생각을 하고 시도를 안 한 거고 내가 사용하고 있는 브랜드 사장은 두려움을 뛰어넘어서 실행을 한 것이었다.

첫 창업을 하고 2년 동안은 유지하는 것만으로도 감사했다. 그런데 나날이 조금씩 배송 업무가 많아지기 시작한 거다. 18년 전만 해도 지금처럼 한국에 물건을 배송한다는 게 쉽지 않았다. 샌프란시스코에서 한국 배송을 하는 업체가 두 곳이 있었고 배송비도 상당히 비쌌다. 매일 배송비로 몇천 불의 금액이 지불이 되었다. 부모님이 식당에서 하루 종일 장사해도 하루에 천불 매출 올리기 힘든 시기였는데 배송비로 그렇게 많이 나가는 게 몇 달씩 계속되니 생각이 달라졌다. '식당을 팔고 온 가족이 힘을 모아서 무역업을 함께 키워보면 어떨까?'라는 생각이 계속 들었다. 아직 아무도 도전하지 않은 시스템을 만들어서 '미국과 한국을 연결하는 다리 역할의 무역회사를 크게 만들어보면 어떨까?'라는 생각이 계속 내 머릿속을 떠나지 않았다.

"우리 모두에게 추구하는 자신만의 삶이 있고 이루어야 할 자신만의 꿈이 있다. 그리고 우리는 모두 꿈을 현실로 만들 힘을 가지고 있다. 우리가 계속 그것을 믿기만 한다면."

– 루이자 메이 올코트

그렇다. 당신 스스로를 믿고 현실로 만들어야 한다. 머릿속에 있는 아이디어는 아무 의미가 없다. 어떤 아이디어든 결과물이 있어야 한다. 완벽하지 않아도 괜찮다. 실패해도 괜찮다. 계속 실패를 통해서 개선하면서 반복적으로 수정하면 되니까. 아이디어를 성공하게 하겠다는 당신 스스로를 믿는 믿음이 필요할 때다. 믿음을 가지고 첫 단계에서 완벽하지 않아도 일단 실행해봐야 한다.

그렇게 머릿속으로 상상하며 사업 계획을 세워봤다. 멋진 5년 계획이든 플랜 A, B 이런 비즈니스 계획서 같은 것은 없었다. 그냥 '한 달에 얼마 매출을 올려 이익이 발생해야 우리 모두 기본 생활이 가능할까?' 그것에 대한 답을 찾아보기 시작했다. 그러기 위해서 당장 어떤 시스템으로 구축해야 이익을 더 올리고 시간도 절약할 수 있을까 하고 방안을 찾아보기 시작했다. 그러고 당장 지출에 가장 큰 부분을 해결해야 답이 나왔다.

그래서 결정한 건 부모님이 배송 업체를 설립해 내 회사의 전 물량을 담당하시는 거다. 그렇게 해서 부모님의 회사가 배송 지출을 통해 수익을 낼 수 있게 말이다. 그리고 우리 회사는 더 많은 물량을 빠르고 정확하게 배송하고 관리하기 위해 한국 지사를 설립하기로 했다. 남들보다 먼저 이 시장에 들어가서 선점하는 게 먼저라고 판단을 했다. 둘째는 부모님 회사를 총괄해 미국에서 출고하는 물류를 담당하고, 막내는 한국 지사를 설립해 유통을 총괄하고 나는 숨어 있는 브랜드들을 찾아 매출 증대에 힘쓰는 부분을 담당하기로 했다. 그렇게 우리 셋은 독수리 오형제가 아닌 삼형제로 힘을 모아 서로를 믿고 회사를 키우기로 결단했다.

이제는 나는 부업으로 용돈 벌이로만 생각했던 일들을 최선을 다해 사업화해야 했다. 지난 2년간 엄마들과 소통하면서 상품을 선보여 많은 호응을 얻었던 것은 행운만이 아니었다. 나만의 특별한 통찰력이 있었기에 그들의 신의를 얻은 거라 믿고 도전하기로 한다. 대기업들은 상품을 런칭하기 위해 시장 규모 파악이나 경쟁 회사 상품 비교하는 과정을 거쳐 실패의 확률을 줄이고 성공의 확률을 높인다고 한다. 나는 그런 전문적인 데이터 분석이며 시장 파악하는 것을 전혀 모르는 초짜 사장이다. 단지 내가 잘하는 건 나를 믿고 함께해주는 네이버, 다음 카페에 모인 수십만 명의 엄마들의 마음 읽기였다. 나의 잠정 고객들을 알아야 한다고 생각했다.

영국에서 가장 잘 나가는 사업가 프레이저 도허티의 책 『나는 돈이 없어도 사업을 한다』에 나온 이야기이다.

"고객과의 대화가 먼저다. (생략) 기업마다 고객이 누구인지, 고객이 무엇을 원하는지 추상적으로 파악하는 데 그친다. (생략) 고객과 대화를 나누면서 그들이 원하는 바에 귀를 기울일 때 가장 좋은 답을 얻는 경우가 많다."

나는 대한민국 유아용품 시장에서 최고의 유통업자가 되고 싶은 목표를 가지게 되었다. 나는 누구보다도 엄마들의 마음을 안다고 확신했고 잘할 수 있다는 자신감이 있었다. 그렇게 두려움을 뛰어넘어서 전업으로 들어선 사업이다. 그리고 꿈을 가지고 하나씩 좋은 상품을 개발하고 최고의 유통 구조를 구축하기에 온 힘을 다 쏟았다. 2007년 한국 지사를 내면서 아이들을 데리고 3개월씩 한국과 미국에 번갈아가면서 거주하면서 꿈의 회사를 설립해나가게 되었다.

보이지 않는 미래를 믿는다는 것은 쉬운 일은 아니다. 하지만 시도도 하지 않고 미래를 결정하는 것은 어리석은 일이라고 생각한다. 누구도 어떠한 일이 생길 거로 예측할 수 없다. 나 자신 스스로가 명확한 꿈을 가지고 할 수 있다는 믿음만 있다면 두려움을 뛰어넘어 도전하면 된다. 모든 생각의 답은 당신 안에 있는 것이다.

밤 사이에 들어온 주문들을 배송 중이다.

◀ 03 ▶

나는 돈보다 나의 가치를 위해 일한다

"성공한 사람이 되려고 노력하기보다 가치 있는 사람이 되려고 노력하라."

– 알버트 아인슈타인

우리는 모두가 소중한 존재로 평등하게 태어났다. 그러나 사회에 나가면 우리는 공평하지 않게 살아간다. 환경에 따라 재정에 따라 교육 수준에 따라 각 사람의 가치를 정하고 평가받으며 살아간다. 예술가, 직장인, 교수, 강사, 작가 등 자신들의 가치에 따라서 버는 돈이 천차만별 다르고 그들의 실력을 각각 다른 가치로 인정받는다. 그렇게 우리는 시장의 상황에 따라, 자기 능력에 따라, 자신의 능력에 따라 당신의 가치를 다르게 인정받으며 살아가고 있다.

2009년도부터 지금까지 함께 파트너십을 유지하고 있는 H 브랜드 회사가 있다. 서로 창업한 지 얼마 되지 않았고 경험이 부족했지만 순탄하지 않았던 길들을 잘 견뎌서 2~3년 후 잘 자리 잡게 되었고 함께 급속도로 성장하는 기회를 얻게 되었다. H 회사는 급속도로 미국 내 성장을 하면서 2013년도에 D 회사가 90% 이상 지분을 인수하고 대기업이 되었다. 나와 함께 파트너 했던 회사의 대기업 입문에 축하보다는 난 주인이 바뀐 H 회사가 우리와 헤어질 수 있다는 생각만 들었다. 그동안 쌓아놓았던 것들을 하루아침에 잃을 수 있다는 생각에 불안한 나날을 보내야 했다. 나는 오로지 성과만을 위해 살면서 돈 버는 데 집중했고 H 브랜드는 자신의 회사의 가치를 높이는 데 집중했던 것이다. 그 결과가 내 회사와 H 회사를 이렇게 다른 길로 가게 만든 것이었다.

한국 지사를 두고 회사를 운영한 나는 자주 한국에 오가면서 사업을 해왔다. 장시간 비행기를 타고 다니면서 읽었던 수많은 책을 보면서 나도 언젠가는 책을 꼭 쓰겠다고 다짐했었다. 시간이 나면, 기회가 되면, 성공하면, 나도 나만의 브랜드도 만들 것이라는 버킷리스트를 적어놓았다. 그렇게 시간이 흘러가는지도 모르게 살아가는 어느 날, 2020년 초, 전 세계적으로 팬데믹이 오고 국제 경제가 혼란 시기를 겪게 되면서 세상이 정지된 것을 느끼게 됐다. 많은 회사가 속속 문을 닫기 시작했고 직장을 잃기 시작했다. 나의 사업체도 마찬가지로 힘든 상황이 오고 위태로워지기 시작했다. 그동안 나의 가치로 믿고 있던 숫자는 점점 줄어들기 시작했고 그 순간 나도 바닥에 떨어지게 되었다. 그동안 일구어왔던 모든 일들이 헛되게 느껴졌고 무언가 변화해야겠다는 생각에 힘든 시간을 보내게 되었다. 나의 모든 가치를 회사를 중심에 두고 살아왔던 나 자신에 후회가 들게 된 것이다.

자기 계발은 당신이 생각하는 그 이상의 것보다 더 크게 삶을 바꿀 수 있다. 그동안 난 중요한 일을 잊고 산 것이다. 일을 더 중요하게 생각했고 일을 위해 회사를 통해 내가 존재한다고 생각했었다. 내가 회사고 회사가 나라는 생각에 내 인생의 목표를 그렇게 잡고 살아온 인생을 팬데믹이라는 예상하지도 못한 일로 다 잃을 수도 있다. 또다시 나는 옛일이 생각났다. 나의 가치를 위해서 살지 못해서 후회했던 일들이 생각이 났다. '나는 이제 어떻게 살아가야 하나?', '나는 무엇을 위해 살아야 하나?' 자책과 후회로 한참을 그렇게 헤매며 우울한 시간을 보내고 있었다.

여느 날과 다름없이 일어나 컴퓨터를 켜고 유튜브를 돌아다니며 한가해진 나의 삶을 다른 것으로 채워가기 시작했다. 무기력해진 마음과 지난 과거의 후회들로 내 심리는 바닥을 기어가고 있었다. 앞만 보고 씩씩하게 당당하게 그렇게 살아왔던 내가 한순간에 달라진 모습으로 그렇게 하루하루를 버티는 삶을 살고 있는 것이었다. 무엇이라도 해야 한다는 생각에 집 안 청소를 시작했고 예전에 내가 적어놓았던 일기들을 찾게 되었다. 오래전부터 가졌던 나의 꿈 리스트를 보면서 무엇이라도 해봐야겠다는 생각이 들었다.

한국 지사로 출장을 갈 때마다 언젠가 시간 내 꼭 가보고 싶었던 곳이 있었다. 유튜브를 통해서 자주 뵈었던 김태광 대표님이 운영하시는 〈한국책쓰기강사양성협회(이하 한책협)〉 센터이다. 김태광 대표는 25년 동안 300권의 책을 집필하였고, 12년 동안 1,200명의 평범한 사람들을 3~4주 만에 작가로 만든 최고의 책 쓰기 코치였다. 나는 그의 책들 가운데 『더 세븐 시크릿』, 『평범한 사람을 1개월 만에 작가로 만드는 책 쓰기 특강』, 『1년에 10권도 읽지 않던 김대리는 어떻게 1개월 만에 작가가 됐을까』를 읽었다.

그가 운영하는 유튜브 채널 '한국책쓰기강사양성협회 TV' 채널에 올라와 있는 책 쓰기와 1인 창업에 관한 영상들을 보면서 신세계를 발견했다. 가히 충격적이었다. 나처럼 평생 책을 써보지 않은 생초보도 단기간에 책을 수 있겠다는 자신감과 믿음이 생겨났다. 그의 유튜브 영상 가운데 '당신이 책을 써야 하는 진짜 이유'라는 동영상을 본 것이 나의 꿈을 더 확고히 다지게 되었던 계기가 되었다. 하지만 출장 일정이 항상 일주일밖에 되지 않았기 때문에 센터 방문은 아예 할 기회가 없었다. 그렇게 잊고 있었던 나의 꿈 '책 쓰기'가 팬데믹이란 언택트로 세상이 변하면서 한번 꼭 가보고 싶었던 〈한책협〉을, 큰 용기를 내어 2022년 1월 22일 1일 특강에 Zoom을 통해 참여하게 되었다. 그날 바로 〈한책협〉에서 진행하고 있는 책 쓰기 교육 과정에 등록했다.

단 4주 만에 말도 안 되는 일이 일어났다. 단기간에 원고를 쓰고 출판 계약까지 한 것이다. 그것도 출판사 대표님으로부터 콘셉트와 제목, 목차, 원고가 너무 좋다는 칭찬까지 듣게 되었다. 나는 책 쓰기 교육을 받으면서 책만 쓸 수 있게 된 것이 아니다. 무엇보다 의식 변화가 가장 컸고 구체적인 꿈과 목표가 생겨났다. 앞으로 내가 갖고 있는 지식과 경험, 노하우를 어떻게 활용할지에 대해 제대로 배울 수 있었다. 나는 책을 쓰고자 하는 사람들에게 단언컨대 〈한책협〉을 추천하고 싶다.

무언가 새롭게 도전하려고 할 때마다 옳은 길과 쉬운 길의 갈림길에 서게 된다. 여러 번 큰 사건으로 이제는 나의 가치를 높이는 삶을 살 거라고 다짐했던 마음을 두려움이 누르고 있다. '피할까? 나중에 할까? 시간이 없다고 할까? 돈이 없다고 할까? 내가 무슨 글을 쓸 수 있겠어? 나 같은 사람이 무슨 작가?' 내 머릿속은 여러 가지 부정적인 생각 앞에서 인생의 갈림길을 헤매고 있었다.

김태광 대표님의 "성공해서 책을 쓰는 것이 아니라 책을 써야 성공한다!"라고 말씀하시는 우렁찬 목소리에 정신이 바짝 들었다.

이 세상의 누구도 귀한 것을 쉽게 얻을 수 없다. 당연히 소중한 나만의 가치를 높이는 이 귀한 일도 쉬운 것은 아니었다. 책을 통해서 성공한 삶을 살 수 있다는 믿음으로 시작한 책 쓰기 강의는 첫날부터 힘들었다. 강의 시간은 한국 저녁 7시 샌프란시스코는 새벽 2시이다. 어차피 저지른 일이다. 그리고 나에게는 더 이상 피해 갈 길이 없었다. 내가 몇 년간 유튜브와 책을 통해서 만났던 김태광 대표님을 믿고 설레는 마음으로 작가의 길을 가게 되었다. 그렇게 1주, 2주, 3주… '책 쓰기' 과정을 통해 불안감은 사라져가고 김태광 대표님의 큰 가르침으로 2월 18일 출판 계약을 하게 되었다.

많은 사람은 자신이 인식하든 인식하지 못하든 많은 선택의 순간을 가진다. 그때마다 무엇을 고민하며, 무엇을 기준으로 선택하게 되는가? 40대가 넘어서 인생의 사춘기를 겪고 있었던 나에게 작가의 길을 선택한다는 건 쉬운 일은 아니었다. 당장 팬데믹으로 어려운 시기를 재정적으로 채워줄 수 없는 결정이었기 때문이다. 한 기업의 사업가로 무책임한 선택이라고 생각할 수도 있었다. 그 순간 내가 한 발짝 뒤로 물러나 내 삶을 바라볼 수 있었던 건 잊지 않았던 과거의 실수를 통한 배움이었다. 짧게나마 잊지 않으려고 적어놨던 나의 과거의 배움들을 통해 인생의 터닝 포인트를 놓치지 않고 선택할 수 있었던 것이다.

작가 아타라시 마사미의 책 『자기 가치를 높이는 기술 50가지』에서 사람의 가치는 항상 변하기 때문에 가치를 높이려고 노력해야 한다고 말한다.

1. 업무 능력 있는 사람이 되자. : '올바른' 것을 찾아 반드시 해야 하는 일에 집중하는 것을 말한다.

2. 성과 결과를 낼 줄 아는 사람이 되자. : '나는 이런 결과를 얻었다.'라고 당당하게 말할 수 있는 게 능력이다.

3. 성공하기 위해 프로가 되자. : 타인을 책망하는 손가락은 하나, 자신을 책망하는 손가락은 셋. 결과를 만들어내는 살아 있는 목표를 가져야 한다.

4. 인간적인 리더쉽을 갖자. : 강하지 않으면 살아갈 수 없다. 마음이 따뜻하지 않으면 살 자격이 없다.

5. 인간성을 위한 깊이 있는 요소 : 실력, 실적, 자신감을 갖자.

나의 가치를 높이는 데 집중하고 나를 성장시키기를 멈추지 않는다면 그 가치를 통해서 더 행복한 삶을 살 수 있다. 당장 눈앞의 이익이나 손해를 계산해서 결정하는 행동들이 나의 가치를 깎아 먹을 수 있다는 사실을 잊지 말아야 한다.

지금 당장 결과가 보이지 않는다고 해도 가지고 있는 자신만의 가치관을 놓치지 말아야 한다. 인생에서 무언가를 이루고 싶다면, 그래서 행복해지고 싶다면 자신만의 가치를 정하고 그것을 높이기 위해서 힘써야 한다. 당신은 이미 가치 있는 소중한 존재이다. 남이 정해준 가치에 맞춰 살지 말자.

◀ 04 ▶

목표를 세우면 눈부신 미래가 보인다

지금도 내 머릿속에 기억나는 노을이 있다. 30년이 지났는데도 내 마음속에 담아놓은 가장 아름다웠던 노을은 고등학교 자율학습 시간에 창밖으로 봤던 노을이다. 부모님 사업 때문에 제주도로 이사 와 고등학교에 다니게 되었다. 그때 내가 다니는 고등학교는 학교 수업을 마치고 방과 후 자율학습 시간이 있었다. 말만 자율이지 대부분의 학생들은 남아서 방과 후 수업과 공부하는 시간을 가진다. 다들 열심히 공부하고 그러는 시간에 나는 바깥 창밖을 보며 마이클 잭슨의 "You are not alone."을 들으며 노을을 보고 있다. 공부는 하지 않고 머릿속에는 온갖 꿈으로만 가득했다. 고등학교를 졸업해서 성인이 되면 하고 싶은 그런 것들을 상상하며 노을을 보고 있다. 다들 열심히 공부하는 그 시간에 말이다. 주변에 있는 친구들 거의 대부분은 공부를 열심히 해서 좋은 대학교 가는 꿈을 품고 있었다. 나는 그런 꿈이 전혀 없었다. 사실 공부가 하기 싫었다. 왜 공부해야 하는지 몰랐다. 그냥 얼른 고등학교 졸업해서 부모님을 도와드리고 싶었다. 지금 후회가 되는 게 하나 딱 있다면 그때 공부하지 않았던 거다. 학교 성적을 잘 받지 못해서가 아니다. 그때 나이에 공부하는 방식을 습득하지 않은 게 후회된다. 그렇게 그때 배웠으면 내 인생이 더 달라지지 않았을까 하면서 가끔 쓸데없이 과거를 후회한다.

고등학교를 졸업하고 나니 그냥 열심히 산다고 되는 게 아닌 것을 느꼈다. 아무리 열심히 매일 잠자는 시간을 빼고 일해도 내가 원하는 성공을 이룰 수가 없었다. 매일 최선을 다해서 열심히 노력하는 대로 나는 그 자리에서 계속 머물고 있었다. 내가 단지 그때 내가 원하는 건 부모님을 도와 집안 형편이 나아지는 거였다. 부모님이 사업하시면서 빚이 있었고 갚는 것을 돕고 싶었다. 이제는 어른이 되었으니 나도 한 힘을 보태고 싶었다.

부모님 사업 때문에 고등학교를 제주도에서 다녔고 부모님이 다시 서울로 사업채를 옮기셔서 서울로 우리는 다시 이사하게 되었다. 그렇게 서울로 와서 부모님 식당을 도와드리면서 '나는 앞으로 어떻게 살까?'를 고민하게 되었다. 고등학교 때 공부도 못했고 제주도에서 대학교 1년을 다니면서 특별히 직장을 구할 만한 능력도 안 되었다. 우선은 학교도 휴학하고 돈을 벌어보고 싶었다. 그렇게 부모님 식당에서 매일 풀타임으로 일하면서 내가 진정으로 원하는 게 무엇인지 찾아보기로 생각했다. 식당을 하면서 점심 후 저녁 시간 전 남은 두 시간을 나는 동네에 있는 코엑스몰에서 시간을 보냈다. '다들 뭐하고 먹고살까?', '다들 무슨 직업을 가졌을까?' 그런 게 나의 머릿속 질문이었다. 몰 안에 있는 의자에 앉아서 바쁘게 걸어 다니는 사람들을 보면서 나는 그렇게 식당을 벗어나 생각에 빠지곤 했다. 그렇게 앉아 있다 발견한 곳이 영풍문고이다. 사람들이 바쁘게 들어왔다 나갔다 하고 있다. 나는 사실 돈을 빨리 모아서 부모님 빚을 갚아야 한다는 생각에 몰 안에서도 스토어 안에 들어가지 않았었다. 들어가면 혹시라도 돈을 쓰게 될까 두려워서.

의자에 앉아서 서점을 입구만 보고 있었던 날이 며칠이 지났다. 용기를 내어 들어갔다. 많은 베스트셀러 작가들의 책들이 중간 매대마다 가득 채워져 있어서 나는 그렇게 구석구석 책방을 돌아다니며 시간을 보내고 왔다. 그렇게 매일 식당에서 점심시간을 일하고 저녁 오픈 시간이 될 때까지 영풍문고는 나의 아지트가 되어버렸다. 돈을 아껴서 모아야 하는 상황이라 나는 책을 살 마음의 여유도 없었다. 도서관에 가서 책을 빌려도 되지만 우리 동네 도서관보다 영풍문고가 더 가깝고 서점에서 시간을 보내는 게 나한테는 더 재밌었다. 그렇게 서점에서 마음에 드는 책이 눈에 띄면 서서 책을 읽고 다음 날도 다시 그 책을 찾아 읽어갔다. 서점에서 일하시는 분이 나를 혹시나 알아볼까 봐 조심히 눈을 피해서 구석에서 책을 조심히 읽고 다시 진열대에 놓았다. 그렇게 책을 보면서 나는 조금이나마 나의 미래를 좀 더 정확하게 그려보게 되었고 상상하게 되었다.

이날도 다른 날과 다름없이 영풍문고에 들어가서 구석구석 걸어 다니며 눈에 들어오는 책이 없나 살펴보고 있었다. 나의 시선을 끌었던 건 『미국 유학 성공기』(정확한 제목이 기억나지 않는다.)라는 책이었다. 미국에 유학 가서 정착하는 이야기가 담겨 있었다. 나는 그 책을 읽으면서 넓고 새로운 곳에 가서 지금과는 다른 삶을 살아보고 싶은 마음이 솟았다. 책값도 아끼려고 몰래 서점에 와서 책을 보고 있는 상황이지만 그런 상황은 마음에도 없고 무작정 '한국을 떠나 기회의 땅으로 가자.'라는 마음이 강하게 몰려왔다.

나는 상상력이 참 풍부했던 것 같다. 감성이 풍부했었던 건지 현실을 벗어나서 유일하게 할 수 있는 나만의 힐링 시간이었다. 미국에 가서 영어도 배우고 일도 하면서 돈도 벌 기회도 가지고 멋진 성공을 이루고 한국에 들어오는 나의 모습을 상상하면서 너무 행복했다. 하지만 나의 현실은 아니었다. 하루 종일 10시간씩 꼬박 부모님 가게에서 일해도 한 달에 백만 원을 벌었고 고등학교 때 공부도 못해서 영어 실력은 바닥이었다. 그런 내가 어떻게 미국 유학을 꿈꾸겠는가? 누군가가 나의 꿈 이야기를 들었다면 비웃었을 것이다. 나의 현실만을 보면 미국에 간다는 것은 불가능한 일이었다. 하지만 유일하게 돈을 들이지 않고 값을 지불하지 않고 할 수 있었던 나만의 상상의 시간은 나에게 최고로 값진 시간이다. 나만의 상상의 시간에서 나는 눈부신 나의 미래를 보기 시작한 것이다. 그러니 누군가에게 내 꿈을 이야기해서 짓밟히고 싶지 않았다.

'꿈의 전도사' 월트 디즈니가 말했다.

"꿈꾸는 것이 가능하다면, 실현하는 것도 가능하다."
"무엇인가 시작하려면 입을 다물고 몸을 움직여라."
"첫째, 생각하라. 둘째, 믿어라. 셋째, 꿈꿔라. 그리고 마지막으로 덤벼들어라."

20살 때 영풍문고에서 몰래 책을 읽으면서 꿈을 꾸며 상상할 때 오늘 이렇게 책을 쓰는 저자가 될 것이라고 상상하지는 못했다. 하지만 상상하는 그 안에서 내가 원하는 나의 모습을 그렸고 그 모습을 생각하면 행복했다. 그리고 언제 어떻게 이루어질지 모르지만 기도하고 바랐다. 단지 내가 할 수 있었던 건 꿈을 포기하지 않는 것이었다. 주변에 있는 어려운 환경들이 없어지는 것은 아니지만 그것에 집중하지 않았던 거다. 나날이 열심히 살고 있어 변화되는 모습은 당장 눈에 보이지 않았지만 계속 그 길을 지나가는 것이다. 힘들다고 어렵다고 환경이 안 된다고 주저앉아버리면 안 된다. 이 시기를 지나가야 한다. 그냥 앉아서 울고 있거나 신세

한탄만 한다면 달라질 것이 전혀 없다. 삶이 막막할 때는 현실 속에서 안개가 낀 듯 미래가 보이지 않는다고 안개가 다 걷힐 때까지 기다릴 필요가 전혀 없다. 상상하고 꿈꾸는 것은 마음껏 본인이 원하는 대로 할 수 있는 나만의 권한이다. 누구에게도 보여주지 않아도 되고 어느 누가 판단하지 못하는 나만의 상상의 날개를 달아보자. 어차피 꾸는 꿈, 크게 꿔보자.

여기서 내가 말하는 꿈은 돈과 물건에 대한 꿈을 말하는 것이 아니다. 내가 현재 한 달에 백만 원을 벌고 있는데 꿈을 크게 꿔서 1억을 버는 꿈을 상상하는 것이 아닌 성공했을 때 나의 이미지를 상상해보라는 것이다.

"어떤 사람은 꿈속을 살아가며, 어떤 이는 현실과 마주한다. 그리고 어떤 이들은 꿈을 현실로 바꾸며 살아간다."

– 더글러스 H. 에버렛

내가 상상하고 꿈꾸는 대로 미국을 갈 수 있게 된다면 넉넉하지 않을 거라는 것을 알고 있다. 그래서 미국 유학 생활이 쉽지는 않을 것이라고 상상했다. 나는 상상의 날개를 펼치며 실제로 미국에 가 있는 모습을 틈틈이 상상하면서 이 시간을 즐겼다.

미국 어느 학교에서 여러 나라에서 온 학생들과 한 교실에 앉아서 영어를 배우는 상상. 가정형편이 좋지 않았으니 생활비를 벌어야 해서 신문을 보고 일자리를 알아보는 상상. 당연히 처음에는 영어도 안 되고 경력도 없으니 밑바닥부터 식품 마켓에서 일하게 되겠지. 그렇게 시작해서 열심히 일해 인정받고 승진하는 나의 모습. 어느새 영어도 능숙해져서 더 나은 직장에 취직하는 나의 모습. 멋진 남자 친구를 만나 사랑에 빠지는 모습. 예쁘게 사랑하고 아름다운 가정을 이루는 나의 모습. 행복한 가정의 아내와 엄마가 되는 모습. 내가 직접 창업을 해 사장이 되는 모습. 멋지게 차려 입고 출근하는 모습. 좋은 파트너들을 만나서 함께 미팅하는 모습 등등 내가 꿈꾸는 나의 최고의 모습들을 상상 속에서 마음껏 그려보는 것이다. 그 순간마다 상상만 해도 가슴이 뛰는 눈부신 나의 모습이다.

세계 최고 성공자 헨리 포드, 토머스 에디슨, 파어 스톤, 앤드류 카네기 마셜 필드 등 세계 최대 거부들 507명의 경험을 연구한 저자 나폴레온 힐의 『성공의 법칙』이 있다. 그 책은 그들의 독특한 성공 철학을 알려준다. 저가가 말하는 성공의 법칙이 15가지 중 자기암시 힘을 알려준다. 자신이 뭘 원하는지, 어떤 삶을 원하는지 목표를 갖고 간절히 바라고 열망하면 그것을 이루기 위한 사람이 되어간다는 것이다.

현실과 다른 모습을 상상하면 더 힘들다고 하는 사람도 있다. 그래서 상상조차도 하기 싫어하는 사람들이 있다. 하지만 잘 생각해보라. 그렇게 온종일 힘들어서 드라마를 보면서 힐링하는 것보다 나만의 드라마를 상상으로 하는 것이 더 재밌고 좋을 것이다. 그 아름다운 드라마의 주인공이 내가 되는 거니까.

오늘 하루를 잘 견뎌내고 이겨내야지 내가 상상하는 그 모습으로 나를 만들어갈 수 있는 것이다. 나 자신이 그런 모습이 되기 위해서는 나는 오늘도 열심히 나를 위해 투자하고 나를 가꾸며 가야 하는 것이다. 너무나 기대되는 상상 속의 내 모습이 있는데, 어떻게 주저앉아 현실만을 불평하고 있을 수 있겠는가?

안개 속에 갇혀서 보이지 않는 미래라 슬퍼하지 말자. 미래를 상상 속에 그려서 당신의 삶을 이끌어가자. 안개가 덮여 앞이 안 보일 때는 천천히 한 발짝씩 걸어나가보자. 그렇게 상상력으로 꿈꾸는 당신의 모습 안에서 목표를 세우면 당신은 상상하는 대로 이루는 삶의 목적지에 도착하게 될 것이다.

◀ 05 ▶

인생에서 무엇을 바꾸고 싶은가?

그럼 이제부터 핑계 대지 말자!

어렸을 때부터 나는 돈 많이 벌어서 빨리 성공하고 싶었다. 부모님의 사업이 어려웠던 시절을 겪으면서 길에서 파는 어묵 500원짜리를 먹고 싶은 만큼 사 먹을 수 있는 날을 상상하며 돈을 벌고 싶었다. 엄마가 아파서 병원에 가야 하는데 돈을 빌려 간 삼촌이 돈을 주지 않아서 병원 치료를 못받고 계시는 엄마의 뒷모습을 보았다. 그때 나도 뒤에서 울면서 앞으로 엄마가 다시는 돈 때문에 우시는 일이 없게 하고 싶었다. 20대에 미국에 와서는 가정부 생활을 할 때 그 집에 사는 언니는 운전해서 학교

가고 나는 비 맞으며 버스를 기다리곤 했다. 비 오는 날은 신발과 옷이 다 젖을 것을 생각해서 항상 내 가방에 양말을 가지고 다녔다. 돈이 없어서 겪었던 불편함과 슬픔들 속에서 얼른 벗어나고 싶었다.

자신이 처한 상황에서 벗어나 더 나은 삶을 살고 싶은가? '바꾸고 싶지만…', '변화하고 싶지만…', '나아지고 싶지만…'이라는 변명은 그만하자. 발전하는 삶을 살지 못하는 사람들은 자신의 상황을 정당화시키는 핑계가 있다. 나도 그랬다. '영어를 못 해서', '시간이 없어서', '아이들이 어려서', '돈이 없어서', '경험이 없어서', '자신감이 없어서' 이런 말들이 내 머릿속에 맴돌았다.

성공한 사람들의 이야기들을 보면 하나같이 공통점이 있다. 그들의 삶은 일반 사람들과 다르게 작은 생각과 행동의 차이로 크게 다른 삶을 누리며 행복하게 살고 있다. 아주 작은 차이의 노력과 꾸준함으로 살아가는 모습을 보게 된다. 매일 하루에 1%만 더 노력한다면 1년 동안 거의 38배의 더 많은 성과를 얻을 수 있다. 지금까지 살아오면서 인생의 무언가를 바꾸고 싶다고 생각이 들었다면 지금 당장 미루는 습관부터 바꾸자. 현재 인생의 모습에서 바꾸고 싶은 게 뭔지 알기만 한다면 우리는 당장 지금 현실을 파악해서 행동해야 한다.

인생을 바꾸고 싶은 당신이 당장 해야 할 일 4가지가 있다.

첫 번째, 지금 하고 있는 그것! 핑계를 찾는 것을 그만둬야 한다. 무언가 생각 없이 내뱉고 있는 말들이 당신을 더 나은 미래로 가지 못하게 막는다는 것을 알고 있나? 오늘 자신 스스로에게 어떤 말을 했는지 곰곰이 생각해보라. '뭘 해야 될지 모르겠어.', '아직 준비가 안 된 것 같아.', '나 같은 사람은 많이 부족하지.', '아직 턱도 없어.' 이런 식으로 무의식적으로 자신 스스로에게 던진 말들에 갇혀 있지는 않은가?

"실패하는 사람은 실패를 끝으로 도전을 포기할 핑계를 찾고, 성공하는 사람은 실패를 통해서 배우며 성공할 때까지 도전한다."

– 핸리 포드

처음에 창업을 시작할 때 한 살 된 아이가 집에 있어서 시작한다는 게 두려웠다. 자금도 없이 창업을 한다는 게 불가능하다고 생각했다. 하지만 미국에 올 때 가졌던 선한 기업의 CEO의 꿈을 놓고 싶지 않았다. 천천히 한번 도전해보자는 마음으로 작은 성공을 하기 위해 한 발을 디뎠다. 그렇게 결심을 한 후 처음으로 몇십 불의 돈을 벌 수 있었다. 그때 나의 작은 성공은 오늘까지 나를 멈추지 않게 하는 원동력이 되어주었다. 작은 성공을 경험해본 순간 나는 다시 그 순간이 기다려져서 실패해도 다시 일어나고 또다시 해보는 사람으로 바뀐 삶을 살기 시작했다.

두 번째, 감정에 휘둘리지 말아야 한다. 매일 몰려드는 감정에 휘둘린다면 후회만 남게 된다. 당신의 감정이나 기분이 중요하지 않다는 뜻이 아니다. 본인 스스로 인식하지 못하는 부정적인 감정의 대화들이 하루에도 몇 번씩 있을 것이다. '힘들어 죽겠다.', '왜 되는 일이 없지?', '짜증난다.', '내가 못 살아.' 앞서 말했다. 이 부적정인 자기 대화로 슬픔, 좌절, 분노의 감정이 들게 된다. 자신에게 던지는 부정적인 대화들이 본인을 더 힘들게 만들고 잘못된 행동으로 가게 된다는 것을 인식해야 한다.

행복하지 않고 힘든 인생을 살고 있는 사람들은 인생의 불공평을 탓하는 경우가 참 많다. 무시당했다고 느끼며 피해자라고 생각하며 어차피 노력해도 이루지 못할 거라고 생각한다. 이런 불공평하다는 생각이 본인 스스로가 그 삶을 만든 거라 인식조차 하지 못한다.

나는 항상 나에게 하는 말들을 긍정의 말로 하려고 순간마다 의식한다. 아직도 나도 모르게 내뱉는 실수도 한다. 매일 책상 옆에 붙여놓고 나에게 하는 말이 있다. 내가 현재 강의하고 있는 '글로벌 여성 리더를 위한 당신만의 특별한 창업' 때 함께 외치는 문구이다.

"나는 꿈꾸는 대로, 말하는 대로, 상상하는 대로, 생각하는 대로, 행동하는 대로, 기대하는 대로, 노력하는 대로, 도전하는 대로 이루는 사람이다!"

– 강진애

반면에 행복하게 성공의 인생을 살 거라 믿는 사람은 언제든지 긍정의 에너지가 넘친다. 실패가 있더라도 그들은 성공을 위한 지나가는 길이라 생각하며 불평하지 않는다. 그 자리에서 배움의 기회를 찾고 다시 일어나 씩씩하게 도전한다. 실패의 길을 지나가야 성공의 길에 도착한다는 것을 그들은 알고 있는 것이다.

세 번째, 앞으로 나아갈 수 있게 행동으로 옮겨야 한다. 준비되어야 하는 게 아니라 행동해야 준비가 된다.

"시작하기에 가장 완벽한 곳은 바로 지금 당신이 있는 그곳이다."

– 디이터 F. 우흐트도르프

새로운 시작은 누구에게나 두렵다. 시간이 지나고 준비를 더 한다고 두려움이 사라지는 것은 아니다. 성공한 사람들과 일반 사람들의 다른 점은 그들은 두려움을 극복하고 행동으로 바로 옮겼다는 것이다. 시간이 지나고 도전하지 못한 것에 후회하는 것들의 공통점은 '그때 시작했었더라면…', '한살이라도 어렸을 때 시작했었더라면…'인 경우가 많다. 지금 있는 자리에서 현재 가지고 있는 것으로 할 수 있는 것을 하면 된다.

"당신이 '할 거라고' 말하는 일 말고, 당신이 '하는 일'이 당신이다."

– 카를 융

창업을 시작하고 나서 완벽하지 않은 시스템으로 몸과 마음이 고생한 시절이 오랫동안 있었다. 작은 거실에서 물건 놓을 자리가 없었고 오래된 컴퓨터로 작업을 하려니 너무 힘들었다. 직원을 고용할 만큼 여유도 없었다. 하지만 내가 서 있는 자리에서 가지고 있는 것만을 가지고 해왔다. 그러고 일정 매출과 이익 목표를 정하고 달성했을 때 그때마다 나에게 선물하기도 했다. 사업을 한 발짝 업그레이드해줄 컴퓨터, 책상, 오피스 등 하나씩 단계를 올라가기 전에 상급을 걸어놓고 그것을 보고 무조건 해나갔다. 완벽하지 않지만 할 수 있는 것을 찾아보자. 그것부터 하나씩 해나가며 나만의 징검다리를 걸어가 보면 어느새 저 건너편에 있는 성공의 강가로 도착할 거라 믿는다.

네 번째, 나쁜 습관을 버린 그 자리에 새로운 습관으로 채우는 것이다.

"우리가 반복해서 하는 행동이 바로 우리이다. 그러므로 탁월함이란, 행동이 아니라 습관이다."

– 아리스토텔레스

미국 내 설문 조사 결과를 보면 80% 이상이 대다수 사람이 좋은 습관과 나쁜 습관이 어떻게 형성되는지 이미 잘 알고 있다고 한다. 의사 맥스웰 몰츠는 21일이면 습관이 형성된다고 하고, 런던 대학의 제인 이들 교수는 약 66일이 걸린다고 한다. 여러 학자가 주장하는 것들이 다 다른 이유는 사람들마다 다르기 때문이다. 행동의 종류에 따라서 습관이 되기까지는 필요한 시간이 천차만별이다. 사람들은 습관이 바뀌면 삶이 바뀐다는 것을 알고 있다. 쉬운 답인 듯하다. 하지만 우리는 생각만큼 쉽게 좋은 습관으로 바꾸는 게 어렵다. 자꾸만 좋은 습관을 만들기 위해 도전하고 노력하지만 실패하는 이유는 뭘까? 인간 내면의 충동적 본성이 너무 강하기 때문이다. 자신을 변화시키는 것이란 정말 어려운 일이다. 올바른 선택을 하고 꾸준히 한다는 것도 정말 어렵다. 성공한 사람들을 보면 좋은 습관들을 쉽게 하는 것처럼 보이고 전혀 어려움 없이 해나가는 것처럼 보인다. 정말 그런 걸까? 그들의 다른 점은 무엇일까? 그들은 좋은 습관을 만들기 위해 자신과 타협하지 않는다는 것이다. 나쁜 습관을 좋은 습관으로 채우기 위해서 작은 것부터 도전해보자.

아침에 일어나 공복에 미지근한 물을 마시면, 체내에 건강한 세포만 남고 유해한 독소를 제거할 수 있다고 한다는 글을 읽었다. 매일 아침 해야지 하면서 핸드폰을 먼저 확인하다 보면 깜박 잊고 넘길 때가 한두 번이 아니었다. 그래서 나는 자기 전날 바로 눈에 모이는 곳에 미지근한 물을 보온병에 담아놓고 잔다. 아침에 일어나 핸드폰에 손이 가도 먼저 그날 명상을 보기 위해 아침 알람이 오게 해놓는다. 아침에 컴퓨터를 켜면 바탕 화면에 나를 위한 긍정의 확언이 눈에 딱 들어온다. 그럼 20초도 안 되는 문구를 소리 내어 읽는다. 이렇게 좋은 습관을 들이기 위해 작은 세팅이 내 아침을 성공한 사람의 아침으로 만들어준다.

인생에서 무엇을 바꾸고 싶다는 생각에서 그치지 말길 바란다. 당신의 인생을 변화시킬 사람은 당신뿐이다. 누구도 당신의 삶을 바꿔줄 수 없다. 기억하라. 당신의 인생의 주인공은 당신이다.

2005년 초창기 미국 지사 창고 사진

첫 부산 박람회 참여 모습

코엑스 박람회 참여 - 직접 아이들 시식을 도와주고 있다.

코엑스 박람회 마치고 정산 중.

미국 창고 - 재고 판매 준비로 창고 개방한 모습

◀ 06 ▶

원하는 기회는 오지 않는다, 찾아나서라

당신은 기회를 잡는 사람인가? 기회를 놓치는 사람인가?

행복한 삶을 살아가기 위해서 우리는 목표를 정하고 이루어지기를 바란다. 꿈꾸는 것을 이루기 위해서는 우리에게 주어지는 기회를 잡아야 한다. 기회가 왔을 때 그것이 기회인 줄 모르고 지나치는 경우가 있었을 것이다. 그렇다면 기회를 찾는 방법이 무엇이 있을까? 생활 속에 일어나는 일상에서 수많은 기회가 있는데 누구에게는 그냥 일상이 되고 누구에게는 성장의 기회가 된다. 학교를 들어가서 선생님들을 만나고 취직을 하면서 동료들을 만나고 많은 회사의 리더를 만나면서 나를 성장시키는 기회들이 있을 거다. 유튜브를 보거나 텔레비전을 보면서 그냥 즐기는 것만이 아니라 어떤 이들은 배움의 기회를 가질 수도 있다. 기회는 그냥 내 앞에 떨어지는 것이 아니다. 기회는 찾아야 한다.

"현명한 사람은 기회를 발견하지 않고 스스로 만들어낸다."

– 철학자 프랜시스 베이커

미국에 와서 나는 일하면서 학교에 다녀야 했다. 한국에서 생활비를 도와줄 수 있는 형편이 아니어서 난 스스로 생존해야 했다. 조금이라도 더 벌어서 한국 가족들을 돕기 위해서라도 기회가 닿는 대로 돈을 벌고 싶기도 했다. 학생 신분으로 많이 일하더라도 하루에 4~5시간 정도밖에 못 하는 상황이었다. 미니멈 급여 $6.25를 받고서는 집세도 낼 수 없는 상황이었다. 식당에서 일하면 미국은 팁 문화가 있어서 슈퍼마켓에서 일하는 거보다 훨씬 보수가 좋다고 한다. 그래서 당장 한국 신문을 들고 와 하나씩 전화하기 시작했다. "미국에 언제 오셨어요?", "영어는 잘하세요?", "식당에서 일해본 경험은 있나요?", "워크퍼밋은 있어요?" 질문들이 많았고 나는 그중에 많은 질문에 "No"라고 대답하는 게 절반 이상이었다. 그러니 당연히 하나둘씩 다 전화할 때마다 거절을 당한 것이다. 이렇게 해서는 안 되겠다. 그래서 신문을 보고 광고 낸 식당 중 집에서 가장 가까운 곳부터 찾아가기 시작했다. 얼굴을 보고 인사를 하면 전화에서처럼 무례하진 않겠다는 생각에 찾아갔다. 내 예상이 맞았다. 얼굴을 보니 문전 박대는 안 하신다. 젊고 당돌한 학생이라고 기회 주시는 감사한 주인을 만나게 되어서 그렇게 처음으로 일본 식당에서 서빙하며 학비를 벌 수 있게 되었다.

많은 사람은 자신의 현실을 비하할 때 '나는 기회가 없어서…'라는 말을 하곤 한다. 주위에 성공한 사람들은 자신보다 더 많은 기회가 와서라고 생각하고 자신은 아니라고 생각한다. 기회는 특별한 사람들에게 찾아오는 게 아닌데 말이다. 그렇다면 성공한 사람과 아닌 사람, 특별한 사람과 보통 사람이 말하는 기회는 무엇일까? 기회를 운으로 생각하는 사람이 있다. 이런 사람들은 기회는 운 좋은 사람에게 오는 거로 생각해서 기회가 와도 지나치는 경우가 있다. 그리고 기회를 운이라고 생각하는 사람들은 기회를 찾으려고 하지 않는다. 이런 사람들은 운으로 오는 기회라 생각해서 어떤 노력도 수고도 하지 말라고 한다. 성공한 대부분 사람은 기회를 얻기 위해 항상 노력하고 수고를 아끼지 않는다는 것을 기억해야 한다.

창업 초장기 때는 대박 나는 상품을 찾기 위해 매장으로 매일 출근했다. 거기서 만져보고 사서 먹어보고 마음에 드는 상품을 찾아서 함께 일하자고 메일 보내고 전화하곤 했다. 하지만 미국 매장에 입고된 브랜드는 초보 사업자이자 영어가 서툰 나에게는 전혀 관심이 없다. 예전에 일자리를 찾으러 다녔던 그 일을 기억하며 직접 찾아 나서기 시작했다. 많은 브랜드를 한곳에서 만날 수 있는 박람회들이다. 그 자리에는 리테일 사들과 함께 일하고 싶은 회사들이 줄줄이 나와 있다. 수백 개의 브랜드들이 나와 있는 자리에는 노이즈가 가득했다. 어렵게 만나서 소개하고 파트너십을 요청하면 누군가가 벌써 한국에 판매하고 있거나 판매가 예정되어 있는 것이다. 나는 그제야 작전을 바꾸고 자리를 한 부스씩 빌려 나온 작은 업체들을 집중해서 보기로 했다. 분명히 숨어 있는 보석이 있지 않을까 싶어서 하나하나 구석구석 돌기 시작했다.

미국에서 자리 잡기 위해서 정말 많은 일들을 하면서 스스로 성장하는 기회가 많이 있었다. 비즈니스를 오래 하다 보면 당장은 돈이 안 되는 일들을 해야 하는 경우가 있다. 또한 열심히 공들여서 서비스를 보여줬지만 아쉽게도 딜이 성사가 되지 않을 때도 참 많다. 생각지도 않은 방향으로 진행되면서 예상했던 방향으로 가지 못할 때 기회를 놓치는 것 같아 상당히 아쉽다. 하지만 반대로 생각해보면 일이 진행되지 못하는 과정에서 배운 것들이 많으므로 다음에는 더 나은 방향으로 이끌어 갈 기회를 갖게 된다.

이렇게 기회는 스스로가 인식하고 어떻게 받아들이며 만들어가느냐에 달렸다고 생각한다. 기회가 언제 나에게 올지 모른다고 생각하고 준비하고 찾아가는 사람들은 환경과 상관없이 뜻하지 않은 곳에서 기회가 나타나는 경우를 많이 경험할 수 있다. 나는 항상 기회는 스스로 만드는 것이라 믿고 최선을 다해서 기회를 놓치지 않으려고 한다. 내 인생을 한 번 더 업그레이드 해줄 기회가 언제 올지 모르니 말이다. 그래서 매일 사업에서 일어나는 일들을 그냥 흘려보내지 않으려고 많이 노력한다. 나의 실수를 통해서도 오는 기회도 있을 거고 우연히 지나가는 길에서 만나는 사람을 통해서도 기회가 올 수도 있으니 말이다.

삶 속에서 일어나는 상황 속에서 기회를 놓치지 않고 잡는 사람은 기회에 대한 태도가 다르다. 기회를 잡는 사람들은 무엇이 달라서 놓치지 않는 걸까? 그들은 평범한 사람과 다르게 어떻게 살아가는 걸까? 모두에게 다가오는 기회들을 놓치지 않고 잡는 3가지 방법이 있다.

첫 번째, 기회를 잘 얻는 사람들은 준비가 되어 있다. 언제 어떻게 올지 모르는 기회를 위해 자신이 가야 할 길을 명확히 알고 어떤 기회를 얻고 싶은지 알고 준비하고 있다. 그러려면 자신이 원하는 삶이 무엇인지 명확하게 알아야지 된다. 어디로 갈지도 모르는 상태에서는 아무리 온다고 해도 잡을 수가 없다.

"기회는 폭풍과 같아서 일단 지나가면 두 번 다시 돌아오지 않는다."

– 그라시안

나의 평생의 꿈은 '선한 여성 리더'들을 양성하는 것이다. 미국에서 아무 것도 없이 창업을 시작해 오늘날까지 수많은 실패와 좌절을 겪었던 일들을 헛되지 않게 사용하고 싶었다. 사람의 인생을 행복하게 만들고 삶의 터닝 포인트를 만들어주는 더 의미 있는 삶을 싶었다. 그래서 매번 시간 날 때마다 코칭 공부하고 컨퍼런스도 다니면서 수료증도 따놓고 했다.

그러다 우연히 미국 실리콘밸리에 있는 Kotra(대한무역투자진흥공사)에서 무역 강의 요청이 들어왔다. 그리고 여성 리더들을 위한 자선 단체 심플스텝스에서 재능 기부 강의 요청이 들어왔다. 내가 꿈꾸던 주제로 강의할 기회가 생긴 것이다. 엄마들이 자신만의 특별한 재능을 찾아 창업의 꿈을 이루어갈 수 있도록 강의를 하게 된 것이다. 그렇게 할 수 있는 것을 하면서 키워갔던 나의 평생의 꿈을 지금 현재는 미국 내 여성이 그들만의 특별함을 찾아 창업할 수 있도록 틈나는 대로 가르치는 일을 수시로 하고 있다.

두 번째, 실패를 두려워하지 않아야 한다. 실패를 두려워하게 되면 도전하지 않게 된다. 두려움에 사로잡혀 도전하지 않고 그 자리에 서 있게 된다면 우리는 많은 것을 놓치게 된다. 안전한 길을 가는 것은 최고의 길이 아니다. 한 번도 먹어보지 않은 음식을 먹는다고 배탈 나는 게 아니다. 생전 가보지도 않은 길로 간다고 길을 잃는 것도 아니다. 새로운 데 도전함으로써 전혀 몰랐던 것을 알게 되고 새로운 것들을 바라보는 시야도 달라진다. 그런 경험을 통해서 기회를 얻게 되는 거다.

"기회를 붙잡은 사람은 십중팔구 성공한다. 실패를 극복해서 자신의 힘으로 기회를 만들어내는 사람은 100% 성공한다."

– 데일 카네기

고등학생인 두 딸은 방과 후 특기로 펜싱을 한 지 벌써 9년째이다. 스포츠를 통해 아이들은 실패, 좌절, 승리를 배운다. 이런 과정을 통해서 아이들은 인생의 참맛을 배워간다. 또한 이 과정을 통해서 아이들은 시간 관리하며 학업에도 소홀하지 않은 훈련도 한다. 이렇게 여러 가지의 기회를 얻으며 훌륭한 리더로 성장하는 기회를 얻게 된다. 나 또한 아이들을 잘 이끌어주기 위해서 노력하는 그 과정에서 더 지혜로운 엄마로 성장하며 일을 효율적으로 하는 방법을 배우게 된다. 이렇게 실패를 두려워하지 않고 도전하는 삶, 그 자체로 우리는 성장할 기회가 너무 많은 것이다.

세 번째, 모든 가능성을 열고 삶을 바라봐라. 매일 같은 삶을 사는 사람이 있을까? 한 직종에 종사하든, 학생이든, 주부이든 각각의 위치에서 매일 생각지도 않은 일들로 하루를 보내고 있지 않은가? 아무리 전날 다음날 할 일을 계획했다 하더라도 그대로 삶이 살아지지 않는다. 그렇게 매일 벌어지는 삶 속에서 우리는 수많은 기회들을 얻게 된다.

"사람은 기회를 이용할 줄 알아야 한다. 그러나 기회란 찾아와야만 한다. 전쟁이 없다면 위대한 장군을 가질 수 없고 거대한 사건이 없다면 위대한 정치가는 나오지 않는다."

– 루즈벨트

나는 시간 여유가 있는 날이면 자주 안 가본 길로 운전하는 것을 좋아한다. 아이들과 어딘가를 갈 때도 다른 길로 운전해 가자고 한다. 매일 가던 곳이 아닌 새로운 길로 가는 그 과정에서 나와 아이들은 보지 못했던 것을 볼 때가 많다. '혹시라도 다른 길로 가면 차 밀리면 어쩌지?' 이런 걱정은 이제 하지 않는다.

이렇게 기회는 가만히 그 자리에서 둘러보면서 찾는 게 아니다. 원하는 목표가 있고 꿈이 있다면 기회를 찾아다녀야 한다. 준비된 자에게, 실패를 두려워하지 않는 자에게, 가능성을 열고 열린 마음으로 삶을 바라본다면 반드시 우리에게 인생의 터닝 포인트가 될 기회가 올 것이다.

나의 첫 재능 기부 - 무역 창업가를 위한 강의(코트라에서)

아이들을 데리고 미국 내 박람회들을 다니며 함께 상품 소싱을 했다.

◀ 07 ▶

끝까지 버티는 자만이 반드시 성공한다

"승리는 가장 끈기 있는 사람에게 돌아간다."

– 보나파르트 나폴레옹

2020년 3월 16일, 그날을 잊지 못한다. 그날따라 일이 참 많아 바쁘게 오피스에서 업무를 보고 있었다. 창고에 업무가 많아서 왔다 갔다 바쁘게 배송 준비와 이메일 업무에 정신이 없었다. 그날따라 남편은 계속 전화한다. 나는 "지금 전화를 받을 수 없어요.", "나중에 전화할게요." 자동 메세지로 전화를 돌렸다. 오피스에 일하는 우리 모두가 다 바쁜 나머지 세상이 어떻게 돌아가는지도 모르게 업무들을 보고 있었다. 무역업을 하고 있으니 마감 시간에 맞추어서 물량을 준비해서 내보내야 한다. 출고 시간에 맞추어 서류 준비도 완벽히 마무리해야 한다. 007 작전처럼 업무가 진행된다. 어쩌다가 물량이 출고시간에 도착하지 않을 때는 피가 마른다. 내가 하는 무역 제품들을 컨테이너로 물건을 이동해서 항구에서 한국으로 출항된다. 내가 함께하는 브랜드들 대부분이 중부에서 제조가 된다. 항구로 이동해서 한국으로 출항하기 위해서는 기차로 물류를 이동하고 역에서 픽업해서 트럭으로 다시 옮겨야 한다.

미국은 트럭 운전사가 하루에 운전할 수 있는 시간이 정해져 있다. 고속도로에 차 사고라도 나면 많이 밀려 꼼짝도 못 할 때도 있다. 그런 날은 운전기사의 하루 운전할 시간을 다 써버릴 때도 있다. 그러면 운전기사는 그 트럭을 고속도로 옆에다 파킹하고 다음 날이 될 때까지 기다린다. 예전에는 20마일도 안 되는 거리에서 운전기사는 자기 시간을 다 썼다고 오늘 배달을 못 한다고 전화가 왔다. 법을 어기면 직장을 잃을 수도 있으니 어쩔 수 없는 일이다. 그러면 나는 다른 운전기사를 찾아 그 트럭이 있는 곳까지 보내서 그 트럭을 끌고 와야 한다. 오늘 이 물량을 출고 못 한다면 벌어질 일들을 상상조차 하기 싫다. 이런 상황에서 전화벨은 계속 울린다.

"여보, 나 지금 진짜 바쁘거든."
"왜? 무슨 일인데 이렇게 전화를 계속해?"

"애들한테 무슨 일 있어?"

짜증이 섞인 목소리로 받았다. 내일부터 자택 대기 명령이 떨어졌다고 한다. 그러니 집에 올 때 오피스에서 비상식품이든 챙겨올 수 있는 것을 다 차에 실어 오라고 한다.

"지금 하고 있는 일부터 마무리하고 할게."
"근데, 진짜야? 잘못 들은 거 아니야?"

미국 캘리포니아주가 코로나 19 확산을 저지하기 위해 주민 4000만 명 전체를 대상으로 자택 대기를 명령했다. 샌프란시스코 등 캘리포니아 해안 6개 지역에서는 식품 구매나 주유 등 필수적인 이유를 제외하고는 집에 머물러야 했다. 갑자기 우리에게 그렇게 모든 생계를 멈춰야 하는 상황이 왔다. 내일 당장 어떻게 정부가 결정할지 모르는 상황이 온 것이다. 한 번도 경험해보지 못한 상황이 내 앞에 일어났다. 벌여놓은 사업은 어떻게 해야 하지? 어느 방향으로 가야 할지 발이 떨어지지 않는다. 멍하니 나는 밖을 바라보고 있었다.

처음 며칠 동안에는 지나면 괜찮아지겠지 했다. 몇 주가 지나가고 달이 넘어가니 이러다 오래가겠다 싶었다. 불안해져왔다. 매출은 줄어가고 있었다. 미국과 한국의 두 오피스를 운영하기에는 매달 들어가는 몇

천만 원의 비용을 더 이상 감당할 수가 없었다. 이대로 가면 안 될 것 같았다. 회사 통장 잔고는 마이너스가 되고 멈추지 않은 지출을 개인 카드로 해결하기 시작했다. 이제 더 이상 버틸 수가 없었다. 가지고 있는 모든 개인 카드도 한도가 꽉 찬 상태였다. 나는 결정을 해야만 했다. 이 위기를 넘길 방법을 찾아야만 했다. 두 오피스를 다 지킬 수 없었다. 아이를 업고 가서 몇 개월씩 잠 못 자면서 쓰러져 링거를 꼽고 일했던 시간이 내 머릿속을 스쳐간다. 그렇게 힘들게 어렵게 운영해 오늘까지 온 회사를 닫는다고 생각하니 너무 맘이 아팠다. 하지만 회사를 닫는다고 그동안 가지고 있던 꿈이 사라지는 건 아니라는 것을 안다. 더 멀리 가기 위해 지고 있는 무거운 모래주머니를 내려놓아야 한다고 생각했다. '그래, 위기를 또 다른 기회라고 생각하자.' 그러고 지난 2020년 5월, 난 결단한다. 13년간 운영하던 한국 지사를 그렇게 순식간에 닫게 되었다.

2차 세계대전 때 영국의 영웅이면서 노벨 문학상 수상자이기도 한 윈스턴 처칠은 이렇게 말했다.

"성공이란 열정을 잃지 않고 실패를 거듭할 수 있는 능력이다."

성공이란 그런 거다. 열정을 잃지 않는 거다. 실패를 거듭할 수 있는 거다. 그래 지금 현재에는 자신이 가지고 있는 하나를 내어놔야 한다 할지라도 실패한 게 아닌 거다.

큰아이를 낳고 우연히 시작하게 된 사업. 무역에 대해 아무것도 모르면서 시작해 큰 꿈만을 꾸었다. 미국과 한국을 연결하는 최고의 무역회사가 되겠다는 목표만을 가지고 계속 달려온 18년이다. '두 나라를 연결해주는 튼튼한 다리가 될 것이다.'라고 외치면서. 그런데 이제 한국 지사가 없으니 어떻게 다리라고 표현할 수 있겠는가? 내가 꿈꿔왔던 회사를 더 이상 이룰 수 없는 건가? 많은 생각들이 교차했다. 실패자라는 밀려드는 생각을 밀어내기 위해서 정말 많은 노력을 했다. 리더로 자질이 없었던 것을 억지로 여기까지 왔다는 생각에 내 자존감은 땅으로 떨어졌다. 나를 믿고 함께 끝까지 가자는 직원들도 지켜주지 못하게 되었다. 코비드 19를 원망하고 싶었다. 하지만 무엇을 원망한다고 달라질 게 없는 것을 누구보다 더 잘 알고 있었다. 아쉬운 게 있다면 사업이 잘될 때 자금을 많이 저축하지 못해놓은 거다. 조금 일찍 철들어서 자금을 잘 모았었더라면 지금 이런 상황에서 좀 더 버틸 수 있었을 텐데. 다시는 같은 실수를 하지 말자고 다짐한다. 결단하고 나면 난 뒤도 돌아보지 않고 가는 성격이 있다. 자, 그럼 내가 지금 할 수 있는 것이 무엇인지 최종 목표의 꿈을 이루기 위해서 무엇부터 해야 하는지 실행하기로 했다.

성공 철학과 성공 원리를 전해온 미국 역사상 가장 영향력 있는 강사 짐 론은 이렇게 말했다.

"얼마나 더 시도해봐야 하나? 될 때까지."

예전에 우연히 읽게 된 북미 대륙에 사는 원주민들 이야기가 생각났다. 이 지역은 농사를 짓기에 강수량이 부족한 모래사막이다. 그곳에 원주민들은 농사를 위해 기우제를 드린다고 한다. 주목할 점은 기우제 성공률이 100%였다는 것이다. 그 비결은 놀라울 정도로 간단했다. "비가 올 때까지 기우제를 멈추지 않는다."는 것이다.

하버드에서 성공할 가능성이 있는 졸업생 268명을 뽑아 그들의 60년 삶을 추적한 연구 결과가 있다. 모두 성공의 기준은 명확히 정의하기 어렵지만, 일반적 사회에서 인정받고 편안한 삶, 인간관계가 좋은 삶으로 보자. 그중 30%만이 성공적인 삶을 살고 있었다. 그들의 공통점은 '원주민의 기우제'처럼 포기하지 않는 삶의 자세를 가졌다고 한다.

우리는 모두 살아가면서 많은 실패를 경험하고 살아간다. 누구도 피해갈 수 없는 길이다. 특히 무언가를 이루려고 하는 사람이면 남들보다 더 많은 실패와 더 큰 고통을 느끼는 건 당연하다고 생각하다. 실패할 때마다 좌절감이 들 때마다 포기한다면 어떻게 될까? 그 순간 당신이 성공할 확률은 0%가 되는 거다. 하지만 지금 당장 실패했고 넘어졌다 하더라도 다시 일어나서 성공의 길로 가기 위해 도전한다면 어떻게 될까? 성공할 확률은 0%가 아닌 가능성이 있게 되는 거다. 그래서 끝까지 버티는 자만이 반드시 성공하는 거다. 진리이다. 끝까지 버티는 그 힘이 성공의 힘이다.

나는 힘들 때마다 내 인생의 마지막 끝자리를 바라보려고 한다. 그날이 언제가 될지 모르기에 먼 것 같이 느껴진다. 어쩌면 생각보다 가까울 수도 있고 아무도 모르는 것이다. 그래, 모르기 때문에 오늘 실패하더라도 넘어졌더라도 괜찮은 거다. 아직 우리에겐 시간이 있다. 마지막 끝자락에서 나의 과거를 바라보는 모습을 상상해본다.

'그래, 나 참 열심히 최선을 다해서 살았어.'
'그때 실패해도 다시 일어나길 참 잘했어.'
'좀 더 버텨서 가능한 일이였었네.'
'오늘 같은 날이 있을 거라 상상 못 했는데 잘 참았네!'

내가 바라보는 성공이란 '후회 없이 살았다'고 말할 수 있는 것이다. 후회 없이 살았다고 말하기 위해서는 매일 하루하루를 알차게 보내야 한다. 아무리 힘들어도 이겨내야 한다. 예상치 않은 어려움이 내 꿈을 방해할지라도 반드시 버텨야 한다. 잠시 돌아가더라도 괜찮다. 남들보다 천천히 가야 해도 괜찮다. 잠시 쉬어가도 괜찮다. 그 성공은 언제인지 모르는 인생의 끝자락이기 때문이다. 나는 다시 오늘도 최선을 다하며 살기로 다짐한다. 그렇게 매일 살아가다 어느 날 만나는 인생의 끝자락에 나는 성공한 삶을 살았다고 자신 있게 말할 수 있으니까. 지금 이 책을 읽고 있는 여러분에게 묻고 싶다. 당신을 끝까지 포기하지 않고 버티게 하는 그 성공의 목적이 있는가? 그렇다면 당신은 반드시 성공할 것이다.

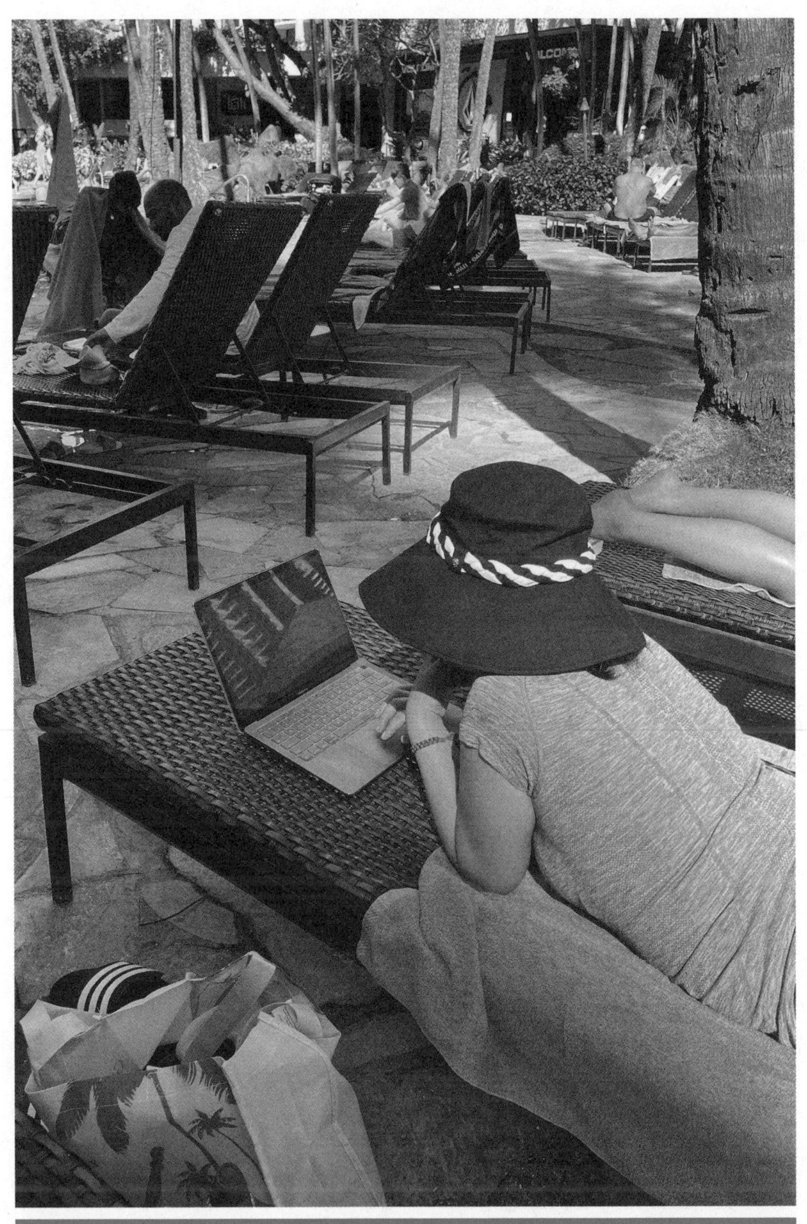

가족들과 휴가 중에 업무를 본다. 언제 어디서나 자유롭게 일할 수 있는 시스템을 갖추었다.

◀ 08 ▶

목적이 있다면 포기는 없다

당신은 진정으로 어떤 삶을 원하는지 생각해봤는가?

많은 사람이 살아가는 데 크고 작은 목표들을 두고 살아간다. 매해 첫날을 맞이하면 그 한해 목표를 적어가면서 한 해를 다짐하곤 한다. 매해 적었던 목표를 이루는 사람은 과연 몇 %나 될까? 이번에는 꼭 목표를 달성한다고 다짐하고 이뤘던 적이 언제 있었는가? 왜 우리는 원하고 바라는 목표를 적어놓고도 이루지 못하는 경우가 많은가? 목표를 달성하기 위해서는 우리에게는 뚜렷한 목적이 있어야 한다. 목적의 사전적 의미는 '실현하려고 하는 일이나 나아가는 방향'을 뜻한다. '어떤 삶으로 살아가고 싶은가?'. '왜 그렇게 살고 싶은가?'라는 질문에 대한 답이라고 생각하면 되면 된다.

사람의 인격과 행동은 스스로 어떤 마음을 품으며 사는지에 따라 표현된다. 부정적인 생각을 가지고 걱정하면서 사는 사람의 모습과 긍정적인 생각과 감사가 넘치는 사람의 모습이 다르게 보이는 것을 우리는 알고 있다. 20대 나의 생활은 가진 것 없이 가난했지만 밝은 미래에 대한 기대감에 나의 생활 속의 모습에는 힘듦을 전혀 표현하지 않았던 것으로 기억된다.

요즘은 기술이 발전해서 페이스타임, 카톡, 이메일 등 많은 채널들로 서로의 얼굴을 보며 소식을 매일 전할 수 있지만 24년은 전화와 편지로밖에 소식을 전할 수 없었다. 나는 매일 학교 점심시간에 노트를 적어갔다. 가족들에게 하고 싶은 이야기를 글로 다 적는다. 바로 옆에 있는 것처럼 대화하는 것처럼 적어 내려간다. 그러고 며칠에 한 번씩 모아서 편지를 보낸다. 그때 수없이 써나갔던 편지에는 가족들에게 쓴 약속들과 꿈들이 들어 있었다. 지금은 어렵고 힘들지만 분명히 길이 있고 잘될 거라는 희망의 글들. 사실은 편지를 써나가면서 내가 그런 것을 100% 믿고 확신이 들어서 한 건 아니라고 솔직히 고백한다. 가족들이 걱정하지 않도록 힘든 이야기는 쓰지 않고 좋고 희망적인 이야기들만 써나갔다. 지금 생각해보면 잘한 것 같다.

많은 책을 보면 성공한 사람들의 공통점을 찾을 수 있다. 그들은 사람들은 누구나 자신의 마음속에 가지고 있는 생각과 상상하는 그대로 이루어질 수 있다고 말한다. 어떤 환경에서든지 간절히 바라고 원하고 그것을 행동하면 이루어질 수 있다고 한다. 그때는 그 말의 뜻을 잘 이해하지 못했다. 자판기에서 주문한 음료가 나오듯이 뚝딱 상상하고 생각하는 대로 이루어지는 데는 정해진 타임라인이 없다. 언제 그리고 얼마나 시간을 더 들여서 노력하고 도전해야지 이루어진다는 보장도 없었다. 인생은 장거리 마라톤 같다고 생각한다. 끝에 도착점이 보이지 않는 마라톤. 나의 장거리 마라톤의 도착점은 내 인생의 마지막 날이라고 생각하고 살아간다.

"사람은 자신이 생각하는 모습대로 된다. 지금 자신의 모습은 자신의 생각에서 비롯된 것이다. 내일 다른 위치에 있고자 한다면 생각을 바꾸면 된다."

– 데이비드 리버만

아침마다 눈을 뜨면 습관적으로 핸드폰을 찾게 된다. 밤 동안 온 메시지와 이메일들로 핸드폰은 가득 차 있었다. 10년 전만 해도 나는 일어나자마자 컴퓨터로 달려가서 한국 지사에 혹시라도 무슨 일이 나지 않았나 하는 걱정에 메시지부터 확인하곤 했다. 이메일 제목만 봐도 안 좋은 일인지 좋은 일인지 느낌이 온다. 가슴부터 콩닥콩닥 뛰기 시작한다. 계획한 대로 목표한 대로 스케줄에 맞춰서 일이 진행되지 않아서 가슴이 철렁하기도 한다. 희망적인 이메일보다는 항상 나는 문제 처리에 대한 이메일이 가득하다. 어떻게 보면 매일 예측 불가한 일들로 몰려오는 생활이 어쩔 때는 살얼음을 걷는 것 같이 두려울 때도 있다. 복잡하고 답이 바로 나오지 않을 것 같은 일들이 생각보다 쉽게 풀리고 해결책이 나올 때 정말 행복하다. '이렇게 답도 없는 일들을 매일 하면서 머리를 짜야 하는 사업을 나는 왜 하는 걸까?'

미국에 와서 처음으로 일자리, 잠자리를 제공해주시고 학교에 갈 수 있게 도와주셨던 주인 이모부, 이모 댁에서 지낸 지 6개월 정도 지났을 때다. 그 집 딸이 정신과 몸이 아파서 갑자기 내가 그 집에서 나가야 했다. 하루아침에 난 갑자기 잠잘 곳이 없어지게 되었다. 급하게 여기저기 도움을 찾다가 학교에서 함께 영어 수업을 듣는 언니에게 방 하나를 빌릴 수 있게 되었다. 미국 올 때 가방 하나만 들고 와 이불도 담을 가방도 없었다. 여행 가방 하나와 검정 쓰레기봉투 두 개에 담은 나의 전 재산을 들고 늦은 밤 버스를 탔다. 가진 것도 없는데 그날따라 내 짐의 무게는 너무나도 무거웠다. 내가 왜 이곳에 와서 이렇게 살고 있는지 모르겠다는 생각에 내 정신은 바닥까지 떨어졌다. 버스 뒤 칸에 앉아 서러운 마음에 한없이 눈물이 쏟아졌다. 미국에 올 때 비행기 안에서 흘린 눈물과는 달랐다. 그 눈물은 희망의 눈물도 아니었다. 그리움의 눈물도 아니었다. 그렇다고 분노의 눈물도 아니었다. 그 눈물은 다짐의 눈물이었다.

'오늘을 꼭 기억한다.'

'절대 잊지 않을 거다.'

'내가 왜 미국에 왔고 내가 왜 포기할 수 없는지.'

'나는 반드시 성공할 것이다.'

'나는 보란 듯이 성공할 것이다.'

'나는 반드시 멋진 CEO가 될 것이다.'

'나는 남에게 상처 주지 않은 선한 리더가 될 것이다.'

'나는 남을 이끌어주는 선한 리더가 될 것이다.'

어떻게 해야 그 길을 갈 수 있는지 모른다. 지금은 답이 없다. 힘이 없고 돈도 없고 영어도 못 하는 내가 지금은 할 수 있는 게 거의 없었다. 하지만 여기서 내가 포기한다면 나는 100% 실패하는 거다. 내가 포기하지 않고 지금은 답이 없지만 계속 한 발짝 앞으로 나아간다면 답을 찾을 수 있을 거라 믿었다.

『인생의 사계절』, 『드림리스트』, 『시간 관리 7가지 법칙』, 『풍요로운 삶을 위하여』 등 수백 권의 책을 쓴 저자 짐 론은 내 인생의 멘토이시다. 그분은 전 세계적으로 1000만 명에게 자신의 성공 철학과 성공 원리를 전해온 미 역사상 가장 영향력 있는 분이다. 그분은 세미나 혹은 강연을 통해 수많은 사람의 삶을 변화시켰다. 그중 나도 한 사람이다. 이분의 글과 가르침은 어려운 시기를 지나는 내 인생에 큰 버팀목이 되었다.

그중 『인생의 사계절』 책 속에서 큰 깨달음을 얻은 게 있다. 우리의 삶 전체는 사계절과 같다고 한다.

"봄" – 기회, 우정, 사랑, 생각을 활용할 수 있는 시기
"여름"– 보호하고 성장하는 시기
"가을"– 봄의 노동에 따른 열매를 수확하는 시기
"겨울"– 과거의 후회가 아닌 감사를 모두에게 나눠주는 시기

우리가 살아가는 삶 속에서 사계절을 찾을 수 있다. 지금 당신의 삶은 어느 계절에 속하는가? 자연의 이치 속에서 찾아보는 나의 삶은 희망을 주고 포기하지 않는 마음을 주었다. 자연의 법칙처럼 내 인생의 사계절이 있다고 하니 어떤 힘든 시기를 거쳐가도 기다릴 수 있었다.

추운 겨울 속에서 언제 찬바람이 그칠지 모르고 언제 얼음이 녹을지 몰라도 어느새 모르게 다가오는 봄처럼 내 인생도 그럴 거라는 마음에 괜찮았다. 잠시 아프고 슬프더라도 견딜 수 있었다.

이 계절은 나이와 상관없이 시간을 초월해서 오는 거라 믿는다. 1년에도 몇 번은 오고 가는 사계절을 볼 수가 있고 지금까지 살아온 인생 전체를 사계절로 표현할 수 있다. 내가 미국에 처음 와서 정착하는 시기는 봄이었다. 누구에게는 화사하게 보이는 봄이었지만 나는 그 봄에 열심히

심고 싶은 씨앗을 찾고 거름을 주기 위해서 노력해야 했다. 열심히 움직이며 가을에 열매를 수확하기 위해서 준비해야 했다. 좋은 씨앗을 찾기 위해서 나는 공부를 더 해야 했고 더 열심히 살아야 했다. 무슨 씨앗을 심어야 하는지 결정하는 것부터가 나에게는 숙제였다. 비옥한 땅을 만들기 위해 할 수 있는 것들은 아는 대로 다 해나갔다.

사실 내가 준비한 대로 키우는 데 필요한 따사로운 햇볕과 적당한 비가 올지 안 올지는 모른다. 너무 많은 비가 내려서 다 떠내려갈 수도 있고 너무 따가운 햇살에 말라버릴 수도 있다. 어쩌면 바람이 많이 불어서 날아가버릴 수도 있다. 아주 추운 겨울 속에 있어서 비 바람이 그치지 않을 수도 있다. 하지만 나는 언젠가 다시 수확하는 가을을 기대하며 오늘도 기다린다.

나에게는 잘 곳이 없어 집을 나오며 버스 뒷자리에 앉아 하염없이 흘린 눈물이 있다. 전 재산을 담은 봉투 두 개와 가방 하나로 세상을 이기겠다고 다짐한 날이 있다. 인생의 바닥을 경험하며 이제는 더 이상 내려갈 곳이 없었던 그 순간 나는 세상이 두렵지 않았다. 인생의 새로운 관점을 가지게 된 것이다.

열심히 살다 보니 좋은 날이 오는 때가 있고,
열심히 살다 보니 삶 속에서 보상받을 때도 있다.

넘어져도 다시 일어나 도전하니 견딜 만한 날들도 생긴다.

생각만큼 힘들지 않다고 느껴지는 날도 오고 곧 좋은 날이 올 거라는 기대에 기다림을 즐기기도 한다.

하지만 쉽지 않을 것이다. 힘들 것이다. 주저앉고 싶을 때도 있을 것이다. 포기하고 싶을 때도 올 것이다. 이럴 때마다 나를 잡아주는 변하지 않는 영원한 원동력인 인생의 목적이 있다.

죽음 앞에서 세상에 두고 갈 나의 뒷모습
하늘나라에 가서 하나님 앞에 선 나의 모습

그 모습을 떠올리며 오늘도 나는 다시 한 발을 딛고 앞으로 나아간다. 오늘도 나는 또 다른 계절을 기대하며 살아간다.

창업가를 꿈꾸는 **엄마들을 위한 7가지 조언**

◀ 01 ▶

인생을 바라보는 관점을 바꿔라

'관점'이란 무엇일까?

관점의 사전적인 의미는 '어떤 사물이나 현상을 관찰할 때, 그 사람이 보고 생각하는 태도나 방향'을 말한다. 두 낱말의 의미를 보면 '본다.'라는 것이 전제된 의미이다. 관점은 무엇을 어떻게 바라보냐의 의미이다. 주변에서 일어나는 사건이나 사물을 바라볼 때 동시에 그 자리에서 봤다 하더라도 서로가 바라보는 관점의 차이가 있다. 바라보는 위치에 따라서 관점은 달라진다. 결국 옳고 그름이 아닌 보이는 대로 보고 보고 싶은 대로 보는 것이다. 그래서 관점의 차이로 각자의 삶의 결과는 다양하게 나타난다.

미국에서 성공한 한 사업가가 있었다. 어려운 환경에서 큰 성공을 거둔 이야기를 들은 적이 있다. 기자가 "당신은 어떻게 성공할 수 있었죠?"라고 물었다. 그는 "저는 술주정뱅이 아버지가 있습니다. 집은 찢어지게 가난했습니다. 그래서 제가 선택할 수 있는 것은 열심히 사는 것뿐이었습니다. 그 어려운 시기 때문에 지금 이렇게 성공할 수 있었습니다."라고 말했다. 기자는 그 성공한 사업가에게 쌍둥이 동생이 있다는 것을 알게 되었다. 하지만 그 동생은 형과 다른 삶을 사는 것이다. 그래서 동생을 인터뷰하러 갔다. "어쩌다 당신은 교도소에 있게 된 거죠?" 그는 "저는 술주정뱅이 아버지가 있습니다. 집은 찢어지게 가난했습니다. 제가 무엇을 할 수 있겠습니까? 이런 삶은 술주정뱅이 아버지 때문입니다."라고 말하였다. 같은 아버지 밑에서 자란 두 쌍둥이가 바라보는 삶의 모습은 정반대였다. 그들은 각자의 삶을 바라보는 다른 관점으로 다른 인생의 모습을 살아가게 된다. 자신이 처한 상황을 어떻게 바라보냐의 관점이 우리에게 얼마나 큰 영향을 가져다주는지 알 수 있다.

"자기 자신을 바라보는 관점이 인생을 이끌어가는 방식에 지대한 영향을 끼친다."

– 캐롤 드웩

미국에 아무것도 없이 20세에 오면서 내가 바라보는 미국의 땅은 '기회의 땅'이라고 생각했다. 대학교 휴학을 하고 부모님 일을 도우면서 쉬는 시간마다 들렀던 서점에서 본 책들은 나의 삶의 관점을 다르게 보게 해 주었다. 나는 대학 휴학 중이고 경제적으로 어려운 상황이라서 친구들과 함께 어울리지 않았다. 저녁에 부모님 식당에서 일해야 하는 이유도 있었지만 그보다 더 나는 돈을 쓸 마음의 여유와 경제적인 여유가 없었다. 하지만 나의 이런 삶은 우울하지도 않고 슬프지 않았다. 나는 꼭 이 어려운 시기를 지나갈 거고 이것을 통해서 분명히 나는 더 우뚝 설 거라고 믿었다. 친구들이 즐거운 대학 생활을 할 때 나는 먼저 사회에 나가 배우는 거라 생각하며 살았다. 이런 생각들은 책 속에서 어려움을 지나 성공의 길을 간 작가들의 수많은 책을 통해서 배울 수 있었다. 한 번도 만나보지 않은 작가들이 써 내려간 글 속에서 나는 그들이 아픔을 이겨내는 방법을 배웠고 희망을 얻고 그렇게 삶을 바라보게 되었다.

대부분의 사람은 힘들고 어려운 상황에 부닥치면 부정적인 생각을 먼저 하게 된다. 그러다 보니 자신도 모르게 그것에 사로잡혀 해결책보다는 문제에 집중하게 된다. 벌써 일어난 일들을 후회하며 자신의 인생을 탓하고 있지 않은가? 자신이 처한 상황이 부모, 남편, 지인, 자식 때문이라고 그냥 불평만 하고 있지 않은가? 좀 더 나은 환경을 가졌으면 다르게 살아갈 인생을 생각하면 부러워만 하고 있지는 않은가? 삶을 바라보는 부정적인 관점들로 우리는 자신을 한계에 가두게 된다. 본인의 삶과 상황을 어떻게 바라보느냐에 따라서 세상은 기회가 넘치는 곳이 될 수 있고 불행한 곳이 될 수도 있다. 성공한 사람들의 스토리를 보면 그들은 자신의 실패를 다른 사람에게 책임을 돌리거나 비난하지 않고 자신들이 직면한 어려운 문제들을 해결하고 헤쳐나간다. 어떤 사람들은 같은 문제에 부딪혔을 때 견디지 못하고 최악의 선택을 하는 사람도 있다. 어떤 사람들은 그 난간을 딛고 다시 일어나서 도전한다. 물병에 물을 보고 어떤 이는 '반밖에 남지 않았네.'라고 하고 어떤 이는 '반이나 남아 있네.'라고 한다. 이렇게 다르게 인지하는 사람은 인생을 대하는 자세가 다를 수밖에 없다.

『선물』의 저자 스펜서 존슨은 "과거를 바꿀 수는 없다. 하지만 과거에서 배울 수는 있다. 과거에서 배움을 얻지 못하면 과거를 보내기는 쉽지 않다. 배움을 얻고 과거를 보내는 순간 우리의 현재는 더 나아진다."라고 말한다.

미국에 온 첫날부터 나는 남다르게 살았다. 돈을 벌어야 생활할 수 있었던 나는 학교 가기 전 새벽과 방과 후 시간을 활용해서 일했다. 오전 9시 수업을 듣기 전 나는 새벽 5시에 일어나 슈퍼마켓 일을 매일같이 했다. 무거운 몸을 이끌고 새벽에 깨어서 일하러 가는 건 정말 어려웠다. 따뜻한 이불 속에서 일어나는 게 가장 힘들었다. 박차고 일어나 새벽에 나가면 수많은 차들이 벌써 달리고 있는 것을 보며 질문이 생겼다. '벌써 일어나 하루를 시작하는 사람들이 있구나.', '세상에는 나보다 더 열심히 부지런히 사는 사람들이 참 많구나.'라는 생각이 들면서 도전이 되었다. 그리고 한편으로 나도 그들 중 한 사람인 게 자랑스러웠다. 지금은 가난하고 무엇으로 성공할지 답은 없지만 나에게는 희망이 있어서 괜찮았다.

아이를 키우면서 창업을 한다는 건 쉬운 일이 아닌 건 사실이다. 나 또한 사업을 시작하고 중간중간 포기하고 싶을 때가 참 많았다. 아이를 업고 일하면서 종일 힘들게 일해도 매달 지출을 빼고 남은 금액을 보면 기본 시급도 안 나올 때도 참 많았다. 아이를 데리고 함께 오피스에서 일하다 보면 배송할 때 실수하는 일도 많이 있었다. 한번은 아이 학교 준비물이 없어져서 한참을 찾다 못 찾아 저녁 늦게 다시 구매해서 학교를 보낸 적이 있었다. 어느 날 한 고객이 너무 화가 나서 전화를 한 적이 있었다. 자신이 주문한 상품과 전혀 다른 물건이 왔다며 사기라고 여기저기 나쁜 후기를 쓴 것이다. 확인해보니 내가 온 집안을 뒤지며 애타게 찾았던 아이 학교 준비물이었던 거다. 이런 자초지종을 설명해봐야 무슨 소용이 있었겠는가? 고객에 큰 불편을 준 내가 무조건 잘못한 것이다. 유사한 실수들이 참 많이 있었다. 큰 꿈을 가지고 긍정적인 미래를 가지고 시작한 창업인데 처음과는 다르게 사업을 바라보는 나의 관점들이 달라지기 시작했다. 몸도 지치고 마음도 지치다 보니 발목을 잡힌 것처럼 사업을 해내는 날도 있었다. 이렇게 구덩이에 갇힌 듯 쳇바퀴 돌듯 계속 살아간다면 나는 포기했을 것이다. 지금의 내가 분명히 없었을 거다.

현 사업하며 틈틈이 여성 예비 창업가들을 만나면 아이를 키우면서 창업하기에는 시간 내기가 어렵다는 이야기를 자주 듣는다. 또한 미국에 와서 언어의 장애로 할 수 있는 일이 많지 않다고 생각한다. 거기다가 돈벌이가 많이 되지 않으니 차라리 아이를 돌보는 게 더 나은 거라 생각하는 엄마들도 있다. 결혼하기 전 열정을 다해서 커리어를 쌓았고 꿈을 위해 살아왔던 것은 과거가 되었다면서 '그때가 좋았었지.' 한다.

다들 지난 과거의 좋았던 모습만을 그리워하면서 현재의 모습은 제약이 많다고 준비가 안 되었다고 생각한다. 하지만 잘 생각해보라. 그때도 지금과 같이 현실을 그렇게 본 적이 있었을 거다. 힘들었고 고민했던 과거보다 지나간 그때가 나았다고 생각하는 거다. 미래를 보기보다는 현재의 모습, 부족한 모습과 과거의 좋았던 모습만을 바라보는 습관으로 미래의 가능성을 닫아놓게 되는 것이다.

아이들의 미래를 위해서 부모인 우리는 어떻게 가르치고 있는가? 지금 잘 걷지 못한다고 "나중에 어떻게 뛸 수나 있겠어?"라고 하는가? 말을 더듬고 받아쓰기, 책 읽기를 잘 못한다고 해서 "학교 못 보내겠구나."라고 하는 부모는 절대 없을 것이다. 아이들에게 부모인 우리는 희망의 말을 해주고 아이가 잘 배우고 익힐 수 있도록 옆에서 응원을 해주고 방법을 알려주면서 성장시켜줄 것이다. 배우면서 커가는 거라는 인생의 진리를 알려줄 것이다. 이렇게 아이들의 인생을 이끌어주는 부모가 정작 왜 자신 인생의 미래에 모습에 대해서는 왜 그리 냉정하게 할 수 없고 부족하고 되지 않을 거라고 생각하는가?

자신이 가진 기회와 조건들이 부족하다고 느끼는것은 자신의 삶 속에 중요한 것을 잊고 살기 때문이다. 인생을 바라볼 때 컵에 들어 있는 물을 바라보는 것처럼 '물이 반 밖에 안 남았네.'에서 '물에 반이나 남아 있구나.'로 바뀌기만 해도 삶은 정말 다르게 보이는데 말이다. 삶 속에서 매일 의식하지 못하고 생활하는 것 중에서 감사할 수 있는 게 얼마나 많은지 아는가?

인생의 관점을 조금만 바꾸어 세상을 바라본다면 행복한 삶을 살아가고 성공한 사람들처럼 살아갈 수 있다. 관점을 바꾸기 위해서는 우리는 자신이 처한 삶 속에서 사소한 것에서부터 감사할 것들을 찾기 시작하면 된다. 작은 것부터 감사하는 삶을 살아가는 순간 우리는 어느새 그동안 알지 못했던 인생의 다른 기회를 찾을 수 있다. 작은 것 하나의 감사로 인생을 바라보는 새로운 안경을 쓰게 되는 것이다. 감사를 느끼는 순간 우리는 행복감을 느끼며 행복의 감정을 통해서 삶을 긍정적으로 바라보게 된다. 감사하는 사람들은 대인관계가 더 좋으며 정서적 안정감을 느껴 삶 속에서 일어나는 일들을 해결하는 능력도 더 가지게 된다. 이렇게 감사를 통해 우리는 삶의 만족도를 증진시킬 수 있다.

"감사하는 마음은 행복으로 가는 문을 열어주고, 우리를 신과 함께 있도록 해준다. 늘 모든 일에 감사하게 되면 우리의 근심도 풀린다."

– 존 템플턴

매일 아침에 일어나 최소 3가지의 감사한 일들을 한번 적어보자. 정말 사소한 것이라도 괜찮다. 하루아침을 감사로 시작하는 그 순간 우리는 달라진 삶을 경험하게 될 것이다. 세상은 똑같이 돌아가고 있지만 감사 생활로 인해 내가 인생을 바라보는 관점이 달라지는 것이다. 감사의 에너지를 통해서 당신의 자아가 달라질 것이며 당신을 행복하게 만들어줄 것이다.

아이가 낮잠 자는 시간을 활용해 업무를 보고 있다.

◀ 02 ▶

최고의 재산, 시간을 두 배로 만들어라

"시간은 돈이다"는 미국의 정치가이자, 외교관, 과학자인 벤저민 프랭클린이 한 말이다. 예전에 벤저민 프랭클린이 서점에서 점원으로 일하는데 손님이 계속 책값을 깎아달라고 하는 것이다. 프랭클린은 깎아주지 않고 책값을 높게 불렀다. 그러며 "시간은 돈이다(Time is mony)."라고 했다. 시간은 그만큼 우리에게 가장 소중한 것이다. 금과 같이 소중하고 같이 있다는 의미에서 많은 사람들이 말을 한다. 한번 지나면 다시 오지 않을 시간을 우리는 얼마나 소중히 생각하면서 쓰고 있는가? 영원히 젊을 것 같게만 느껴졌던 10대 20대를 기억하는가? 고등학교 때 학교에서 공부하면 얼마나 시간이 안 가는 것처럼 느껴졌는지 모른다. 반대로 등교가 없는 주말은 왜 이리 빨리 지나가는지 참으로 희한하게 우리는 보이지 않는 시간을 그렇게 매일 느끼면서 살아간다. 세상에서 공평하게 모든 이에게 주어진 시간이다. 어린아이나, 어른이나, 한국 사람이나, 미국 사람이나 시간은 똑같이 주어주고 똑같이 흘러간다. 하루는 24시간, 1,440분, 86,400초이다. 이렇게 똑같이 주어진 공평한 시간을 우리는 어떻게 사용하면서 살고 있는가?

"오늘이라는 날은 두 번 다시 오지 않는다는 것을 잊지 말라."

– 말콤 포브스

한 번 지나간 시간은 영원히 돌아오지 않는다. 아무리 많은 금액을 지불한다고 해도 절대로 다시 과거로 돌릴 수가 없는 것이다. 이런 시간을 우리는 어떤 자세로 대하면서 살아가고 있는지 생각해보자. 우리는 매번 입에 달고 사는 이야기가 "왜 이리 시간이 없는지 모르겠어.", "뭐 하는 것도 없는데 바쁜지 몰라.", "하루가 벌써 지났네." 이런 이야기들을 많이 한다. 이렇게 부족하다고 느끼는 시간을 절약하는 방법은 주변에서 많이 찾아볼 수가 있다.

시간이 돈에 비례하니 많은 사람들이 삶의 질을 높이고 시간을 아끼기 위해서 여기저기 가전제품을 사용하면서 시간을 아끼고 살아가고 있다. 주부들은 반찬 서비스, 새벽 배송, 생활 도우미 등 여러 가지로 시간을 절약하면서 살아가기 위해서 많은 곳들을 통해 도움을 받는 삶을 찾는다. 이렇게 정해진 시간 아껴서 살아갈 수 있다는 건 우리에게 큰 축복이다.

시간을 두 배로 만들기 위해서 절약하는 것도 중요한 방법이지만 절약한 시간을 두 배로 활용해서 사용하는 것은 더 중요하다. 시간을 무엇으로 채워 삶을 만들어가느냐에 따라서 우리의 미래는 달라지기 때문이다. 결혼한 여성들, 특히 아이까지 있는 엄마들은 집안일도 함께 챙겨야 하므로 절약된 시간을 최대한 불려서 활용해야 자신의 꿈도 이루어갈 수 있다. 모든 사람에게 주어진 공평한 시간을 어떤 이들은 부족하다고 느끼고 어떤 이들을 알차게 시간을 잘 활용해서 자신의 성공과 행복을 이루며 살아간다. 나는 똑같이 주어진 재산인 시간을 성공한 이들처럼 잘 활용하고 싶었다. 현재의 시간을 최대한 잘 활용해서 이 시간이 과거가 되어 내가 미래를 만났을 때 최고의 결과를 내는 달라진 미래를 살고 싶었다.

"하루하루를 어떻게 보내느냐에 따라 미래가 달라진다."

– 애니 딜러드, 퓰리처 수상 작가

성공한 사람들은 아침이 부지런한 사람이다. 여기저기 성공한 사람들의 이야기는 '아침형'이어서라는 이야기로 가득하다. 급하게 부랴부랴 일어나서 아침 일정에 맞춰서 나가느라 정신없이 챙겨서 하루를 시작한다면 어떨까? 어떤 모습으로 하루를 지낼지 영화 본 듯 상상이 되지 않는가? 성공한 사람들을 담은 영화를 보면 아침에 활기차게 아침 운동을 하고 하루를 시작하는 모습을 본 적이 있나? 그리고 어떤 장면에서는 아침에 멋지게 옷을 차려입고 출근 전 여유 있게 신문을 보면서 커피를 마시는 모습을 본 적 있나? 그렇게 하루를 시작한다면 그들의 하루는 어떨까? 상상만 해도 뻔하다.

'아침형 생활'은 단순히 여유롭게 시작하는 하루의 시간 관리만을 뜻하지 않는다. 아침을 여유롭게 맞는 것, 그래서 시간의 여유로움을 느끼는 그 순간 우리는 그날 하루를 조화롭게 보낼 수 있게 된다. 아침을 계획한 대로 매일 정해진 루틴으로 잘 맞이한다면 우리는 하루를 지배할 수 있다. 아침의 여유를 통해 그날의 해야 할 일들을 대하는 자세에 여유가 생긴다.

엄마로 사업을 해나가는 건 쉽지 않다. 아무리 시대가 달라져서 많은 여성들이 사회생활을 하고 있더라도 여전히 아이들은 엄마의 손길을 더 필요해 한다. 아무리 남편이 집안일을 잘 도와준다고 하더라도 여전히 아내인 여자들이 해야 될 일은 많다. 내 몸 하나만 챙기면 되었던 싱글 라이프가 아닌 결혼해서 남편도 챙겨야 하고 아이도 챙겨야 하는 나에게는 공평한 시간을 불려서 사용하는 방법밖에는 답이 없었다. 나만의 꿈을 이루기 위해서는 내 스스로가 나를 챙겨야 했다. 누구도 나를 위해서 알아서 챙겨주지 않는 삶이다. 남편이 나를 사랑해서 결혼했다 하더라도 내 깊은 속에 있었던 꿈까지 대신 이루어줄 수는 없는 거라는 것을 나는 알아챘다.

여러 가지 책들을 통해서 '시간 관리하는 법', '하루를 두 배로 살아가는 법', '시간을 알차게 보내는 법' 등 많은 정보들을 얻을 수 있었다. 그리고 나만의 방식으로 적용해나가기 시작했다. 내가 온전히 나를 위해서 사용할 수 있는 시간은 아이들이 일어나기 전 새벽 시간과 아이들이 학교에 있는 시간이다. 그 외에 다른 시간들은 내가 사랑하는 가족을 위해서 온전히 엄마와 아내의 역할을 감당해야 한다. 나만의 꿈을 이루어가는 거지만 나의 행복이 가족의 행복이고 가족이 행복해야 내가 행복하기에 어느 한쪽으로 치우쳐서 삶을 이끌어갈 수는 없다. 내가 터득한 나만의 3가지 방법을 공유한다.

첫 번째, 새벽에 일어나면 먼저 영혼의 양식을 챙긴다. 마음이 건강하고 정신이 건강해야 집중력이 좋아지고 어떤 환경에서도 정신을 바로 잡고 흔들리지 않는 하루를 보낼 수 있다. 아침에 일찍 일어나 하루를 계획하고 여유롭게 시작했어도 인생을 살다 보면 예상하지 않은 고난들이 어느새 '훅' 하고 날라올 때가 있다. 이럴 때 마음의 양식으로 중심이 잡힌 사람은 그것에 흔들리지 않고 잔잔하게 헤쳐나갈 수가 있다. 그리고 상황에 끌려가지 않게 된다. 또한 건강한 마음은 머리를 맑게 하고 잔걱정들을 없애준다. 나는 흔히 세상에서 말하는 시간을 정리하고 정돈하는 것 방법만을 배워서 그것을 실행하며 사는 것에 그치고 싶지 않았다. 뛰어넘어 깊은 내면의 것을 먼저 챙기는 것을 우선 터득하기로 마음먹었다. 농사를 지을 때 비옥한 땅이면 어떤 씨앗을 뿌려도 잘 자라는 것처럼 나의 마음 밭, 영혼의 밭을 잘 돌보는 것을 매일 빠지지 않고 지금까지 하고 있다. 아침에 눈을 뜨자마자 침대에서 하는 감사의 기도, 세면을 하면서 듣는 오늘의 묵상 시간과 스스로를 위한 선언, 그리고 하루를 시작하는 글을 쓰는 것이다.

두 번째, 시간을 두 배로 사용하기 위해서 단순노동을 할 때 꼭 배우는 기회로 활용한다. 누구나 다 알고 있는 내용일 테지만 누구나 하지 않는다. 요리할 때는 꼭 오디오 북이나 팟캐스트를 들으면서 읽고 싶은 책들과 배우고 싶은 사람들의 팟캐스트를 들으면서 나만의 배움의 시간을 갖는다. 특히 아이들을 픽업하고 출근하는 길, 차 안은 나만의 학교가 된다. 오고 가며 이동하면서 책을 듣는 시간을 계산해보니 하루에 최소 2시간, 운전을 많이 하는 날에는 5시간도 배울 수 있는 시간이 된다. 시간이 없어서 자기 계발을 못 하는 사람은 없다. 시간을 찾지 않아서 못 하는 거다. 시간을 찾다 보면 하루 속에 숨어 있는 활용이 가능한 시간들이 참 많다. "티끌 모아 태산"이라는 말이 명답이다. 푼돈을 꾸준히 모으면 어느새 목돈을 모을 수 있다. 자투리 시간들을 모아서 활용을 하다 보니 어느새 지식이 깊어지고 삶이 달라지고 있었다. 특히 아이들은 엄마가 차에 타면 항상 무언가를 배운다는 것을 알게 되고 아이들도 엄마의 모습을 보고 차 안에서 항상 책을 읽는 습관이 생겼다. 이렇게 작은 습관들이 모여서 그동안 읽은 아니 들은 책들이 수백 권 이상이 된다.

세 번째, 시간을 두 배로 쓰기 위해서 무엇을 하든 그 일을 통해서 최소 두 배의 효과 최대 10배의 결과를 얻을 수 있는지 자주 묻곤 한다. 가족을 위해 쓰는 시간은 절대로 계산하지 않고 온전히 행복하고 사랑이 넘치는 가정으로 만들기 위해서 온 힘을 다한다. 하지만 내 꿈을 이루기 위해 투자하는 시간과 사업가로 무언가를 결정하고 진행해야 할 때는 단순한 계산법으로 시간을 사용하지 않는다. 어떤 프로젝트를 결정하고 계획할 때 이것을 오늘 진행함으로 인해서 미래에 어떤 시너지가 일어날까를 생각한다. 내가 책을 쓰고 있는 오늘 이 순간에도 나는 책을 쓰느라 많은 시간을 투자하고 있지만 이 시간이 나중에 미래에 계획한 일들에 큰 결과를 만들어줄 키가 될 것이기 때문에 하고 있다. 사업을 하면서 결정하는 판매 상품들도 마찬가지이다. 한 가지 상품을 계획하고 준비할 때는 그 상품을 팔아서 남는 이익금 이상의 것을 얻기 위한 것이 있기에 결정을 하고 진행하는 것이다. 이렇게 생각하는 습관은 예전에 읽은 그랜트 카돈의 『10배의 법칙』을 통해서 길렀다. 그는 성공과 실패를 가르는 차이를 말하고 있다.

"10배의 법칙은 당신이 어태껏 상상할 수 있었던 것보다 훨씬 더 크게 원하는 것을 얻도록 보장해주는 유일한 방법이다. (생략) 10배의 법칙은 어떤 일을 성공적으로 해내기 위해 얼마나 많은 노력과 사고력을 쏟아부어야 하는지 이해하는 데서 출발한다."

10배 더 큰 목표를 세우고 살아가는 마인드를 가졌기 때문에 나는 무엇을 하든지 10배의 결과를 내기 위해서 시간을 활용하고 행동으로 옮기는 습관을 들이기 시작했다. 이 방법으로 나는 생각의 수준이 달라졌고 10배의 결과를 내기 위한 행동으로 시간을 극대화시켜서 활용할 수 있게 되었다.

나에게 주어진 시간을 남들보다 더 풍성하게 살 수 있었던 것은 이렇게 3가지의 방법을 통해서이다. 이렇게 살아온 지난 시간을 통해서 나는 네 마리의 토끼를 잡는 사업가로 살아갈 수 있었던 거다. 당당한 여자, 훌륭한 엄마, 능력있는 여자, 선한 리더로 살고 싶어서 창업을 시작한 나를 오늘까지 있게 해준 3가지 방법을 통해서 창업을 꿈꾸는 당신도 할 수 있다고 생각하고 도전해보길 권한다.

◀ 03 ▶

강점을 찾아 돈으로 바꿔라

"성공하고 싶다면 자신의 약점을 고치려 하지 말고 자신에게 주어진 강점을 활용하고 개발하는 데 집중하라."

– 피터 드러커

"당신의 강점은 무엇인가?"라는 질문에 답을 하실 수 있나? 그렇다면 당신은 1/3에 해당하는 사람이다. "반대로 당신의 약점은 무엇인가?"라는 질문에는 많은 사람이 대답을 쉽게 할 수 있을 거다. 보통 사람들을 항상 자신의 강점보다 약점을 먼저 인식하면서 살아가기 때문이다. '강점'의 사전적인 의미는 '남보다 우세하거나 더 뛰어난 점'이라고 한다.

우리에게는 항상 누구든지 돈과 상관없이 어떤 대가를 바라지 않고 즐겁게 즐겨 하는 일들이 있다. 유난히 그것을 잘하고 즐겁게 하는 것들이 분명히 있다. 그럼 '우리는 좋아하는 것을 잘할까?' 아니면 '잘하는 것을 좋아할까?' 이 질문은 꼭 '닭이 먼저일까?' 아니면 '계란이 먼저일까?'와 비슷하다. 이 두 질문에 정답이 있는가? 곰곰이 생각해보면 당신에게는 쉽고 간단하고 힘든 줄 모르고 하는 것들이 있다. 근데 그게 좋아하는 건지 모르겠다고 한다. 삶 속에서 해야 하는 일이라서 하다 보니 잘하게 되었지만 그것이 좋아하는 것인지 모르겠다는 대답을 많은 사람이 한다.

누구나 한 번쯤은 '좋아하는 것을 직업으로 삼을까? 잘하는 것을 직업으로 삼을까?' 하고 질문을 해본 적이 있을 것이다. 살아가고 있는 환경이 다르고 배경이 다른 우리에게 답은 다 다르게 나올 것이다. '좋아하는 일을 하면서 살아라.', '가슴 뛰는 일을 해라.'라는 답을 종종 듣는다. 나의 답은 잘하는 것을 선택하는 것이 맞다고 생각한다. 어렸을 적부터 지금까지 살아오면서 좋아했던 것들을 나열해서 생각해보라. 오늘까지 변하지 않고 좋아했던 것이 몇 개나 되는가? 성장하면서 생각이 바뀌고 상황이 바뀌고 세상이 바뀌어가고 있다. 그런 세상에 살고 있는 우리는 좋아하는 것들이 주변 환경으로 인해 변하기 마련이다. 나도 마찬가지로 요리하는 것을 좋아하고 먹는 것을 좋아해서 한때는 아픈 환자들을 위한 '영양사'가 되고 싶었다. 한때는 어린아이들이 너무 사랑스럽고 예쁘고 좋아서 '유치원 선생님'이 되고 싶었던 때도 있었다. 한때는 음악이 너무 좋아서 음악

관련 일을 하고 싶었다. 하지만 재능이 되지 않았다. 이렇게 좋아하는 것을 선택한다는 건 현명한 방법이 아니다. 평생 좋아하는 것을 찾는다는 건 참 어려운 것이다. 좋아하는 기간이 길어질 뿐이지 좋아하는 건 언제 바뀔지 모르는 거다. 잘하는 것을 선택한다는 건, 나의 강점을 찾는다는 건 평생 변하지 않는다. 그림을 잘 그리는 사람, 노래를 잘하는 사람, 운동을 잘하는 사람, 글을 잘 쓰는 사람 등등 우리는 태어나서부터 남들보다 조금은 더 잘하는 재능을 가지고 태어났다는 것을 기억하라.

두 딸이 유치원에 다니고 있을 때다. 우연히 텔레비전에서 〈The Voice〉 예능 채널을 함께 보고 있을 때다. 이 채널은 여려 명의 가수들이 등을 돌리고 앉아서 참가자의 노래만 듣고 누구인지 모르는 상태로 합격, 불합격을 판정하는 프로그램이다. 한참 어린 아이들이 나와서 자신의 재능을 펼치며 코치들에게 선택받는 모습을 보면서 두 딸은 서로 자신들도 나가보고 싶다며 그들이 부르는 노래를 따라 부르기 시작했다. 화장실에서 자기들 방에서 거울을 보면서 노래 연습하고 춤도 추면서 열심히 노력하고 있는 모습을 보면서 마냥 사랑스럽기만 했다. 하지만 노력만으로 부족하다는 것이 확실히 보였다. 엄마인 나는 아이들에게 “꿈을 맘껏 가져. 뭐든 원하면 다 이룰 수 있을 거야.”, “충분히 노력하면, 무엇이든 될 수 있어.”라고 아이들을 격려하고 응원하고 싶었지만 이번만은 아니었다. 음치는 아니지만 내가 들어봐도 우리 아이들은 〈The Voice〉에 신청서도 못 내는 실력이다. 이런 상황을 어느 누가 나에게 부정적인 생각을 하냐고 반격하지 못할 것이다. 좋아하는 것만을 찾아서는 꿈을 이루고 그 분야에서 성공자로 설 수가 없다.

나는 글로벌 여성 리더, 선한 리더들을 양성하기 위한 창업 강의를 본업 이외에 하고 있다. 나같이 미국에 이민 온 1세대 여성들이 아이를 키우면서 현재 자리에서 스스로 창업할 수 있도록 돕는다. 내가 19년 동안 무역회사와 컨설팅 회사를 운영하면서 망하지 않고 어려운 시기를 잘 버틴 것에 다들 신기해하신다. 우선은 오랫동안 한 길을 걸어온 것에 존경을 표현해준다. 또한 엄마의 자리에서 사업한다고 아이들을 방치한 것이 아니라 사랑이 넘치고 행복한 아이들로 자라나게 하고, 자신이 좋아하고 잘하는 것을 찾아가도록 두 아이들을 잘 키운 모습에 박수를 보내준다. 지나고 나니 내 삶을 통해서 많은 엄마들에게 희망을 줄 수 있는 자리에 왔다. 그들은 나에게 묻는다. 어떻게 포기하지 않고 오늘날까지 왔냐고. 자신 있게 "내가 좋아하고 잘하는 것을 찾아서입니다."라고 답한다.

『위대한 나의 발견 강점 혁명』의 저자 도널드 클리프턴와 톰 래스의 책에 의하면 "사람이 자신의 강점을 발휘할 수 있는 곳에 있지 않으면 본 모습과는 전혀 다른 사람이 된다. 직장에서는 일에 몰입할 확률이 6배나 낮다. (생략) 재능을 진정한 강점으로 개발하려면 근력을 기울 때와 마찬가지로 연습과 노력이 필요하다. (생략) 성공한 사람들은 새로운 재능을 얻기 위해 노력하는 대신, 지배적인 재능을 토대로 기술, 지식, 연습을 쌓아올린다. 이때는 그 재능의 효과를 배가시킨다."

그럼 나만의 강점을 찾는 방법은 무엇인가?

첫 번째, 자신을 잘 아는 것이 중요하다. 아리스토텔레스는 "자신을 아는 것이 모든 지혜의 시작"이라고 한다. 자신을 알기 위해서는 가장 먼저 스스로 많은 질문들을 해봐야 한다. 가장 좋은 방법은 매일 자신의 일기를 써가는 것이다. 매일 삶 속에서 느끼는 감정과 반복되는 삶의 패턴을 통해서 강점을 찾기 위해 중요하다.

"내가 무엇을 하며 시간을 보낼 때 즐거운가?"
"나는 무엇을 할 때 견디기 힘든가?"
"나는 어떤 사람들과 함께 있는 게 좋은가?"
"나는 오늘 무엇을 잘못해서 힘들었는가?"
"나는 오늘 무엇을 잘해서 행복한 하루를 보냈는가?" 등.

자신의 하루를 돌아보면서 이런 질문에 대한 답을 써 내려가다 보면 강점을 찾는 데 도움이 된다. 나는 항상 노트를 가지고 다니면 틈날 때마다 나의 생각들을 적어나가곤 한다. 생각나고 느끼는 대로 적어나가는 이 습관 속에서 앞으로 미래의 내가 계획하는 일들을 만들어간다. 내가 잘할 수 있는 강점을 찾아서 그쪽으로 계획을 하고 준비하기 때문에 이룰 수 있다는 자신감에 더 나은 결과를 낼 수가 있었고 지금도 그렇게 하고 있다.

두 번째, 지나온 경험과 삶을 통해서 작은 성공의 결과를 냈던 일들을 찾아본다. 아주 작은 성공이어도 좋다. 돌아보면 자신만의 강점을 통해서 이루었던 것들이 많이 있었을 것이다. 생각지도 못했던 일들을 하면서 본인이 예상했던 것보다 잘했던 것들이 있었을 거다. 창업을 혼자 시작하게 되면 하나에서 열까지 다 감당하고 해결해야 한다. 그렇게 여러 가지 업무를 하다 보면 유난히 자신이 잘하는 업무가 눈에 띈다. 반복적으로 성과를 내고 결과를 만들어내는 부분을 찾게 될 것이다. 그러면 자신이 잘하는 강점을 더욱더 잘할 수 있도록 집중을 해서 하면 된다. 처음에 창업을 해서 나도 모든 업무를 내가 다 하면서 이끌어갔다. 조금씩 성장을 하면서 도움의 손길을 찾을 때는 내가 잘하는 부분인 상품 소싱과 마케팅 부분을 집중에서 배우면서 집중했고 나머지 부분들을 협력자와 직원들로 업무를 보게 했다. 그렇게 하니 사업은 점점 안정권에 들어가고 나도 좋아하고 잘하는 일을 하니 결과도 좋아졌고 지치지 않게 즐겁게 일을 할 수 있게 되었다.

세 번째, 다른 사람들이 반복적으로 칭찬을 하면서 잘한다고 했던 게 무엇인지 찾는다. 재능이 있다는 말을 들어봤을 것이다. 재능이란 '태어날 때부터 가지고 있는 특별한 소질이나 능력'이다. 본인이 가고 있는 재능이 너무 자연스럽게 느껴져 다른 사람들도 자신과 같이 잘할 수 있는 거라고 생각한다. 주변에서 친구나 주변에서 친구나 가족들이나 지인들에게 자주 듣는 칭찬들은 그들이 가지고 있지 않은 재능을 보고 하는 칭찬이다. 우리는 겸손해야 한다고 생각하고 예의상 해준 거라 생각하며 그들의 칭찬을 "아니에요.", "잘 봐주셔서 그런 거죠.", "이 정도 하는 사람 수없이 깔렸어요.", "제가 얼마나 부족한데요." 이런 식으로 칭찬을 부정한다. 이런 말들은 겸손이 아니라 본인을 인정하지 않지 않고 깎아내리는 말투이다. 내 강의를 듣는 엄마들에게 수시로 반복적으로 가르쳐드린다. 누군가가 칭찬해주시면 감사히 받으시고 칭찬을 받은 게 무엇인지 꼭 기억해서 특별함을 꼭 발견하고 찾으라고 한다. 생산적인 삶으로 본인의 꿈을 이루어나가기 위해서 중요한 키이다.

많은 사람은 자신의 약점에 대한 두려움 때문에 강점을 발견하지 못하고 약점을 더 강하게 만들려고 집중하는 경향이 있다. 원하는 꿈을 이루고 창업의 길을 가기 위해서는 우리가 잘하는 강점을 찾아 발전시키고 그것에 투자한다면 노력하는 것 이상의 결과를 얻을 수 있다는 것을 잊지 말자. 아마추어와 프로의 차이가 이 한 끗 차이이다. 둘 다 같은 노력과 투자를 한다고 해도 재능이 있는 사람과 없는 사람의 경우는 결과의 차이가 어마하게 다르게 나타난다. 단순히 돈을 벌기 위한 목적인 창업은 성공을 맛보기도 전에 실패할 가능성이 상당이 높다. 하지만 강점을 가지고 시작하는 창업으로 당신만의 특별한 창업이 될 것이며 누구보다 더 잘하고 행복한 창업가가 되기 위한 소중한 원동력이 될 것이다.

◀ 04 ▶

명확한 목표만 있으면 언젠가는 도착한다

"뜻을 세운다는 것은 목표를 선택하고, 그 목표에 도달하도록 할 행동 과정을 결정하는 것이다. 결정한 다음에는 목표에 도달할 때까지 결정한 행동을 계속하는 것이다. 중요한 것은 행동이다."

– 마이클 핸슨

아침부터 분주하게 짐을 싸고 있다. 아이 둘을 챙겨 곧 친정 부모님들과 남동생들을 공항에서 만날 시간이다. 미국에 온 지 10년 만에 처음으로 온 가족이 함께 하와이에 가는 날이다. 오랫동안 미국 와서 언제 이런 날이 올까 하고 생각하며 살았는데 오늘이 그날이 된 것이다. 오랜 시간

동안 사업의 어려움으로 많은 어려움의 터널을 지나왔었다. 포기를 했어도 벌써 했을 만큼 눈물의 시간이 내 앞에 스쳐 지나간다. 어느 한 사람도 그냥 포기해버리고 싶다는 말도 하지 않고 우리는 모두 묵묵히 견뎌냈다.

그것에 대한 선물인 '하와이 전 가족 여행'이라는 목표를 달고 그렇게 계속 달려왔더니 오늘이 온 것이다. 그때는 너무 마음이 아프고 가슴이 찢어질 만큼 고통이 있었는데 막상 여행을 가기 위해 짐을 싸는 순간 추억으로 되어버렸다. 하나도 아프지 않은 소중한 기억으로 나에게 새겨지는 순간이다. 참 신기했다. 이런 감정들이 처음 느껴보는 감정이었다. '이런 게 정말 행복이었구나.', '바닥을 치는 인생을 살면서도 언젠가 이루는 순간을 생각하며 상상하며 살아왔던 그때가 좋은 추억으로 담길 수도 있구나.'

전 가족이 함께 하와이로 여행할 날을 꿈꾸며 열심히 일하면서 돈을 모은 지 2년이 걸렸다. 사실 더 빠르게 목표를 잡고 달성하기 원했지만 생각보다 쉽게 이루어지지 않았다. 그렇다고 목표를 못 이루어 실패했다고 생각하지 않았다. 데드라인이 있어서 그날에 못 이루었다고 누구 하나 실패자라고 부르는 사람은 없었다. 단지 일찍 이루지 못하는 마음에 약간의 아쉬움이 있었을 뿐이다. 그렇다고 할지라도 계속 목표를 달성할 때까지 사업을 계속해나가면서 열심히 돈을 모았더니 이렇게 이룰 수 있었던 거다. 이 순간, 난 인생의 진리를 깨닫게 되었다. 처음으로 큰 목표를 정한 거고 그것을 이루고 나니 이제는 어떤 것이라도 해낼 수 있겠다는 마음이 들었고 다시 또 다른 목표를 이루어보자는 도전도 생겼다.

명확한 목표를 두고 살아간다는 건 여행을 가기 위해서 계획을 짜는 것과 같다고 생각한다. 한 번도 가보지 않은 나라로 휴가를 가기 위해서 우리는 어디에 가고 싶은지, 그곳으로 어떤 교통편을 이용할지, 거기서 어떤 활동을 하면서 휴가를 보낼지, 맛집은 어디 갈지, 날씨는 어떨지, 어떤 것들을 챙겨가야 할지, 많은 것들을 계획하고 준비하고 그러면서 알차고 멋지고 행복한 시간을 보내기 위해서 정할 것이다. 당신이 상상하는 그 여행을 생각하며 기다리는 동안 마음이 설레며 완벽한 여행이 되도록 준비하고 잘 챙겨놓을 것이다. 명확한 목표를 정한다는 것과 아주 유사하다. 여행지는 우리의 목표가 되는 거다. 이렇게 목표를 생각하면 여행을 가는 그날을 기다리는 것처럼 들뜨고 설레는 마음이 들어야 이룰 수 있는 확률이 높아지는 거다. 매해 첫날에 많은 사람이 한 해에 이루고 싶은 목표들을 적으며 새로운 해를 기대하고 소망한다. 한 리서치 보고에 따르면 매해 50% 이상의 사람들이 새해 계획을 세운다고 한다. 그중에 그것을 이루는 사람은 몇 %나 될까? 보통 많은 사람이 몇 달도 안 돼서 계획한 것을 실행하지 않고 그중 8% 정도가 이룬다고 한다. 새해에 다짐하고 결심하고 그렇게 굳건하게 마음을 가지는데 무언가를 이루는 건 왜 이리 어려운 걸까? 목표를 잘 세우는 것도 중요하지만 그 목표를 이루기 위해서 어떻게 행동을 바꾸고 살아야 하는지가 중요하다는 사실을 알아야 한다.

나는 오랫동안 나만의 창업을 하고 싶어 했다. 창업을 통해 내가 이루고 싶었던 3가지 이유가 있었다. 첫 번째는 이 땅에 살면서 한 번뿐인 인생을 멋지게 살아보고 싶었다. 내가 가진 재능과 강점을 살려서 최고로 멋진 삶을 살고 싶었다. 두 번째는 사랑하는 남편과 낳은 두 딸의 훌륭한 엄마가 되고 싶었다. 멋진 여성 리더로 살아가는 모습의 본이 되고 싶었다. 선한 리더가 되어서 세상을 이롭게 하는 사람이 되어서 내 두 딸이 나보다 더 멋진 선한 리더로 성장하도록 키울 수 있는 훌륭한 엄마가 되고 싶어서이다. 세 번째는 능력 있는 아내가 되고 싶었다. 남편이 벌어다 주는 돈으로 사는 것도 어쩌면 그런 남편을 만난 게 능력이라고 생각하는 여성들도 있지만 나는 아니었다. 결혼 전 경제 활동을 하며 그것에 대한 대가를 받고 성장해가는 과정이 나에게는 너무 행복한 시간이었다. 또한 사랑하는 남편이 혼자서 가정의 경제를 다 짊어지고 사는 부담을 주고 싶지 않았고 나도 함께 남편처럼 여자로 능력을 인정받고 살고 싶었다. 이렇게 나에게는 결승점이 없는 3가지의 인생 목표가 있기에 오늘 이 순간에도 이것을 이루기 위해 여러 가지 목표들로 나의 삶을 채워가며 살아가고 있다. 이 3가지의 추상적인 목표는 나의 목적이 되어 목표를 이루기 위한 원동력으로 작용을 한다.

인생의 목표를 성취하고 이루기 위해서 사용하는 4가지 방법이 있다.

첫 번째, 목표를 이루기 위해서는 진심으로 왜 이루고 싶은지 이유가 분명해야 한다. 마음속 깊은 곳에 숨어 있는 그 이유를 찾아서 목표를 세워야 한다. 단지 그냥 예쁘게 보고 싶어서 다이어트하고, 돈 더 많이 벌고 싶어서 학위를 따고 이런 게 아니라 절실함이 있는 목표를 정해야 한다. 우리의 마음이 움직이고 몸이 움직여야 목표를 포기하지 않고 이루기 위해 노력할 수 있다. 사실은 위에 적은 3가지 인생 목표를 가지고 살아가다 보니 창업 후 첫 5년은 무조건 그냥 달리기만 했었다. 인생의 목표 안에 더 작은 목표를 세워서 가야 했는데 그것까지는 생각을 못 한 것이다. 2007년도에 설립한 후 직원들을 하나둘씩 고용하다 보니 큰 바다에 목적지 없이 떠 있는 배 같다는 느낌이 들었다. 사장으로 회사를 잘 이끌어가기 위해서 매일 바쁘게 돌아가는 내 삶 속을 그냥 살아지는 대로 살면 안 된다는 생각이 들었다. 그래서 그때부터 나는 목표를 정하는 습관을 들이기 시작했다. 보통 많은 기업이 5년 목표를 정하고 운영하지만, 아이를 키우는 나는 사업을 하면서 아이들 육아에도 소홀할 수 없기에 3년 단위로 목표를 작성하기 시작했다. 큰아이가 초등학교 들어가기 전까지 오후에 아이를 위해 시간을 낼 수 있도록 나의 사업 방식을 바꿔가야 했다. 이렇게 구체적인 목표를 잡고 나는 그렇게 3년 단위로 목표를 세우고 지금까지 원하는 삶을 명확히 파악한 후 목표를 이루어가고 있다.

두 번째, 명확하게 목표를 정했다면 오직 앞만 보며 결단하고 실행해야 한다. 사실 이 부분이 말같이 쉽지 않다고 생각들을 한다. 이 부분은 첫 번째에서 언급한 대로 이유가 분명하다면 쉬워지는 부분이다. 사사로운 일에 흔들리지 않도록 마음의 중심을 잡는 것은 나에게 명확한 이유가 있다면 가능하다. 가족들과 10년 만에 가게 된 하와이 여행의 목표는 '현찰 만 불이 모이면 가자.'라고 정한 것이다. 이유는 어렸을 때부터 부모님이 사업이 힘들어져서 고생하시면서 한 번도 제대로 여행을 가시지 못했고 나 또한 어렵게 미국 생활을 시작했기 때문에 제대로 효도할 기회가 없었기 때문이다. 그래서 부모님이 젊고 건강하실 때 '꼭 효도하자.'라는 이유가 있었기에 한 살도 안 된 아이를 업어가며, 밤을 새워가며 일하면서 힘든지 모르고 했었다. 또한 내가 정한 목표 시간 안에 이루지 못했어도 하루라도 부모님이 젊었을 때 모시고 가려는 여행이라서 포기할 이유가 없이 될 때까지 앞만 보면서 갈 수가 있었다.

세 번째, 목표를 위해서 꼼꼼한 계획과 전략을 짜야 한다. 뚜렷한 이유와 목표가 있고 결단했더라도 어떻게 그것을 이룰지 계획을 세우지 않는다면 목표를 이루기에 많이 돌아가야 하고 실패할 확률도 높고 시간이 오래 걸릴 것이다. 계획을 세울 때는 부담 없이 아주 작게 계획을 세워서 작은 성공을 이루어가도록 해야 한다. 가족 여행을 가기 위해서 만 불을 모으기로 결단하고 나는 첫 달부터 돈을 조금씩 모아야겠다고 생각했다. 그러려면 그만큼의 회사의 이익을 내야 하고 무엇을 어떻게 누구에게 팔아야 하는지부터 정해야 했다. 처음에 창업을 하는 데 총 자본금은 500달러였다. 이것으로 어떻게 이익을 내서 만 불을 모아야 할지 막막했다.

처음에는 이렇게 목표를 어떻게 짜야 하는지를 몰랐기에 매출이 일어나고 이익이 생기면 매달 조금씩 몇백 불씩 넣어가면서 모았다. 만약에 이렇게 목표를 짜는 방법을 알았다면 조금 더 구체적으로 계획을 짰었고 조금이라도 빨리 달성하지 않았을까 싶다. 노력이 부족한 게 아니었다. 어떻게 잘 목표를 세우는지 몰라서 그랬던 것 같다.

네 번째, 목표를 이루기 위해서는 목표를 이룰 때까지 멈추지 않아야 한다. 꾸준함은 목표를 이루는 최고의 방법이다. 아무리 위에 3가지 방법을 다 이해하고 그것에 맞게 목표를 정했더라도 멈추는 목표는 아무 의미가 없다. 목표가 계획대로 잘 진행되지 않아 실패가 있다 하더라도 이룰 수 있을 때까지 도전해야 한다. 꾸준히 지속적으로 하면서 방법을 찾아가는 것이 중요하다. 자신이 목표를 이루기 위해서 무엇을 했고 어떻게 어디까지 했는지 확인해야 한다. 목표에 얼마큼 가까이 와 있는지 확인할 수 있다면 기대감이 생기고 열정이 생길 것이다. 인생의 큰 목표를 두고 그 안에 작은 목표들을 10년, 5년, 3년, 1년 단위로 세워놓고 있다. 큰 목표 안에 작은 목표들이 있기에 하나씩 징검다리를 건너가듯이 그렇게 가고 있으므로 중간에 포기하는 일은 없다. 다만 환경과 생각이 바뀌어 업그레이드되거나 변경할 때가 있지만 포기하지는 않는다. 나는 내가 정말 힘들고 포기하고 싶을 때마다 '나는 지금 징검다리를 건너는 중이다.'라고 생각한다. 나의 인생의 목표는 저 강 너머에 더 있으므로 때문에 지금 하나의 징검다리인 작은 목표를 이루고 좋은 결과를 내어야 한다고 생각하며 살아간다.

지금 앞에 있는 작은 목표들이 생각보다 빨리 이루어지지 않아서 포기하고 싶은가? 당장 눈 앞에 펼쳐지는 두려움과 어려움이 보여서 시도도 못 하겠는가? 인생의 목표를 장기적인 관점으로 바라보길 바란다. 그리고 그 안에서 작은 목표들을 정해서 하나씩 징검다리를 건너듯이 하나씩 이루어간다면 어느새 나도 모르게 도착 지점에 와 있을 것이다. 포기만 하지 않는다면 100% 목표를 이룰 것이다.

창업 후 나의 첫 목표 달성. 친정 식구들과 하와이 여행.

하와이 휴가 중에도 시간과 장소에 구애받지 않고 잠깐씩 업무를 했다.

◀ 05 ▶

좌절은 없다,
도전을 반복하자

"무언가 해보려고 노력하다가 실패하는 사람이 아무것도 하지 않고 성공하는 사람보다 훨씬 훌륭하다."

— 로이드 존스

아침에 눈 뜨자마자 간단히 나의 아침 루틴을 마치고 나서는 아이들을 챙기기에 바쁘다. 학교에서 나오는 점심을 좋아하지 않는 아이들이라 매일 아침 도시락을 싼 지도 벌써 10년이 다 되어간다. 이제는 짧은 시간에 간단하게 도시락을 싸는 데 전문가가 되어 있다. 역시 뭐든지 하다 보면 실력이 나아지는 건 틀림없는 진리이다.

아이들을 챙겨놓고 나면 아이들을 픽업하기 전까지는 온전히 나의 일을 위해서 시간을 사용한다. 그날 처리해야 하는 일들로 계획을 세웠지만, 무역을 하다 보니 예상하지 않는 일이 발생해 계획한 대로 보내지 못하는 날이 한두 번이 아니다. 내 회사를 차려서 대표가 된 자리라 내가 대표 자격이나 있는 건지 자주 자존감은 땅으로 떨어진다. 주변에서 자주 묻는다. "어떻게 오랫동안 한 길을 잘 걸어오셨어요?" 질문을 한다. 솔직히 말하면 사실은 잘 왔다고 칭찬받는 게 부끄러울 정도로 실패가 많다. 이렇게 답한다. "내가 사장이니까 아무도 저보고 사표 쓰라는 말을 안 하더라고요."

인생이 다 그렇겠지만 살다 보면 많은 일들로 포기하고 싶은 마음에 좌절이 될 때가 많다. 무수히 높은 벽에 부딪히며 땅에 떨어지기도 하고 어쩔 때는 뒤로 가야 할 때도 있다. 어려운 일을 만났을 때 이겨내는 힘이 바로 역경지수이다. 성공의 삶을 살아가려면 IQ 지능지수(Intelligence Quotient)나 EQ 감성지수(Emotional Quotient)보다 AQ 역경지수(Adversity Quotient)가 필요하다. 아무리 좋은 재능과 능력이 있더라 하더라도 순탄한 삶을 살아갈 수 없는 게 사실이다. 성공한 이들의 공통점은 역경지수가 높았기 때문이다. 그들은 항상 자신이 처한 문제와 어려움을 바라보는 관점이 다르다. 그러므로 자기 삶에 일어나는 모든 일들을 의미 있는 일로 이해하고 적극적으로 실패를 통해 배운 것을 활용할 수 있는 능력을 갖추고 있다.

2020년 3월 15일 자 〈시선 뉴스〉에서 심재민 기자는 '역경지수'에 대해 이렇게 쓰고 있다.

"역경지수(Adversity Quotient)는 수많은 역경과 고난 등 어려운 상황에 굴하지 않고 합리적인 판단으로 끝까지 앞으로 나아가, 결국 위기를 극복하고 목표를 성취하는 능력을 의미한다. (생략) 1997년 커뮤니케이션 이론가 폴 스톨츠(Paul G. Stoltz) (생략) 자신의 저서에 역경에 대처하는 인간을 등산가에 비유해 3가지 분류로 나누었다.

첫 번째, 산을 오르다 난관에 부딪히거나 체력이 소진되었을 때 등반 자체를 포기하는 '쿼터', 두 번째, 현재 난관을 이겨낼 방법을 찾지 못하고 그 자리에 텐트 같은 캠프를 치고 안주하는 '캠퍼', 세 번째, 자신의 경험과 능력 그리고 지혜를 총동원해 결국 등반을 마치고 산을 정복하려는 '클라이머' 등이 폴 스톨츠가 제시한 난관을 대하는 인간의 자세 3가지이다. 그가 주장한 3가지 분류 중 마지막 클라이머 유형이 바로 '역경지수' AQ가 가장 높은 분류이다. 이들은 긍정적인 사고방식이 강하고 위험을 감수하려는 모험심도 뛰어나며 리더십 또한 출중해 어떤 역경에도 늦어질지언정 포기하지 않는 특성을 지닌다."

창업을 시작하고 나서 3년이 지난 후 2007년 한국에 지사를 설립하고 매년 아이 둘을 데리고 한국에 3개월 미국에 3개월씩 그렇게 왔다 갔다 하면서 미국 본사와 한국 지사를 운영했다. 나의 꿈은 미국과 한국을 연결하는 다리가 되고 싶었다. 세상에 많은 다리들이 있지만 평범한 다리, 좁은 다리, 언제 무너질지 모르는 다리가 아닌 우리 회사는 두 나라를 연결하는 튼튼한 다리, 옳은 다리, 언제든지 마음 편안하게 건널 수 있는 다리 같은 회사가 되는 비전을 가지고 있었다. 그렇게 아름다운 뜻을 가지고 시작한 나의 비전이 순탄하지만은 않았다.

역경지수가 낮은 사람들은 작은 실수나 실패에 자주 우울해하며 조금이라도 힘든 일이 닥치면 그동안 노력해서 일궈놓은 일들도 포기해버리는 경우가 많다. 당장 힘들고 두렵기 때문에 피하고 보자는 소극적인 행동을 보이기도 한다. 역경지수가 높은 사람들은 반대로 어려운 일이 몰려오면 어디서 나오는지 모르는 오기가 생기며 도전하며 달려들려고 한다.

우리가 꿈꾸는 삶을 살아가기 위해서 도전하는 일들을 대하는 나의 태도는 어떤가? 아이들에게는 희망을 주는 모습처럼 나에게도 관대하게 말을 해주는가? 꿈을 이루기 위해서는 좌절하지 않고 다시 일어나는 '역경지수'를 높여야 한다. 세상은 내가 계획하는 대로, 기대하는 대로 살 수 있는 게 아니기 때문이다. 강한 정신력과 실패해도 좌절하지 않고 벌떡 일어나 다시 도전을 반복하는 것이 중요하다. 그래야 꿈에 그리는 나만의 정상에 올라갈 수 있는 것이다.

역정 지수를 높이기 위한 3가지 방법이 있다.

첫 번째, 다른 사람들의 성공 이야기를 듣고 배우며 '나도 할 수 있다.'라는 마음을 가지는 것이다. 순간 느끼는 고통과 좌절감은 잠시 스쳐가는 감정이다. 성공한 이들은 어려운 상황이나 실패한 상황에서 부정적으로 현실을 바라보지 않는다. 정신없이 일하다 보면 책상에 놓은 컵을 쏟아서 노트와 컴퓨터에 쏟는 실수를 할 때가 있다. 그럼 우리는 이 상황 속에서 어떻게 반응하는가? 물에 컴퓨터와 노트가 젖었다고 속상해하면서 울고 앉아 있는가? 아니면 얼른 타월이랑 휴지를 챙겨와 닦으면서 컴퓨터에 문제가 일어나지 않도록 대처할 것이다. 속상해하고 짜증 난다고 쏟아버린 물을 다시 컵에 절대 담을 수 없다. 하지만 벌어진 문제를 최소화시키고 더 큰 문제가 되지 않도록 막을 수 있는 거다. '할 수 있다', '해결할 수 있다'는 마음을 가지고 말이다. 한 회사의 리더로 내가 가장 잘해야 하고 가장 자주 하는 일이 문제를 해결해야 하는 것이다. 직원들이나 파트너들이 "어떻게 하죠?", "큰일 났어."라는 말들을 자주 한다. 이제는 어떤 상황이 있어도 이렇게 나 자신에게 말한다. "음, 분명히 방법이 있을 거야." 결과에 집중하면서 문제의 밖으로 나가 제삼자의 입장에서 바라보려고 한다. 문제 속에 있으면 '할 수 있다'는 마음보다는 부정적인 마음에 휩싸이게 되기 때문이다. 어느 순간부터 나는 주변 파트너들과 직원들에게 자주 듣는 말이 있다. "사장님만 속이 제일 편하신 것 같아요.", "걱정 안 되세요?"

두 번째, 어렵고 힘든 일들이 생기면 피하지 말고 스스로 헤쳐나가는 것이다. 그러면서 '작은 성공'을 많이 쌓아가는 것이다. 당연히 문제가 없도록 계획하고 준비하는 게 정답이다. 하지만 우리의 인생은 절대로 그렇게 돌아가지 않는다. 너무나도 빠르게 변하는 세상에 너무나도 다른 사람들의 함께 어울려 세상을 살아가고 있기 때문이다. 당신이 잘 준비하고 계획한다고 하더라도 절대 완벽한 시나리오대로 흘러가지 않는다. 당신 앞에 예상치 못한 일들이 생기면 주저앉아 후회하고 울고만 있지 말자. 크게 큰 호흡을 마시고 마음을 편안하게 갖도록 하자. 그런 상태에서 문제를 감정 없이 바라보도록 노력해야 한다.

한국 지사를 열고 본격적으로 무역을 시작하면서 이메일로 서로의 업무들을 주고받는다. 하루에도 수십 통의 이메일들이 쌓이고 주요 내용들은 처리할 일들과 결정할 일들로 쌓여 있다. '어떤 사건이 또 일어난 거지?', '뭐가 잘못된 걸까?', '내가 무슨 실수를 했나?' 미국과 한국 시차로 인해 자고 일어나면 들어와 있는 이메일을 보면서 열어보기도 전에 내 가슴은 두근거렸다. 저녁에 자기 전에 너무 궁금한 나머지 이메일을 열어보고 마음이 너무 힘들어 잠 못 든 날도 참 많았다. 몇 달이 아닌 몇 년을 그런 날들로 보냈었다. 말처럼 문제를 피하지 말고 헤쳐나가는 게 쉬운 일은 아니었다. 두려운 감정과 속상한 감정을 잠시 내려놓고 작은 매듭을 하나씩 풀어가면서 풀어가고 그 일들이 해결돼가고 잘되어가는 경험을 조금씩 쌓아가는 것이다. 성공의 경험을 자주 할수록 자신감이 커지고 문제보다 더 큰 자신감으로 어려운 환경이 닥쳐와도 대처할 수 있는 마음을 가지게 된다.

세 번째는 현재에 감사하는 것에 집중하는 것이다. 마음을 강하고 긍정적으로 다스리는 것은 우리의 삶에 큰 영향을 준다. 현실에 어려운 일과 실패가 있어서 좌절하는 그 순간에도 자기 삶 속에 감사를 찾게 되면 세상이 다르게 보인다. 감사는 분노나 좌절감 등 부정적인 감정들을 사라지게 한다. 감사하는 습관을 통해서 삶을 긍정적으로 바라볼 수 있게 된다. 여러 가지 훈련 방법을 책들을 통해서 배울 수 있지만 나의 작은 습관은 아침과 저녁에 감사 기도를 하는 것이다. 아무리 힘든 일이 있어서 포기하고 싶고 울고불고 난리를 쳤어도 저녁에 잠들 때는 따뜻한 이불 속에 누울 수 있다는 것만으로 감사한다. 사랑하는 남편이 옆에서 손잡아주는 것에도 감사한다. 내일 아침에 일어나 출근할 곳이 있다는 것에도 감사한다. 아무리 내일 출근해서 처리할 일들이 나에게 고통을 주고 힘들게 할지라도 어느 누군가에게는 그토록 바라는 것일 수도 있다는 생각을 놓지 않고 겸손과 감사에 집중한다. 감사는 세상을 다르게 보는 힘이 있다. 감사로 내면이 강해지고 마음을 온유하게 된다.

유대인의 부모는 아이가 진흙탕에 빠졌을 때 일으켜주지 않는다고 한다. 온갖 방법을 다 동원해서 스스로 빠져나올 수 있도록 격려해주고 아이들에게 역경을 이기는 방법을 가르쳐준다고 한다. 역경을 통해서 우리는 삶 속에서 중요한 배움을 배우며 마음의 힘을 기른다. 현실에서 어려운 일이 많아서 힘든가? 언제 지나갈지 모르는 고통 속에 있다고 생각하면서 자신을 닫아놓고 있지는 않은가? 주변에 환경을 탓하며 꿈을 이루어가지 못하는 것에 좌절하고 있는가? 이런 현실 속에서 좌절하지 않고 다시 일어나게 해줄 사람은 단 하나다. 당신 자신이다! 부모도 아니고 남편도 아니고 아이들도 아닌 본인 스스로 일으켜줘야 한다. 큰 변화가 필요하지 않다. 작은 생각의 한 끗 차이로 당신은 좌절을 딛고 도전하는 성공자의 길로 갈 수 있다. 명심하라. 당신은 인생의 주인이라는 것을.

◀ 06 ▶

포기하고 싶을 때
한 걸음만 더 가보자

"만일 네가 지옥을 통과하고 있다면, 그대로 계속 가라."

– 윈스턴 처칠

평상시와 다른 일요일이었다. 보통은 아침에 교회에 가기 위해 예쁘게 챙겨 입고 즐거운 마음으로 나서는데 오늘만큼은 마음이 즐겁지 않다. 내일이 올까 두려웠다. 내일이면 직원들이 출근하고 내일이면 집세도 내어야 하고 여기저기 지출해야 할 것들이 책상 위에 쌓여 있는데 한국 회사 통장에는 몇만 원밖에 남지 않았다. 회사에서 수출하는 물건들을 미국에서 다른 업자들이 나보다 더 저렴하게 공급하기 시작하면서 기존 고객들의 주문이 줄기 시작해서 점점 세일이 줄어들고 있었다. 그렇게 몇 달이 지나 썰물이 오듯이 하나둘씩 업체들은 나에게 등을 돌리기 시작한 것이다. 빨리 대처 방안을 만들지 못한 나머지 통장 잔고는 바닥이 난 것이다. 오로지 내 마음속에는 도망가고 싶었고 무능한 내가 원망이 되면서 울고만 싶었다.

나는 컴퓨터만을 바라보고 '이 사태를 어떻게 해결해야 하나.' 하고 고민하고 있기만 했다. 그렇게 시간이 흘러서 오후 4시쯤이 된 거다. 남편이 조용히 문을 열고 들어왔다.

"당신, 내가 그냥 이해할게. 오늘 당신이 힘든 것 같으니." 그러고 문을 닫고 나간다. 나는 남편의 뒤를 쫓아 나갔다.

"여보, 무슨 소리야? 날 뭘 이해하는 건데?" 한참 남편은 말이 없다. 가만히 내 얼굴을 바라반 보고 있다. 난 짜증 난 목소리 "왜? 뭘? 말해봐."

남편은 조용히 작은 목소리로 말한다.

"오늘 내 생일이잖아. 당신이 한국 와서 일하느라 너무 신경 쓸 게 많아서 그런 것 같아서 그냥 내가 말하는 거야. 이해한다고."

이렇게 말이 다 끝나기도 전에 나는 갑자기 펑펑 울기 시작했다. 돈이 뭐라고 세상에 단 한 명인 사랑하는 남편의 생일도 잊고 오후까지 그렇게 시간을 보냈는지 내가 너무나도 한심했다. 미안하지만 나는 거기서 남편한테 또 한마디를 한다.

“왜 오후까지 말 안 했어? 모르고 지나갈 뻔했잖아. 일찍 말해주지. 괜히 사람 더 미안해지잖아.” 이렇게 내가 더 큰 소리로 말하면서 울고 있었다. 사실은 마음속에서는 ‘정말 미안해. 내가 잘못했어.’ 이 말을 해주고 싶었다.

부랴부랴 밖으로 나가 케이크 하나를 사 들고 울어서 퉁퉁 부은 얼굴로 아이들과 함께 초를 끄고 하루가 가기 전 축하를 해줬다. 다시는 돈 때문에 사랑하는 가족에게 소홀하면 안 되겠다고 생각했다. 지금도 가끔 내가 무엇을 잊고 일을 놓치는 부분이 있을 때마다 남편 생일도 잊었던 여자라면서 놀리는 사건이 되어버렸다.

느지막하게 전화가 계속 울린다. 한국 지사가 오피스텔에 있어서 거실을 사무실로 사용하고 방에서는 가족들과 함께 거주했다. 오피스 오는 전화는 주말에는 받지 않고 응답기로 넘어가게 해놨는데 같은 번호로 계속 전화가 들어온다. ‘뭐 이리 급하다고 이 저녁에 전화를 계속하는 거지?’ 궁금해지기 시작했다. 전화를 받으니 다급하게 나를 찾는 목소리이다. 사정을 들어보니 나에게 그동안 물량을 공급받았던 한 업체이다. 그분은 나에게 급한 목소리로 앞뒤도 맞지 않는 말로 말을 이어갔다. 자초지정을 듣다 보니 나의 비즈니스를 공격하며 물건 공급을 저렴하게 했던 업자가 돈을 받고 사라진 것이다. 이분은 그분을 찾아달라고 하면서 도와달라는 전화이다. 나처럼 미국에 있는 업자니까 찾을 수 있지 않겠냐고 다급해서 전화를 주셨다.

한국 통장에 몇만 원밖에 남지 않았을 때 온통 머릿속은 '지사를 정리해야겠다. 어떻게 폐업처리를 해야 할까?', '내일 출근하는 직원들에게는 뭐라고 말하지?' 하며 답을 찾기보다는 도망갈 방법만을 생각하고 있었다. 오늘까지 지사를 설립하고 운영하느라 힘들었던 기억에 너무 슬프기만 했다. 이대로 철수하는 건 정말 싫지만, 다시 일어날 힘이 없었던 거다. 그런 생각에 남편 생일도 잊었었던 거다. 그렇게 전화 한 통으로 내 생각이 순식간에 바뀌게 되었다. 피해자가 상당히 많다는 것을 알았다. 이번이 기회이다. 우리 회사가 다시 일어날 수 있겠다.

어려운 환경에 처했을 때, 다시 일어날 방법이, 도전이 생각이 나지 않을 때 대부분의 사람들을 안타까운 선택을 하는 경우가 있다. 나도 그중에 한 사람인 거다. 어려운 순간, 도망칠 생각을 하고 포기할 생각만 먼저 하게 된 것이다. 하지만 어떤 사람은 그런 상황에서도 끝까지 견디고 그 역경을 뚫고 헤쳐나가는 사람이 있다. 예전에 유튜브 동영상으로 감동적인 연설을 들었다. Dr. Rick Rigsby가 연설한 '초등학교 중퇴 아버지가 아들에게 남긴 지혜'라는 동영상으로 큰 감동과 큰 가르침을 얻었다. 그의 아버지는 초등학교 3학년 중퇴자였고 요리사였다. 교육은 초등학교 3학년까지 배운 거지만 인생의 지혜는 어느 누구보다도 더 깊은 지혜로운 사람이었다. 그가 Dr. Rick Rigsby에게 준 가르침은 이렇다.

첫째, "목표를 크게 잡아라. 실패하는 건 문제가 아니다. 그러나 목표를 낮게 잡아서 이루는 건 문제다."

둘째, "1분 늦는 것보다 1시간 서두르는 게 낫다."

셋째, "절대로 어머니를 힘들게 하지 마라."

넷째, "너는 일을 하게 될 것이다. 할 거면 똑바로 해라."

다섯 번째 "그냥 계속 서 있거라. 파도가 널 어떻게 치든지 그냥 서 있어라."

나에게 가장 깊게 자리 잡았던 것은 아내를 잃고 인생의 밑바닥을 살아가고 있는 아들에게 해준 지혜로운 이 한마디가 나에게도 큰 버팀목이 되었다. 내 인생이 바닥을 치는 것 같다 하더라도 포기하지 않고 서 있으라는 말이 내 마음을 움직이게 했다.

"99도까지 열심히 온도를 올려놓아도 마지막 1도를 넘기지 못하면 영원히 물은 끓지 않는다. 물을 끓이는 건 마지막 1도. 포기하고 싶은 그 1분을 참아내는 것이다."

– 김연아

될 때까지, 이루어질 때까지, 끝까지 해내야 한다. 당신만의 꿈을 이루기 위해서 경쟁은 없다. 당신이 가야 할 그곳을 가기 위해서 끝까지 버티는 것이 답이다. 사업을 시작해서 만 19년간 순탄하게 온 것은 아니다. 어느 누구도 평범하게 순탄한 인생을 살아온 사람은 단 한 사람도 없다. 내가 이 자리에서 이렇게 책을 쓸 수 있는 것도 인생의 바닥에 왔다고 느꼈을 때 포기하지 않고 버티고 견디었기 때문이다. 특별하게 자금이 넉넉했거나 특별하게 인맥이 좋아서가 아니다.

2015년 8월, 중국에 소싱을 하려고 더운 여름날 출장을 간 적이 있다. 일주일 출장을 마치고 한국 지사를 들러서 미국으로 돌아오는 일정이었다. 중국 일정을 다 마치기 이틀 전 급하게 한국에서 전화가 왔다. 한국으로 수입해 들어오는 유기농 식품에 문제가 있다는 것이다. 꾸준하게 몇 년간 판매가 되고 있은 제품이라 식약청 통관을 하는 것은 식은 죽 먹기 프로세스였다. 매번 업데이트되는 통관 기준을 확인하지 않은 채 몇 컨테이너를 수입을 한 것이다. 그사이에 변경된 사항을 회사에서는 놓친 것이다. 갑자기 머리를 한 대 맞은 것처럼 정신이 핑하니 어지러워졌다. 몇 억이 되는 물건을 사들였고 바로 유통이 되어야 하는 상황이다. 아무리 머리를 굴려서 방법을 찾는다고 해도 방법은 없었다. '안전불감증' 상태에서 어제도 괜찮았고 저번에도 별일 없었으니 확인하지 않고 '별일 없겠지.', '그 사이에 업데이트할 리가 없어.'라는 안일한 마음으로 일을 진행했던 나의 큰 실수가 회사를 위기에 몰아넣은 것이다. 나의 실수 하나로 회사의 생사를 가르는 사태를 만든 것이다. 이런 상황에서 부도가 나도 났을 것이다. 포기하고 싶은 마음과 자존심을 뒤로 하고 파드너에게 손 내밀어 도움을 요청했다.

감사한 것은 물건을 공급한 회사와 우리 회사 간의 신의로 상황을 지혜롭게 처리할 수 있었다는 것이다. 다시 수입해 유통하기까지 몇 개월의 시간이 흘렀고 뒤처리를 하느라 손과 발이 많이 고생했지만 다시 일어날 수 있었다.

호주의 어느 호스피스 병동에서 근무한 브로니 웨어가 쓴『죽을 때 가장 후회하는 5가지』에서 시한부 환자들이 죽기 전에 가장 후회하는 것을 이렇게 정리했다.

1. 내가 원하는 삶을 살지 못한 것
2. 너무 많은 시간과 열정을 일에 쏟은 것
3. 감정표현에 솔직하지 못했던 것
4. 소중한 친구들과 연락하고 지내지 못한 것
5. 내 행복을 위해 노력하지 못한 것

이 책을 보면서 나도 생각하는 부분이 많았다. 인생은 딱 한 번뿐이고 내가 지금 걸어가는 이 시간은 다시 돌아오지 않는 것인데 인생을 낭비하면서 망설이면서 살고 싶지 않았다. 멋진 인생을 한번 살아보고 이 땅에서 이루고 싶은 것을 이루기 위해서는 딱 한 가지 해야 할 것이 있다. 절대 무슨 일이 있더라도 어떤 힘든 일이 생기더라도 포기하지 않는 것이다. 천천히 가도 괜찮다. 남보다 빨리 가지 않아도 괜찮다. 남보다 많이 이루지 못해도 괜찮다. 어제의 나보다 한 걸음만 앞서 나가면 그걸로 충분한 것이다. 그렇게 한 걸음씩 가다 보면 어느새 자신도 모르게 성공과 가까운 삶, 꿈꾸는 삶에 가까워지는 것을 느끼게 될 것이다. 포기하고 싶을 때, 그 자리가 너무 힘들게 느껴질 때 그 자리에 주저앉지 말고 딱 한 걸음만 가보자. 그 한 걸음이 당신의 인생을 바꿔줄 것이다.

◀ 07 ▶

정답은 없다,
나만의 방식으로 길을 만들어라

'만약 오늘이 당신 인생의 마지막 날이면 무엇이 가장 후회가 될까?'

우연히 인스타그램에서 어떤 글을 보게 되었다. 90세 넘은 연세 많으신 어른들이 젊은이들에게 하는 조언을 한 문장씩 적어서 주신 거다. '더 나답게 살아라.', '다른 사람들이 당신을 어떻게 생각하는지 너무 신경 쓰지 말아라.', '다른 사람의 기대에 응하는 삶이 아닌 당신이 원하는 삶을 살아라.', '망설이지 말고 하고 싶은 것을 도전해라.' 등 여러 가지 글들로 젊은 우리에게 지혜를 알려주시는 글이었다. 많은 책을 통해서 접하는 글이기도 하지만 연세가 많으신 인생 선배분들에게 듣는 이야기는 더 가슴에 와 닿았다. 이분들을 통해서 우리에게도 찾아올 '언제가 올 죽음'을 생각하며 인생을 다시 보게 되었다.

성공한 사람들의 사업 이야기를 들어보고 주변에 사업하는 사람들을 통해서 이야기를 들어보면 배워야 할 점이 참 많다. 시도해보고 싶은 것도 참 많다. 욕심이 생기는 일들이 많이 있다. 그래서 이것저것 해보고 싶고 일을 벌이고 싶은 마음이 매번 마음속에 끓어오른다. 간혹 일에 집중하게 되고 무엇이 욕심이 나서 내가 해보고 싶은 생각이 든다. 그러면 순간 나는 아이 둘 스케줄도 있는데 이렇게 벌려놓으면 안 되겠다는 생각으로 마음을 접으려고 노력한다.

창업을 본격적으로 시작한 지 얼마 되지 않았을 때다. 한국의 엄마들을 상대로 물건을 유통하고 판매하는 거라 모든 상담은 한국 시간으로 맞춰서 업무를 봤다. 그러다 보니 한국에 낮 시간과 오후 시간에는 고객 상담으로 업무가 많았고 한국의 새벽 시간에는 미국에서 배송을 준비하느라 바빴다.

미국과 한국의 요일도 다르니, 미국 일요일 저녁은 한국의 월요일이라서 고객들의 질문 상담이 많이 밀려올 때라서 일요일 저녁도 일하느라 바쁜 시간을 보냈다. 조용하게 온전히 가족과 시간을 보낼 수 있는 요일은 토요일이었다. 그렇게 틈나는 대로 잘 시간을 줄이고 밤늦게까지 일했다. 남편과 아이들을 먼저 재우는 생활을 몇 달간 해왔다.

어느 새벽에 거실에 조용히 나와 열심히 고객 상담을 채팅으로 해주고 있었다. 남편이 자다가 내가 매번 밤마다 어디로 사라지니 이상하다 싶었나 보다. 조용히 옆에 오더니 "나 행복하지 않아. 당신은 일을 더 사랑하는 것 같아." 이렇게 이야기를 하고 방으로 들어가는 거다. 순간 너무 미안했다. 워낙 자기 감정표현을 잘 안 하는 남편이다. 워낙 이해심도 많고 배려심도 깊은 남편이라 자는 시간에 조용히 나와서 일을 하는 게 더 현명한 행동이라고 생각했는데 아니었던 거다. 빨리 눈치챘다. 이렇게 계속하다가는 남편과의 사이가 안 좋아질 것 같다. 어차피 내 꿈의 사업을 이루는 것 안에 행복한 가정의 모습이 들어 있다. 놓칠 수 없는 거다.

그래서 바로 다음 날 결단했다. 고객 상담, 업무 시간을 한국 시간 기준으로 맞춰 놓고 진행했던 것을 모두 다 미국 시간 기준으로 바꾼 것이다. 당연히 고객들은 당황했을 것이다. 하지만 내 가정을 바로 돌보지 않고 사업을 해 성공하는 건 의미가 전혀 없다고 생각했고 원하는 게 아니었다. 내가 운영하는 카페의 고객들은 나같이 결혼한 여성들이었다. 대부분의 여성들이 엄마이기도 했다. 그래서 충분히 이해해주고 협력해주셨다. 참 감사한 일이다. 당연히 매출에 조금 타격은 있었다. 그래도 나는 천천히 가도 괜찮다는 마음과 가정이 먼저고 두 번째가 사업이라는 마음으로 한 것이기 때문에 후회 없이 바로 결정할 수 있었던 거다.

'나만의 특별한 창업'이라는 주제로 엄마들을 가르치면서 자주 하는 말이 있다. '남다른 창업'이 아닌 '나만의 창업'을 찾길 바란다고 말한다. 옆에 누가 무엇을 하고 어떻게 하는지 보고 본인과 비교하지 말하고 한다. 우리는 여자이기 전에 엄마이고 아내이기 때문에 자신 인생만 책임지고 살아가는 싱글 여성의 삶을 부러워하고 비교하면서 경쟁하면 안 된다고 가르친다. 넓은 땅에 여러 가지 씨앗들을 심었다고 생각해보자. 각각 다른 씨들이 같은 땅에 심어졌다고 다 같은 속도로 자라는 게 아니다. 같은 씨앗이라도 같은 다 같은 속도로 성장하는 것도 아니다. 농부의 마음으로 자신의 인생을 그렇게 대하길 바란다고 가르친다. 비가 올 수도 있고 바람이 불 수도 있다. 예상하지 못한 기온 변화도 올 수 있다. 그때마다 농부의 마음으로 대처하고 스스로의 최고의 방식을 찾아서 풍성한 열매를 맺을 수 있도록 해야 한다.

엄마, 사업가, 아내의 자리를 지키기 위해 많은 엄마들은 희생해야 하는 거 아니냐고 묻기도 한다. 나는 이런 말을 들을 때마다 "아닙니다."라고 답한다. 희생이라고 답하는 순간 내 인생은 행복할 수 없다. 희생이라는 단어보다 나는 '인생의 가지치기'라고 표현한다. 당신이 원하는 이상적인 꿈을 이루기 위해서는 희생이 아닌 '헌신과 집중'이 필요하다. 무언가 하나를 포기하고 희생해서 얻는다는 것은 옳은 길이 아니라고 말한다. 그렇게 되면 언젠가는 후회하는 인생을 살게 될 것이다. 천천히 가더라도 하나씩 나만의 방식으로 만들어가기 위한 6가지 방법이 있다.

첫 번째, 내가 통제할 수 없는 일에 고민과 걱정을 하지 않으려 노력한다. 사업을 하다 보면 예상하지도 못한 일들이 생기고 나의 노력으로 바꿀 수 없는 일들이 있다. 벌써 일어나버린 실수를 누구 때문에 일어났다고 불평하지 않도록 한다. 벌써 일어난 일들을 걱정해봐야 과거는 바꿀 수 없다. 일어나지도 않은 다가올 미래를 '혹시나' 하는 마음에 일어날까 두려워하는 마음으로 시간을 낭비하면 안 된다. 『걱정하지 마라 90%는 일어나지 않는다』의 저자 메이허는 "걱정한다고 나아지진 않아! 모든 걱정은 자신 생각에서 비롯된다."라고 말한다. 내가 현재 할 수 있는 해결 방안이 뭔지 생각해서 앞으로 나아가는 방향으로 생각하려고 힘써야 한다.

두 번째, 남의 시선을 두려워하지 않고 남들이 어떻게 생각할지 걱정하지 않는다. 그렇다고 주변인들을 무시하고 내 멋대로 사는 것이 아니라 내가 결정하고 판단하는 일들이 의롭게 선을 이룰 수 있도록 생각하고 행동하려 한다. 사실 많은 사람이 주변에서 조언도 해주고 멘토의 역할을 하려고 하지만 본인 스스로가 최고의 결정을 할 수 있도록 '누구 때문에', '미안할까 봐', '이해 못 할까 봐' 때문에 결정하지 않는다. 내 인생은 내가 스스로 만들어가야 한다. 나를 내가 안 챙기면 누가 챙겨주겠는가?

세 번째, 실패를 두려워하기보다는 성공을 기대한다. 운동하는 선수가 공격하지 않고 방어만 하는 경기를 한다면 어떤 결과를 얻을지 상상해보라. 실패의 두려움이란 인생을 방어 자세로 살아가는 것이다. 성공을 기대하면서 상상을 하게 되면 생각이 달라진다. 무엇을 해서 성공하고 싶은지, 이루었을 때의 모습을 상상하며 확실히 마음속에 심어두는 것이다. 기대하는 대로 세상을 바라보게 되며 그것을 통해서 노력하게 되면 나만의 방식으로 성공을 이루어갈 수 있다.

네 번째, 모든 사람에게 호감 받으려고 하지 않는다. 보통 사람들을 많은 이들에게 호감 받는 것으로 인생이 더 아름답고 행복해진다고 착각한다. 하지만 정작 본인은 남들의 마음을 사기 위해 자신이 원하는 것을 표현하지 못하고 살아가게 된다. 자신의 인생을 살아가는 그 태도를 통해서 당신만의 길을 만들어갈 수 있다. 나다운 삶을 살아가기 위해서 담대하게 나를 표현하고 내 삶에 집중해야 한다. 거절당할지 모르고 나를 좋아하지 않을 수 있다는 두려운 생각을 밀어내자. 모든 사람에게 호감을 받고 사랑받지 않아도 좋다는 당당한 마음으로 자신이 가지고 있는 그대로의 모습으로 맞는 사람들과만 함께 살아가는 것이 진정한 행복이고 그렇게 가는 길이 당신만의 길이 된다.

다섯 번째, 미루는 습관을 버렸다. 미루는 습관을 지닌 사람들의 대부분의 공통점은 게으름이 아니다. 실패에 대한 두려움과 불완전함에 두려움을 가진 완벽주의 성향의 사람들이 많이 가지고 있는 습관이다. 자신의 가치를 지나치게 의식해서 나오는 생각에서 나오는 습관이다. 미루는 습관을 버리지 않고서는 원하는 성공의 삶을 살아가기 어렵다. 작은 일이라도 계획을 잡고 날짜를 정해 일을 추진해나가는 습관으로 하나씩 해나가야 한다. 나는 많은 업무를 책상에 앉아서 하기 때문에 운동을 하려고 마음을 먹고 지나칠 때가 많이 있었다. 오전에 못 하면 오후에 하려고 미루고 오후에 못 하면 저녁 먹고 하려고 미루는 마음 때문에 못 하고 지나치는 날이 많았다. 운동을 하려면 제대로 해야 한다는 마음 때문에 아예 준비가 안 되는 날은 하지 않고 넘겨버리게 되는 거다. 그래서 어느 날부터는 마음가짐을 다르게 먹었다. 아침에 일어나 15분 걷는 것부터 했다. 15분을 걷는 동안 인스타그램도 확인하고 친구들에게 온 메세지도 확인하는 시간으로 하는 것으로 정하니 15분 걷는 것은 어려운 일이 아니었다.

여섯 번째, 남과 비교하는 마음을 버려라. 남들과 비교하는 순간 우리의 삶은 괴로워지게 된다. 옆집 엄마보다 내가 더 부족한 것 같고 옆집 사장님보다 내가 장사 더 못하는 것 같다고 생각을 하면 나 자신이 초라해진다. 각각 살아가는 삶이 다르고 꿈도 다르고 다른 재능을 가지고 태어났다. 그 사실을 인정해야 한다. 미국에 20세에 와서 어려운 환경에서 일하면서 공부할 때 가끔 나를 힘들게 할 때가 있었다. 식당에서 주말에 아르바이트하다 보면 가족들이 외식 나와서 즐겁게 식사할 때마다 나는 거기에 앉아서 즐겁게 식사하고 있는 나랑 비슷한 사람들을 보면서 나의 삶이랑 이렇게 다른 삶을 살아가는 그들이 부러웠다. 그래서 사실 속상한 적도 있었다. 어느 순간 나는 그렇게 바라보던 것을 다르게 볼 수 있었던 계기는 그곳에서 일하는 주인 이모의 격려였다. “네가 지금 이렇게 열심히 사는 것은 그들보다 네가 먼저 성공을 위해 달리는 거야.”라고 하셨다. 그들과의 삶과 나의 삶이 비교가 되었지만, 이 비교는 나를 더 행복하게 만들었다. 나만의 방식으로 삶을 바라보고 살아가는 순간이 된 거다.

누구나 똑같은 시간이 주어져 인생을 살아간다. 하지만 모든 사람에게 공평하게 주어지지 않은 게 있다. 환경, 외모, 재능, 기회 등 우리는 각기 다른 모습으로 세상을 살아간다. 이 세상 어느 누구도 나 같은 사람은 없다. 자신에게 주어진 인생을 당신만의 방식으로 만들어가야 한다. 어느 누구도 책임져주지 않는다. 누구도 당신의 인생에 답을 주지 않는다. 당신의 인생은 당신이 챙겨야 한다. 당신만의 방식으로 길을 만들어 당신만의 꿈을 이루어가길 바란다.

첫 컨테이너 작업을 하려고 준비 중인 모습

초창기 한국 지사. 항상 아이와 함께 출근했다.

행복한 엄마 창업가로 살아남는 방법

◀ 01 ▶

결과보다
현재의 과정을 즐겨라

결과가 중요한가? 아니면 과정이 중요한가? 결과와 과정 어느 한쪽이 더 중요하다고 하기에 너무 어려운 답이라 생각한다. 그만큼 둘 다 모두 중요한 것이다. 한 프로젝트가 끝나고 나면 많은 사람들이 '결과'를 두고 피드백을 나눈다. '과정' 속에서 잘못된 것, 좋았던 것을 나누며 만족하지 못한 결과에 대해 아쉬워하기도 한다. 경쟁 사회에 속해 있는 우리들은 종종 사람들의 결과를 보고 좋고 나쁨, 가치가 있고 없음을 판가름할 때가 자주 있다. 행복한 엄마 창업가로 살아남기 위해서는 결과 중심보다 과정을 보고 즐기는 게 중요하다. 한 집안의 엄마로 자신을 꿈을 이루어 가는데 창업의 결과인 이익과 성장의 속도의 결과를 보고 판단한다면 절대로 행복할 수 없으며 성공의 길에 들어가기도 전에 어느 하나의 자리가 불행해질 수 있기 때문이다. 엄마인 우리는 행복하게 가정을 돌보며 자신의 꿈도 이루어가며 어느 하나 놓치지 않는 삶을 살아가야 한다.

주말에는 항상 아이들 경기에 참여하느라 바쁜 시간을 보냈다. 어린아이들 경기이지만 경기장의 분위기는 아주 뜨겁고 경쟁 기운이 넘친다. 농구공도 두 손으로 잡기도 어려운 아이들이 공을 바운스 하면서 뛰어가고 슛을 넣고 하는 경기에 부모님들을 무슨 NBA 경기를 보는 것만큼 뜨겁게 아이들을 응원하고 조금이라도 억울하게 심판이 판정하면 목숨을 다해 대항한다. 방과 후에 모여서 열심히 나름대로 훈련하고 최선을 다 했지만, 결과는 롤러코스터처럼 하늘과 땅을 왔다 갔다 한다. 남편 생일날 큰아이 농구 경기가 있어서 아이는 아빠 생일 선물로 승리해서 메달을 목에 걸어주겠다고 큰소리를 치고 경기장에 들어가서는 30점 이상 차이 나는 점수로 진 날도 있다. 아무리 최선을 다하고 좋아하는 스포츠라고 도전해보지만 결과는 원하는 만큼 나와주지 않는 게 현실이다.

토마스 에디슨은 전구, 축음기, 발전기 등을 비롯해 무려 1,093개의 발명 특허를 얻어 발명으로 세계 기록을 세웠다. 하지만 그 사람만큼 많은 실패를 했던 사람도 없을 거다. 실패를 누가 제일 많이 했는지 세계 기록을 만든다면 아마 에디슨이 뽑힐 것이다. 그는 전구 하나를 만드는 데 무려 1만 번의 실패를 했으니 말이다. 일반 사람이면 결과가 나오지 않는 일에 그렇게 도전하지 못했을 거다. 그렇게 많은 실패를 하면서도 실패하는 과정을 그는 "나는 9,999번의 실패를 한 게 아니고, 다만 전구를 만들 수 없는 9,999가지의 방법을 발견했다."라고 말하고 있다. 언젠가는 꼭 이루고 결과를 내겠다는 신념 하나로 실패의 과정을 즐기면서 연구한 에디슨이 있어서 오늘날 우리가 혜택을 누리며 살고 있다.

결과에만 집중하고 바로 성공의 결과를 내지는 못하는 경우 좌절을 하게 되고 두려워 도전을 못 하게 된다. 실패를 좌절이 아닌 성공의 길로 가기 위한 교훈으로 바라본다면 가고 있는 길이 힘들고, 어렵지 않을 것이다. 지나가는 길이고 반드시 좋은 결과를 내기 위해 지나가야 할 과정이라고 보는 인생의 관점이 필요하다.

세상은 인생을 즐기면서 살아가는 자에게는 큰 행복과 기쁨을 안겨준다. 하지만 결과에 집중하고 그것에 따라 스스로의 인생의 행복의 기준으로 삼는다면 불행할 것이다. 과정을 즐기면서 사는 사람은 실패를 하더라도 득이 되는 삶으로 만들어갈 수 있다. 과정을 즐기며 살아가는 나만의 3가지 방법이 있다.

첫 번째, 원하는 결과를 명확하게 알고 현재의 위치를 정확하게 파악하는 것이다. 원하는 결과는 우리 인생의 목표 지점이 될 것이다. 현재 위치는 자신이 속해 있는 현실이다. 2가지를 명확하게 알아야 당신은 목표 지점에 갈 수 있다. 휴가를 준비하는 것과 같다. 꿈꾸던 휴양지에 가기 위해서 정하고 그곳에 가는 데 필요한 것이 무엇인지 파악한다. 그다음에 현재 상황을 파악한 후 모을 수 있는 돈, 휴가를 낼 수 있는 날이 얼마나 되는지, 언제 갈 수 있는지를 파악하면 된다. 그렇게 출발점과 도착점을 명확하게 알게 된다면 중간에 그것을 달성하기 위해 해나가는 실수와 어려움들은 그렇게 힘들게 느껴지지 않을 것이다. 꿈꾸던 곳에 가기 위한 과정이기 때문에 충분한 보상이 기다리고 있으므로 힘들어도 금세 이겨내고 다시 그 길을 가게 되는 것이다.

지금까지 사업을 해오면서 바닥을 친 사건들이 수십 번도 넘게 있었다. 한국을 대표하는 도매 전문 사이트를 만든다는 야심에 사이트를 커스터마이징 하는 과정에서 프로그래머한테 몇천만 원을 주고 고용했는데 계속 에러가 나고 고치지 못해 어느 날 잠적해버린 예도 있었다. 한국 지사 창고가 부족해서 창고를 빌려 수입 기저귀를 잠깐 보관하려 맡겼는데 밤사이에 폭우가 쏟아졌다. 그쪽 창고 직원이 퇴근하면서 열어놓고 간 창문 사이로 빗물이 쏟아져 5천만 원 상당의 기저귀가 하룻밤 사이에 쓰레기가 된 적도 있었다. 예상치 못한 사건들로 심적인 많은 고통과 물질적인 피해로 풍랑을 맞고 힘들고 좌절되고 쓰러져서 주저앉아 울고불고 한 기억이 필름처럼 지나간다.

그 과정에서 내가 실패와 두려움에 싸여서도 과정을 뚫고 지나갈 수 있었던 건 '이것 또한 지나가리라', '신은 언제나 인간에게 감당할 수 있는 만큼의 시련만 주고, 인간은 그것을 넘어서 더 가치 있는 영원과 정신을 가지게 된다.'라는 말을 믿었기 때문이었다. 나의 목표가 뚜렷했기 때문에 모든 과정은 당연히 지나가야 하는 것이었다.

두 번째, 삶 속에서 어떠한 상황이 오더라도 부정적인 생각과 말을 긍정적인 생각과 말로 표현해야 한다. 힘들고 어려운 일이 생겨 부정적인 마음이 밀려오는 경우가 참 많다. 예전에 창업 초창기 때는 나도 모르게 이렇게 혼잣말을 했다. '왜 이리 되는 일이 없을까?', '뭐 이렇게 일이 자주 꼬이는 거지?', '내가 이럴 줄 알았어.', '힘들어 죽겠네.', '내가 못 살아.'라는 말들을 입에 달고 살았었다. 말은 보이지 않는 거고 형태가 없지만 그 안에 에너지가 들어 있다. 아무리 힘들고 어려운 일이 다가온다 하더라도 부정적인 말과 부정적인 생각을 인지하고 긍정적인 말과 긍정적인 생각으로 바꿔야 한다. 선한 말과 긍정의 말은 좋은 에너지가 있다. 말 한마디로 손해를 경험해본 적이 있나? 별 뜻 없이 한 말이 불편한 관계를 만든 적은 없는가? 말 한마디로 사람을 행복하게 할 수도 있고 잊지 못하는 상처를 줄 수도 있는 것이다. 자신도 모르게 내뱉는 말들로 당신 스스로를 힘들게 해 스트레스 받게 하고 우울하게 만들 것인가? 아니면 당신 스스로를 일으켜 세우고 기쁘게 행복한 마음을 갖게 할 것인가?

세 번째, 매일 작은 성공을 이루면서 살아가야 한다. 성공한 사람들을 보면 그 사람들은 삶 전체가 완벽해 보이기만 하다. 최고의 실력을 갖춘 운동선수나 예술가들을 보면 능숙하고 매번 승리하고 멋지게 활약하는 모습을 보게 된다. 하지만 그들이 그들에게 좋은 결과가 있어서 행복하고 훌륭한 자리에 있는 걸까? 아니다. 그들은 남들보다 더 많이 힘든 시기를 거쳤고 남들보다 더 많이 실패했고 넘어졌고 그 과정을 이겨낸 사람들이다. 최종 목표만을 보고 달린다면 너무 멀게 느껴져 힘들 것이다. 가까이 다가가기에 너무 먼 목표라 가는 길을 즐기기 힘들다. 목적지에 도착하기까지 필요한 작은 목표들을 5년, 3년, 1년, 6개월, 3개월, 1개월 이렇게 작게 나누고 그것을 이루기 위해서 매일 충실히 살면서 작은 성공을 맛본다면 현재를 즐기면서 갈 수 있다.

창업한 지 만 19년이 되었다고 하면 먼길을 온 것이 대단하다고 하지만 성장한 속도를 보면 아쉬운 부분도 참 많다. 엄마의 자리에서 사업을 한다는 것, 거기다 1세대 이민자로 미국에서 사업을 한다는 것에 생각보다 많은 제약이 있었고 이겨내야 할 것도 많았다.

실리콘밸리에 살다 보니 주변에서 자주 듣는 성장 스토리들이 참 많다. 한 집 건너면 알 만한 회사의 초창기 멤버인 사람들도 있고 상장될 수 있는 잠재력이 있는 회사에 다니는 사람들도 많고 결과를 내서 젊은 나이에 이루고 싶은 재정의 꿈을 이룬 사람들도 흔하게 볼 수 있었다. 그런 사람들을 주변에서 만나면서 나의 현실을 바라보면 포기하고 싶을 때가 많이 있었고 뭔가 떳떳하게 이뤄놓은 것이 없는 것에 속상한 적도 많았다.

그럴 때마다 나는 마음속으로 항상 혼자서 말한다. '조금만 기다려라. 애들 대학교 보낼 때까지는 내가 할 수 있는 것을 하나씩 하면서 이루어 올라갈 거고 그다음에는 날고뛰고 할 테니까.' 그렇게 나를 스스로 위하면서 내가 할 수 있는 것들을 찾아 하나씩 조금씩 성공의 맛을 보면서 살아왔다.

『성공의 법칙』의 저자 나폴레옹 힐은 세계적인 대성공자 507명의 인터뷰를 통해 20년간의 집필 기간을 거쳐 책을 썼다. 책에 나온 많은 법칙이 있지만 그중 10가지를 살펴보자.

첫 번째, 명확한 목표: 인생의 전환을 꿈꾸는 자는 변화를 즐긴다.

두 번째, 자기 확신으로부터 오는 자신감 : 자기 자신을 믿어라.

세 번째, 솔선수범과 리더십 : 기회의 문을 열 수 있다.

네 번째, 상상력의 무한한 가능성 : 모든 성공의 시작이다.

다섯 번째, 열정은 성취의 원초적 조건 : 가장 좋아하는 일, 잘하는 일을 해야 한다.

여섯 번째, 자제력, 상황을 통제하는 힘 : 균형 있는 삶, 자신을 다스려야 최후 승자이다.

일곱 번째, 보수보다 많은 일을 하는 습관 : 가치를 주는 삶을 살아야 한다.

여덟 번째, 황금률의 이행 : 뿌린 대로 거둔다는 진리를 믿어라.

아홉 번째, 유쾌한 성품 : 남을 행복하게 하면 내가 행복해진다.

열 번째, 관용 : 마음을 열면 상대를 얻는다.

이렇게 책을 통해서 세계 거부들의 생활의 지혜를 배울 수 있다는 게 너무 행복하기만 하다. 한 번도 살아본 적이 없는 인생을 행복하게 살아가기 위해서는 현재의 자신의 위치에서 행복하게 살기로 마음을 가지고 그렇게 살아가려는 게 중요하다. 실패한 많은 사람들의 공통점은 인생의 명확한 중점 목표가 없다는 것이다. 자신이 뚜렷하게 가는 목표를 알고 가는 순간 그 길을 걸어가는 인생의 순간순간이 어찌 행복하지 않을 수가 있는가? 하루가 지나면 지날수록 조금 더 한 발 더 가까이 목적지에 갈 수 있다. 그 목적지에 도착하는 그날을 기대하며 매일 행복을 느끼며 살아가는 당신이 되길 바란다.

한국 출장 시에 꼭 들려보는 산모 교실의 시식 행사 참여.

한국 출장 때마다 산모 교실 찾아가며 엄마들에게 시식을 시켜준다.

◀ 02 ▶

나를 사랑할 줄 알아야 행복한 가정을 만든다

'당신은 행복한가?'라는 질문에 바로 "네."라고 대답할 수 있는 사람이 몇 명이나 될까? 행복이라는 단어를 항상 많이 들으며 행복을 위해서 살아가고 행복을 위해서 돈을 벌고 행복을 위해서 공부한다고 흔히들 말하면서 살아가고 있다. 요즘 함께 하는 '창업 스쿨', '1인 창업가' 강의를 하면서 만나는 모든 여성이 "왜 창업을 하고 싶나요?"라는 질문에 제일 많은 답이 "행복하게 살고 싶어서요."라고 답을 한다. 이렇게 다들 '행복'을 가지고 싶고 이루고 싶어서 살아가고 있다.

당신이 바라보는 행복이란 무엇인가?

'행복'이란 어디서 바라보느냐에 따라서 다르게 정의가 된다. 20세기 당시 최고의 미인으로 알려진 오드리 헵번을 기억할 것이다. 오드리 헵번은 할리우드를 대표하는 미녀 배우였다. 그가 쓴 글 중에 '진정으로 나를 사랑하는 법'이란 글을 읽고 인생을 다시 보게 되었다.

"나 자신이 심심하지 않도록 취미를 만들어주고 친구를 사귀어서 외롭지 않게 해주고 가끔은 멋진 식당에서 식사를 하여 나 자신에게 선물을 주고 많은 사람과 어울릴 수 있게 행복한 지식을 쌓도록 책을 읽고 아침마다 거울을 보면 '파이팅'을 외쳐서 하루를 활기차게 만들어주고, 신발만은 좋은 것을 신어 좋은 곳에 데려다주게 하고, 미래에 나 자신이 위험하지 않게 저축으로 대비하고 건강을 유지하도록 하루 30분씩 꼭 산책을 하고 부모님께 잘해서 이다음에 후회하지 않도록 하고, 예쁜 꽃들을 주위에 꽂아두고 향기를 맡을 수 있게 해주고 넘어졌을 때 다시 일어날 수 있도록 나를 훈련시켜주고 너무 많은 것을 속에 담아두지 않게 가끔은 펑펑 울어주고 누군가에게 섭섭한 일이 있어도 용서해줌으로써 내 마음을 편하게 해줘야 한다."

그렇게 바라던 창업을 시작했지만, 여전히 나의 일 순위는 엄마의 자리이다. 세상에서 절대 포기할 수 없는 자리가 엄마의 자리이다. 아무리 창업해서 사장이 되었더라도 집에 들어가면 아이들이 온 방에 흩려놓은 장난감을 치워야 했고, 배고프다는 아이들의 밥을 챙겨야 했으며 졸리다고 징징거리는 아이들을 업어 달래며 챙겨야 했다. 학교 숙제와 준비물 준비 몫도 엄마이다. 밖에서는 사장의 자리를 든든하게 지켜야 했고 집에 오면 사랑스러운 아내의 모습으로 남편을 존경하며 잘 보조하고 챙겨야 했다. 남편만을 위한 시간을 내야 하는 건 당연한 거고, 아이들에게도 온전히 엄마의 자리에서 온 힘을 다해서 사랑으로 키워야 했다. 창업하는 게 뭐가 대수라고 돈 번다고 아이들과 남편을 절대로 뒤로 밀을 수 없었다. 사랑하는 가족을 먼저 챙겨야 했다. 사업을 할 수 있도록 이해해주는 가족들을 위해 나는 나를 양보하고 가정을 일 순위로 두고 그다음 비즈니스를 돌봐야 한다고 생각했다. 아이들이 일어나기 전에 일어나 매일 따뜻한 도시락을 싸고 아이들이 집에 와서 잠들기 전까지 온전히 엄마의 역할을 했다. 그러고 아이들이 잠이 들면 그제야 나의 비즈니스를 돌볼 수 있었다. 힘들고 지친 나의 몸과 마음을 돌보지 않고, '아니야, 난 강한 사람이야. 할 수 있어. 해 낼 거야.' 이렇게 다짐하면서 욕심부리며 몇 년을 버텨왔다.

드디어 올 것이 온 것이다. 창업 후 한 3년이 지나 한국 지사를 설립한다고 몇 개월씩 아이들을 업고 한국을 오가면서 정신적으로 더 이상 버티지 못했고 몸도 만신창이가 되어가고 있었다. 포기하기에는 너무 멀리 와버렸고 이제는 엄마, 아내인 나는 항상 슈퍼우먼 같은 사람으로 인식이 되어버렸다. 뭐든지 씩씩하게 하는 엄마, 여자, 아내가 되어버린 거다. 주변의 시선들이 나를 무겁게 짓눌렀고 가슴이 터질 것 같이 숨을 쉴

수가 없었다.

주변에서 별 뜻 없이 하는 말들이 내 신경을 건드렸다. 불평과 짜증이 얼굴에 가득 차게 되었다. 그렇게 몇 달을 정신적으로 육체적으로 힘들게 나를 질질 끌고 다니다 보니 어느 날 갑자기 일어나지 못할 만큼 아프게 되었다. 병원에 누워서 링거를 맞고 있는데 하염없이 눈물이 흐르고 그냥 서럽기만 했다. 누구를 위해서 하고 있는 일인지, 왜 이러고 살고 있는지 사춘기 아이처럼 그냥 인생이 의미 없이 느껴지기만 했다.

우연히 대학교 졸업식 연설 중에 "엄마가 행복하지 않으면 누구도 행복할 수 없다. 그러면 아빠의 행복? 아무도 신경 쓰지 않는다." 그 연설을 듣고 웃음 바다가 되었다. 웃고는 있지만 사실 동감을 하지 않을 수가 없다. 내가 행복해야지 가족이 행복한 것이고 가족이 있어야지 내가 바로 설 수 있는 것이다. 그것을 알기까지에는 너무 오랜 시간이 걸렸다.

남편의 행복, 아이들의 행복, 부모님의 행복을 위해서 성공하고 싶었다. 그러면 나도 행복하다고 생각했다. 어느 누구에게도 진정하게 행복하게 사는 삶이 어떤 것이라는 걸 배우지 못했다. 내 행복만을 위해서 사는 것은 왠지 이기적인 일 같았다.

가정의 중심에는 항상 엄마가 있다. 성공한 사람들, 세상에 큰 영향을 준 위인들 뒤에는 항상 그들은 서포트한 한 여성이 있다. 그들을 삶을 보고 배우려는 과정에서 하나같이 발견한 것은 그들은 자기 삶을 소중히 여기며 자신을 사랑하며 자신이 원하는 것을 명확하게 알고 있다는 것이다. 어떤 삶을 살아가야 행복하고 그 삶을 통해서 행복한 가정을 만들어가도록 하는 것이다.

영국 감리교의 창시자인 존 웨슬리의 엄마 수잔나 웨슬리의 자녀 교육을 통해서 엄마의 영향력이 어떤 가정을 만들어가는지 다시 한번 깨닫게 되었다. 19명의 아이를 둔 수잔나 웨슬리는 본인의 삶 속에서 자신만의 시간을 확보하기 위해 한 '앞치마'의 예화가 있다. 혼자만의 시간을 가지고 생각하는 시간을 통해서 자신의 삶을 돌보기 위해 항상 그녀는 때마다 의자에 앉아 앞치마를 머리에 뒤집어쓰곤 했다. 그러고 한 말은 "머리에 앞치마를 뒤집어쓰고 있는 나를 보면 뭘 하느냐고 묻지 말아 달라. 세상을 바꾸고 있는 중이니까!"라고 답했다.

비행기에서 위급 상황 시 산소마스크가 떨어지면 누가 먼저 마스크를 써야 하는가? 먼저 자신이 마스크를 빨리 써야 한다. 승무원들은 본인들이 먼저 써야 한다. 그리고 아이가 있는 경우 먼저 보호자가 마스크를 낀 다음에 아이에게 끼워주라고 안내 방송이 나온다. 자신이 먼저 살아야 다른 이를 도울 수 있기 때문이다. 이런 상황에서 마스크를 당신이 먼저 끼었다고 '이기적이다.'라고 생각하는 사람은 아무도 없다. 당신이 행복해야 하는 이유도 여기에 있다. 자신 스스로가 행복한 감정을 가지고 삶을 살아가야지 주변 사람들을 행복하게 할 수 있는 여유가 있게 된다.

창업가 엄마의 '산소마스크'의 의미는 무엇일까? 자신을 먼저 사랑하고 행복하게 만들 수 있는 그것을 찾아야 한다. 나는 행복한 엄마이며 한 기업을 이끌어가기 위해서 나만의 시간을 확보해 나를 돌보고 나를 성장시키도록 매일 3가지 루틴을 하고 있다.

첫 번째, 매일 아침에 일어나서 명상의 시간을 갖는다. 명상한다고 하면 많은 사람이 거창하게 생각하곤 한다. 아침에 눈 뜨자마자 나의 삶을 돌아보는 감사의 명상과 미래를 꿈꾸는 명상으로 3~5분이면 충분하다. 이렇게 아침마다 나를 위해서 온전한 시간을 갖는 것만으로도 나에게 큰 선물이 되고 나의 삶을 행복하게 바라볼 수 있는 큰 원동력이 된다.

두 번째, 나만의 비밀 노트를 가지고 있다. 내가 생각하는 모든 것을 노트에 다 담아놓는다. 내가 어떤 삶을 살아가고 싶은지, 무슨 생각을 가지고 있는지 나에게 질문하고 그것을 담아놓고 간직한다. 남편도, 아이들도 내가 무엇이 되고 싶은지, 내가 어떤 꿈을 가지고 사는지 물어보지 않는다. 그렇다고 서운해할 필요 없다. 자신 스스로가 질문하고 답을 찾고 스스로 챙겨가면서 글을 쓰다 보다 보면 그런 당신의 모습을 더욱더 사랑하게 된다. 또한 노트에 적어놨던 것들이 이루어질 때 느끼는 행복은 말로 표현할 수 없을 만큼 크다.

세 번째, 자신의 꿈을 나눌 수 있는 그룹을 만나고 배움을 멈추지 않는다. 더 멋진 내가 되기 위해서 나의 성장을 함께 응원해줄 사람들을 찾아 만나고 함께 배워간다. 현재 'K-Women Leaders Group'을 만들어 미국 내 여성 리더들과 함께 서로의 재능을 나누며 배우고 새로운 도전을 하고 있다. 함께 자신의 꿈을 이루어가기 위해 노력하고 서로 응원하고 칭찬하면서 스스로 얼마나 귀하고 특별한 사람들인지 깨닫게 된다. 그렇게 살아가는 모습 속에서 많은 분이 행복감을 느끼고 있다.

엄마가 되어 창업을 한다는 건 쉬운 일이 아니다. 그냥 홀몸으로 창업을 해도 어려운 길이다. 그런 길을 가기로 결정을 하고 원하는 목적지에 도착하기 위해서는 행복한 엄마의 삶으로 만들어가야 한다. 당신의 삶을 희생해야 성공할 수 있는 것이 아니다. 그리고 당신의 삶을 양보해서 사는 삶은 행복을 줄 수 없다. 그토록 원하는 행복한 가정을 만드는 방법은 간단한 것이다. 자신의 인생을 사랑하고 당신의 삶을 먼저 가치 있게 대하면 된다. 당신만의 '산소마스크'는 무엇인가? 그것을 찾아보길 바란다.

둘째 아이가 내게 떨어지지 않아서 업고 일하는 모습이다.

◀ 03 ▶

내가 할 수 있는 그것이 바로 답이다

지금의 나의 삶을 보고 주변에 창업을 시작하는 여성분은 '자신들도 할 수 있을까?' 의심을 한다. 나도 처음에 그랬었다. 당연히 몇 년을 일찍 창업을 시작한 분들과 비교를 하면 그렇다. 그리고 아이가 없이 창업을 하는 분들을 보면 나는 시간이 너무 부족하기만 했다. 거기다가 미국에 와서 언어의 장벽도 있는데다가 자금도 없었다. 가지고 있지 않은 것들만을 바라보면 한도 끝도 없이 구덩이에 빠지게 된다. 이런 말을 들어본 적이 있는가? 'How Do You Eat An Elephant?'(코끼리를 어떻게 먹을까?) 정말로 코끼리를 먹는다는 말이 아니라 비유를 한 것이다. 답은 'One Bite At A Time!' 한 입씩 먹으면 된다. 창업도 마찬가지이다. 먼저 앞서

간 사람들을 보고 배우려고 하지만 그들이 먼저 간 길이 당신에게 코끼리처럼 너무 크게 느껴지고 어디서부터 먹어야 될지 막막한가? 그럼 한 입만 먼저 먹으면 되는 것이다.

창업하기 위해서 많은 분이 인스타그램, 유튜브, 블로그도 시작한다. 하지만 몇 개월 되지 않아 꾸준하게 지속하지 못하고 하다가 그만두었다는 분들이 참 많았다. 야심차게 시작했던 것들이지만 하다 보니 두려워지고, 하다 보니 자신은 부족하다고 느껴서 그냥 중간에 포기했다고 한다. 많은 사람이 이 부분에 대해서 공감할 것이다. 열심히 해보려고 필요한 장비들을 다 구매하고 준비는 했지만 하다 보니 생각만큼 쉽지 않고 배워야 할 게 너무 많은 것을 알게 된다. 그렇게 야심 차게 준비해놓고서는 몇 주가 지나면 하루를 놓치고 이틀을 지나치고 그렇게 서서히 야심찬 마음에서 멀어지기 시작한다. 창업을 시작하고 멋진 사장이 되고 싶어서 온라인 교육 프로그램을 구매해놓고선 다 듣지 못하고 그냥 지나친 적도 많다. 책 읽는 건 어떤가? 베스트셀러 책들을 검색해 읽고 싶은 책을 잔뜩 구매해놓고 책 읽으면서 적을 노트랑 하이라이트 펜들을 사놓고 준비를 다 한다. 그러고 다 읽지 못한 책들이 수두룩하다.

나도 그랬다. 그렇게 도전과 실패, 포기를 반복하면서 깨닫게 되었다. 마음을 잡고 그것을 이루기 위해 준비하는 것만으로 부족하다는 것을. 무언가를 성취하고 이루기 위해서는 "시작이 반이다."라는 말만 믿었다.

그렇지만 진정한 성공을 위해 빠진 무언가가 있다는 것을 알았다. 진정한 성공을 이루기 위해서 시작이 정말 중요하다. 시작조차 하지 않은 건 가능성조차 없는 것이다. 하지만 시작만 하고서는 원하는 것을 이루어갈 수는 없었다. 시작하고 이루기 위해서는 도착하는 그날까지 가는 지속함, 꾸준함이 있어야 한다. 현재 할 수 있는 그것을 찾아서 하나씩 하고, 한 발짝씩 가면 되는 것이다. 그렇게 하기 위해서는 당신은 당신만의 답을 찾아야 한다. 행복한 엄마 창업가의 길을 가면서 할 수 있는 답을 찾아가는 3가지 방법이 있다.

첫 번째, 당신이 원하는 것이 무엇인지 명확하게 알아야 한다. 자신이 무엇을 원하는지 모르는 상태에서 막연하게 삶을 살아가기에는 당신의 삶이 너무나 소중하다. 결혼해 한 아이의 엄마가 되고 아내로 살아가면서 진정으로 원하는 삶이 무엇인지 생각조차 하지 못하고 바쁜 나날을 보내고 있지 않은가? 스스로 얼마나 관심을 가지며 자신이 원하는 게 뭔지 생각을 해봤나? 막연히 행복하게 살고 싶다는 생각으로 많은 충분한 답을 얻을 수가 없다.

나는 시간, 장소 경제의 자유를 가질 수 있는 창업을 하고 싶었다. 무엇을 통해서 창업을 할지 바로 답이 없었을 때도 명확하게 원하는 것을 알았기 때문에 기회가 왔을 때 결정하기가 어렵지 않았다. 처음에 아이를 낳고 할 수 있었던 것, 내 육아의 삶을 나누는 것부터 시작했다. 내가 가능한 시간에 글을 올리고 아이가 깨어 있을 시간에 아이와 상품 사진을 찍었다. 내가 매일 사용하는 상품들의 리뷰를 올리고 엄마들과 소통했다. 그렇게 할 수 있는 것을 하다 보니 내가 원하는 시간, 장소, 경제의 자유를 만들어갈 수 있는 인터넷 유아용품 배송, 구매대행과 무역을 시작할 수 있는 기회가 온 것이다. 내가 할 수 있는 시간에 배송하고, 내가 고객 상담 할 수 있는 시간에 답을 하고, 내가 가지고 있는 적은 자금을 가지고 그 안에서 물건을 구매하고 판매해 천천히 조금씩 성장할 수 있었다. 처음에 창업을 하고선 목표는 매달 500달러의 이익을 내는 것이었다. 나에게 500달러의 이익금이 생기면 하고 싶은 게 많았고 그 생각에 가슴이 설레었다.

두 번째, 잘하는 게 무엇인지, 좋아하는 게 무엇인지 찾아본다. 창업의 길은 참 어렵고 힘들다. 무언가를 새로 만들어가고 그것을 운영하며 이끌어나가는 것은 아이를 키우는 것만큼 어렵다. 아이의 성장 속도와 각각 특성이 다르듯이 창업을 하는 것도 마찬가지이다. 거기다가 아내, 엄마의 자리를 지키면서 창업을 한다는 것은 일반 창업가보다 더 큰 에너지와 노력이 필요한 게 사실이다. 몇 번을 강조해도 지나치지 않을 만큼 중요한 건, 당신이 잘하는 것, 좋아하는 것으로 창업해야 한다는 것이다. 그것을 찾아서 남들이 가지고 있지 않은 재능을 살리고 그 재능을 통해서 누군가의 불편함과 어려움을 해결해줄 수 있는 것을 찾아야 한다. 무엇을 새로 배우기 위해 학교에 가지 않아도 된다. 그리고 잘하는 것을 통해 창업하면 어느 누구보다 더 성공할 확률이 높다. 거기에다 좋아하는 일을 하게 되면 기쁘게 창업하면서 키워갈 수 있다.

나는 어렸을 때부터 항상 주변 사람들에게 칭찬을 받았던 것은 '상냥하다', '친절하다'이다. 학교 다니면서 식당에서 아르바이트할 때도 서빙하는 일이지만 항상 제일 친절하게 고객을 대했고 상냥해서 누구보다 많은 팁을 받으며 생활비를 벌을 수 있었다. 창업을 시작해 고객들이 다 엄마들이다 보니 전화 상담을 하는 게 너무 재밌고 즐거웠다. 한 가지의 질문을 하기 위해서 전화를 하는 고객들과 어느새 편안하게 육아 이야기를 나누기도 한다.

세 번째, 원하고 바라는 모든 것들을 상상하고 계획하고 데드라인을 정한다. 나는 사업이든 가정이든 나만의 미래를 꿈꾸고 상상하는 것들의 목표 리스트를 만든다. 타임머신을 타고 10년 후에 나는 무엇을 하면 살고 있을지를 적는다. 그러고 10년 후에 도착할 나의 중간 지점인 5년에 나는 무엇을 하며 10년 후 나의 모습을 향해 살게 될지 적는다. 그렇게 전체적인 꿈과 목표가 정해지면 5년, 10년 계획은 덮어놓는다. 그리고 그것을 1년 단위로 나누고 다시 그것을 3개월 단위로 나누기 시작한다. 그렇게 작게 나눈 목표들은 현실 가능한 것으로 한다. 3개월 안에 급성장하고 급히 도약하는 계획은 절대로 하지 않는다. 작은 목표로 성공 가능한 것으로만 채워서 만들어간다. 당장 할 수 있는 것부터 찾아서 나아간다.

아이를 막 낳아서 할 수 있는 게 없다고 생각했을 때가 있었다. 아이 키우기도 힘든 이런 상황에서 내가 그동안 가지고 있었던 꿈에 도전한다는 건 무리라고 생각했다. 창업이라는 것을 아주 거창하게 생각했기 때문이다. 준비되지 않고서는 할 수 없다고 생각했다. 지금과는 다르게 1인 창업이라는 단어도 없었을 때니 말이다. 그때 내가 할 수 있었던 건은 나의 육아 일기를 써 내려가면서 나와 같은 사람들과 소통을 하는 것밖에는 없었다. 창업을 해야겠다는 마음보다는 나와 같이 육아에 지치고 엄마가 되는 길을 홀로 배워가는 사람들과 함께 소통하고 싶은 마음뿐이었다. 그렇게 시작하게 된 싸이월드, 네이버 카페, 다음 카페로 나에게 창업의 기회가 생긴 것이다. 많은 회원들이 모이고 내가 올리는 상품 후기를 보고 구매 요청이 들어왔고 매출이 점점 늘어났다.

그렇게 하나씩 할 수 있는 일들을 해나가면서 성장해나가기 시작했다. 자신감이 샘솟기 시작했다. '나도 할 수 있구나.', '한번 아이를 키우듯이 한번 멋지게 사업도 키워보자.'라는 마음이 들었다. 그래서 나의 10년 노트에 '이루어지면 정말 좋겠다.' 하는 것들을 적어나가기 시작했다. 한국과 미국의 시차로 업무가 지연이 되고 물류 이동을 더 편리하게 하려고 한국 지사를 열고 싶었다. 꾸준하게 회사를 성장시킬 수 있도록 한번 만난 고객들을 다시 오게 만들고 싶었다. 미국의 특정 브랜드와 함께 파트너가 되고 싶었다. 나보다 더 훌륭한 직원을 만나고 싶었고 안정된 오피스도 가지고 싶었다. 언젠가는 성공해서 미국 이민 여성들의 희망이 되고 싶었다. 육아하면서도 꿈꾸는 창업이 가능한 일석삼조의 삶을 살 수 있다는 본보기가 되고 싶었다. 그 외의 많은 꿈들을 적어 내려가면서 엄마의 자리를 희생하지 않는 타임라인으로 각각의 꿈의 날짜를 적어놓았고 지금까지 그 꿈들을 다 이루어왔다. 나의 타임라인은 남들과 달랐다. 일반 창업가들이 보기에는 거북이걸음이었을 거다. 내가 할 수 있는 것을 하나씩 하면서 이루어온 것이라 데드라인이 지연될 때도 많았다. 중요한 건 그것을 이룰 때까지 멈추지 않았다.

하루에도 수십 개, 수백 개의 새로운 앱들이 넘쳐나면서 더 많은 좋은 기능들이 나오고 있다. 새로운 것을 배우고 익혀가고 있는데 어느새 또 다른 것들이 출시되어 있다. 쫓아가기에 바쁘고 마음이 급해지기도 한다. 매일 생각 없이 들어가서 남들의 일상을 인스타그램에서 보면서 그들의 다른 삶을 보면서 자존감이 떨어질 때가 자주 생긴다. 모든 주변에 있는 사람들은 다들 나보다 잘살고 있는 것 같고 모든 것을 잘 알고 이겨내는 것 같다는 생각이 든다. 보이는 것이 다가 아닌데 말이다. 나 또한 마찬가지이다. 지금도 나는 내가 진정으로 원하고 꿈꾸는 게 옳은 길인지 자주 점검하곤 한다. 몇 년 전 나와 지금의 나는 빠르게 변화하는 세상 속에서 달라졌기 때문이다. 그리고 그동안 배움의 습관을 통해서 생각의 폭도 넓어졌기 때문이다.

앞으로 가는 것에 집중하는 것이 중요하지만 그것만을 바라보고 가다 보면 구덩이에 빠질 수도 있다. 우리는 현실에서 할 수 있는 것을 찾아서 충실하게 해나가야 한다. 그렇게 탄탄히 하루를 채워서 살고 그것이 일주일이 되고 한 달이 되고 일 년이 되어서 당신의 삶을 가치 있고 행복한 삶으로 이끌어갈 수 있는 것이다. 남들과 경쟁하지 않는 삶, 진정으로 원하는 당신만의 창업을 해나가기 위해서는 성공자의 전략과 방법을 배워야 한다. 그리고 당신의 삶 속에 퍼즐을 맞추듯이 그렇게 하나씩 맞춰서 당신이 할 수 있는 그것부터 하길 바란다.

내가 일하는 동안 아이는 색칠공부를 하며 나를 기다린다.

◀ 04 ▶

재능을 나누며 늘어나는 잔고 속에 행복 찾기

"아무리 탁월한 재능이라도 무위도식하게 되면 사멸하게 된다."

– 몽테뉴

재능의 사전적 의미는 어떤 일을 하는 데 필요한 재주와 능력과 개인이 타고난 능력과 훈련에 의하여 획득된 거라 한다. 지적 재능, 지적 능력이며 타고난 소질을 말한다. 어렸을 때부터 잘하는 것을 즐겨 하면서 삶 속에서 훈련을 통해서 발전시키는 사람이 있는 반면 어떤 이들은 잘하는 것을 인식하지 못하고 살다가 한참 시간이 지나서야 발견하는 사람들도 있다. 아무리 재능이 있게 태어났더라 하더라도 그것을 끌어내 훈련을 하고 활용하고 발전시키지 않는다면 그냥 사라지게 되는 것이다. 많은 사람들이 자신이 타고난 재능을 모르고 살아가는 경우가 참 많다.

작년부터 '미국에 사는 한국인 그룹'을 통해서 미국 전역 많은 한국인들과 소통하면서 지내게 되었다. 그 그룹 안에서 자신들의 삶을 나누고 어려운 질문들이나 도움이 필요하면 서슴없이 답해주고 따뜻한 말로 위로해주는 좋은 분들을 만나게 되었다. 미국에 이민 오셔서 조용히 자신의 일을 하시면서 어느 정도 성공하시고 아름다운 나눔을 실천하시는 분들이 정말 많이 계시다. 이 그룹을 통해서 몇몇 분들은 '재능기부'를 하시면서 자신들이 쌓아온 평생 노하우들을 알려주시고 이민자들을 도와주시기도 한다. 그 가운데 속해 있으면서 '재능기부'를 받고 나도 삶의 변화를 가지게 되었다.

미국에 29세에 LA로 유학 간 열정이 넘치는 패션 디자이너이자 창업가인 Jene Park 선배님이 페이스북 그룹에 여성을 돕겠다며 '우리는 도전하는 여자들'을 모집하셨다. 코비드19로 인해 팬데믹 상황에서 지난 13년간 운영하던 한국 지사를 폐업한 후 많이 힘든 시기를 겪고 있는 나에게 Jene 선배님은 희망의 동아줄 같았다. Jene Park님은 BCBG, Thomas Wylde 등 럭셔리 브랜드의 크리에이티브 디렉터로 일하시다 최근 Recycled Karma를 창업하여 회사를 이끌고 계신다. 환경을 생각하는 브랜드 비전을 가진 디자이너이자 이민 여성이자 쌍둥이 딸의 엄마로 서의 정체성을 아우르는 Jene Park 선배님을 통해서 나도 다시 도전하는 삶을 살고 싶었다.

Jene Park 선배님을 통해서 만난, 나를 포함한 12명의 여성이 만났다. 그들의 반장으로 그룹과 함께하면서 앞으로 도전하면서 살아갈 이야기를 나누며 각자의 '5년 계획'을 만들어나갔다. 그 시간을 통해서 나는 내가 무엇을 잘하는 사람인지, 무엇을 좋아하는지, 그리고 내가 잘하는 것을 그들에게 나눠주면서 도울 수 있다는 것을 알게 되었다.

예전에는 마냥 무슨 물건을 팔고 어떤 브랜드를 런칭해서 매출을 올리고 인지도를 올리는 것에만 집중했었다. 그것이 내 삶의 전부인 양 매출에 목숨을 걸고 살았던 모습이 있었다. 하지만 뜻하지 않은 팬데믹을 겪으면서 내가 진정으로 의미 있게 살아가려면 어떤 삶을 살아야 할지 고민하게 되었다. 그러는 와중에 만난 '우리는 도전하는 여자들'의 그룹을 통해서 더 확고해진 것이다.

약 두 달간의 만남을 통해서 서로의 5년 계획을 응원해주고 재능을 찾아주는 방원들과 헤어지는 날이 돌아왔다. 우리는 어느새 언니 동생이 되었고 매일 메세지를 주고받는 사이가 되었다. 아이들의 이름을 기억하고 저녁 반찬은 뭔지, 어디로 휴가 가는지, 아픈지, 즐거운지, 그렇게 평범한 매일을 나누는 사이가 된 것이다. 우리들의 공부가 다 끝나면 흩어져야 되는 것이 아쉬워 또 다른 페이스북의 그룹을 만들고 네이버 카페를 만들어 함께 모이면서 서로의 꿈을 응원해주는 삶을 오늘까지 살고 있다.

훌륭한 여성들을 만나면서 그들에게 나의 비즈니스 경험과 노하우를 재능기부 하면서 나누는 시간들을 가졌다. 매번 부족하다고 느꼈던 나였다. '내가 뭐 잘났다고 누구를 가르칠 수 있을까?' 지금 이렇게 힘든 시간을 지내고 있어서 여유가 없다고 생각했다. 하지만 그들은 처음에 소자본으로 아이를 키우면서 지금까지 사업을 하고 있었던 스토리가 듣고 싶은 거였다. 그렇게 작은 소그룹으로 나누며 나의 이야기를 통해서 누군가가 희망을 얻길 바랬다.

이제는 기회가 있을 때마다 나의 창업 방법을 나누어 주려고 한다. 한 사람에게라도 희망을 줄 수 있다면 나눠야겠다는 마음으로 시작한 강의를 통해 많은 사람의 감사의 메세지가 줄지어 들어왔다. 나는 '다들 알고 있는 내용일 텐데.' 하면서 그동안 조용히 있었던 이야기들을 통해 자신들의 꿈을 다시 꿀 수 있었다고 했다. 그래서 다시 결단을 하게 된다. 나의 재능을 나누며 이것을 통해 수입화시키는 방법을 생각했다.

'행복한 엄마 창업가로 살아가는 방법'을 격주로 강의하며 커피값 2잔 10달러의 가격을 측정해서 서로 부담 없는 가격에 나는 그 이상의 가치를 제공하는 강의를 하기 시작한 것이다. 사업을 통해 시간을 들여 일을 하면 더 많은 수입을 올릴 수 있지만 이제는 그냥 물건만 파는 사업가에서 의미 있는 사업가가 되고 싶었다. 20년 전에 꿈꿔왔던 '선한 여성 리더들을 양성하는 일'을 할 수 있는 기회가 온 것이다.

1강 "당당하고 멋진 엄마 창업가가 되는 7가지 방법"
2강 "당신만의 특별함과 당신만의 고객을 찾는 방법"
3강 "매출 2배로 올리는 전략과 비밀"

이렇게 강의를 통해서 수십 명의 여성 리더들을 만나고 그들이 창업의 발을 딛을 수 있도록 양성할 수 있게 되었다. 이렇게 나만의 경험과 지식을 통해서 수입을 얻게 되고 강의를 통해 그들은 그동안 망설였던 창업의 기회를 얻게 되었다. 지금은 소그룹 비즈니스 코칭도 하면서 그들을 1:1로 이끌어주며 실제로 결과를 낼 수 있도록 하고 있다.

"산속에서 보물을 찾기 전에 먼저 자기 두 팔 안에 있는 보물을 충분히 이용하도록 하자. 자기 두 손이 부지런하다면 그 속에서 많은 것이 샘솟듯 솟아 나올 것이다. 인간은 누구나 자기 두 손에 비상한 능력을 보유하고 있다. 자기의 능력을 제때 발굴하여 나름대로 유용하게 이용하는 사람이 되자."

— 스탕달

현재 함께 글로벌 여성 리더들 그룹에 속해서 그들이 자유롭게 자신의 재능을 나눌 수 있도록 '재능기부'방도 만들었다. 2강의 "당신만의 특별함과 당신만의 고객을 찾는 방법"에서 숙제로 당신만의 특별함을 찾는 것이었다. 그 강의의 숙제를 하면서 하나둘씩 자신의 재능을 찾으며 이제는 당당하게 자신의 재능이 뭔지 이야기를 나누는 시간을 가졌다. 그렇게 두 시간의 강의를 통해서 많은 분이 숨어 있던 재능들을 발견하게 된 것이다.

2강의 내용 중 "당신만의 특별함" 찾기에는 3가지 방법이 있다.

첫 번째, 당신이 좋아하는 것 20가지 이상을 적어보라 한다. 특기, 열정, 취미, 집착, 남들에게 말하기 쑥스러운 자기만 알고 있는 것, 자신만이 느끼고 있었던 재능 등을 찾아오라고 한다. 바쁘게 사는 생활 속에서 어렸을 때 자신, 20대의 자신을 잊고 산 엄마들, 여성들에게는 다시 꿈을 꾸게 하는 시간이 되었다. 자신이 좋아하는 것이 없다고 생각했는데 생각을 끌어내는 과정을 통해서 정말 많은 분이 자신을 알게 되었다.

두 번째, 주변 사람들에게 자주 칭찬받는 것이 무엇인지 적어보라고 한다. 20명 이상(최소 10명) 자주 반복적으로 주변에서 칭찬을 해주는 것이 많이 있을 것이다. "음식을 어쩜 이렇게 맛있게 잘 만드세요?", "옷을 어쩜 이렇게 스타일 나게 잘 챙겨 입으세요?", "노래를 진짜 잘하시네요.", "집을 너무 예쁘게 잘 꾸며 놓으셨어요.", "화장을 진짜 예쁘게 잘하세요.", "운동 진짜 잘하시네요. 몸매가 너무 예뻐요.", "피부 관리 어떻게 하세요? 어쩜 이렇게 피부가 좋으신 거죠?", "그림 진짜 잘 그리시네요." 누구나 한 번쯤은 들었을 내용이다. 그럴 때마다 많은 사람들이 항상 이렇게 대답한다. "아니에요. 이 정도는 누구나 다 할 수 있어요.", "아니에요. 예쁘게 봐주시니까 그런 거죠." 하면서 많은 사람들은 칭찬을 감사히 받지 않고 그것을 거절한다.

세 번째, 위 2가지 질문에 공통되는 답 중 상위 3가지가 무엇인지 적어본다. 이렇게 자신만의 재능을 찾기 위해서 시간을 가지고 삶을 돌아보게 되면 우리가 잘하는 일들은 참 많았다. 다만 스스로가 충분히 잘한다고 믿지 않았던 것이다. 그것을 인정하고 더 잘할 수 있도록 훈련을 하고 재능을 키워가지 못했던 것이다.

네이버 카페 "미국 한인 여성 리더들"과 페이스북 "K-Women Leaders"에 모인 모든 글로벌 여성들에게 자신이 가진 재능을 기부하면서 훈련하고 그것을 비즈니스화시킬 수 있는 자리를 갖게 한다. 처음에는 쑥스럽고 불편한 자리지만 '재능기부'라는 자리가 베푸는 자리이기 때문에 참여하는 많은 분이 응원해주고 감사해주고 하면서 힘을 얻고 용기를 얻는다. 그리고 그 과정을 준비하는 동안 자신도 모르게 많은 성장을 하게 된다. 망설이는 여성 리더들에게 항상 이렇게 말한다. "우리끼리 나누는 거니까 동생한테 설명하듯, 친구한테 설명하듯 가르쳐주세요." 작은 한 스텝을 통해서 많은 여성들이 힘을 얻고 새로운 삶을 살아가게 된다.

행복한 엄마 창업가를 위한 강의를 통해서 강조하는 것이 있다. 당신만의 특별한 재능을 통해서 창업을 할 경우 그 특별함으로 큰 영향력을 끼칠 수 있게 된다. 그리고 재능을 통해서 잘하는 것 좋아하는 것을 창업화시킬 때 그 분야에서 최고가 되고 성공할 확률이 높아진다. 또한 누구도 당신을 모방하지 못한다. 그래서 자신만의 브랜드로 만들어갈 수 있는 것이다. 재능을 나누며 행복한 창업을 하는 길을 한 걸음씩 가는 동안 어느새 자신도 모르게 성장한 모습을 볼 것이며 그것을 통해 당신의 가치를 인정해줄 것이다. 당신의 가치는 재능을 키워갈수록 올라간다. 그렇게 당신의 잔고도 채워지고 넘치게 될 것이다.

◀ 05 ▶

인생의 닻이 있으면 흔들리지 않는다

우리가 알고 있는 닻(Anchor)이란 배를 한곳에 멈춰 있게 하기 위해 갈고리에 줄을 매어 물 밑바닥으로 가라앉혀 놓은 것이다. 배의 크기가 커지면 커질수록 닻의 무게도 무거워야 한다. 닻은 배가 다른 곳으로 떠내려가지 않도록 배의 중심을 잡아주는 역할을 한다. 흔들리는 배의 중심을 잡고 파도에 휩쓸려 가지 않도록 무거운 닻은 배를 잡아주는 것이다. 거친 파도 안에서도 배가 중심을 잡고 그 자리에 있을 수 있는 것은 닻이 있기 때문이다. 흔들리는 배의 닻으로 배의 중심을 잡고 선박에 있듯이 우리의 인생에서도 인생의 닻이 있어야 한다. 배에 닻이 없다면 정박할 수가 없다. 닻은 달리는 배의 브레이크용으로 사용된다.

닻이 없다고 생각해보자. 배가 항구에 다 다가왔을 때 속도를 조절할 수 없어서 배가 항구에 부딪혀 부서지게 될 거다. 닻은 우리 인생의 적절한 비유로 표현된다. 인생을 살아가면서 '닻'으로 우리는 거친 파도에도 중심을 가지고 살아갈 수 있고 원하는 곳에 정박할 수 있는 거다.

성공한 인생을 살아가고 아이를 키우면서 바쁜 삶을 살아가는 과정에서 우리는 달리는 것이 더 중요하다고 생각하는 경우가 많다. 하지만 꿈꾸는 인생을 잘 항해하기 위해서는 '닻'을 가지고 살아가야 한다.

당신의 인생의 닻은 무엇인가? 창업가 엄마로 살아가는 나의 인생의 닻은 3가지로 본다.

첫 번째, 창업가 엄마로 살아가는 삶의 나만의 인생의 닻은 성공기에 잠시 정박해 쉬어가기 위한 닻이다. 하루가 어떻게 지나가는지 모르게 매일 쳇바퀴를 도는 느낌이 들 때가 있다. 어제가 분명히 월요일이었던 것 같은데 잠시 숨 쉬고 돌아보니 벌써 금요일이 다가온다. 하루를 꽉 차게 살아도 매번 시간에 쫓기듯 부족하다. 열심히 최선을 다해도 엄마는 잘하는 표시가 안 난다. 회사에 가서는 매번 일이 밀려가는 것 같다. 빠르게 일을 잘해서 팀을 이끌어가려고 하는데 '왜 내 걸음은 이리도 늦는 걸까?', '내가 꿈꾸는 길로 잘 가고 있는 걸까?' 그렇게 살아간다. 바쁘게 살아가는 엄마의 삶과 창업가의 대표로 살아가는 삶 속에서 너무 앞만 보고 달리게 된다. 바쁘게 앞만 보다가 가는 것을 멈추고 잠시 정박해서 쉬어가야 한다. 그러기 위해서 내 인생의 배를 잠시 멈추고 '닻'을 내린다. 당신이 바쁘게 살아가는 인생을 돌아보고 잠시 멈추어 안식의 시간을 갖도록 해준다. 그렇게 닻을 가끔씩 사용해서 내 인생의 배를 쉬어가기도 했어야 했는데 잘하지 못한 과거가 있었다.

한국과 미국을 오가며 아이들을 데리고 출장을 다니며 생활 방식이 달라지는 아이들이 자주 아프기 시작했다. 한국에 올 때마다 아이들은 2~3주씩 고열과 구토를 하면서 아프기 시작했고 나는 회사를 돌보러 왔지만 아이들이 아파 엄마를 찾으니 일을 할 수 없었다. 환경에 의해서 잠시 '닻'을 내려서 배를 정박시켜야 되는 상황이 온 것이다. 아이가 아파 응급실에 가서야 정신이 바짝 들었다. 앞만 보며 내 꿈을 아이들이 더 크기 전에 좀 더 만들어놔야겠다는 욕심에 아이들을 잠시 살짝 옆으로 두고 나 혼자 막 달려온 것에 후회가 되었다.

큰아이의 피 검사 결과가 나올 때까지 가슴을 졸이면서 하염없이 울고만 있었다. 잠시 큰 바다를 향해 달려가는 배를 정박해서 쉬어가야 했다. 그제야 내 삶 속에서 중요한 게 무엇인지 깨닫게 되었고 주변의 사랑하는 가족들과 아름다운 인생을 다시 볼 수 있게 된 것이다.

두 번째, 거친 풍파 속에서 배의 중심을 잡는 '닻', 인생에 어떤 어려움이 와서 풍파가 몰아칠 때도 내 인생의 배가 뒤집히지 않게 중심을 잡아주는 '닻'이다. 어떤 상황에서도 중심을 잡아주는 '닻'을 인생의 가치관으로 본다. 가치관은 우리가 살아가는 삶 속에서 어떤 결정의 순간이 필요할 때 그럴 때마다 기준이 되어주는 것이다. 인생의 방향을 결정하고 이끌어가기 위해서는 가치관이 중요하다. 매일 삶 속에서 잔잔한 바다같이 온유한 삶을 살아가는 사람이 몇 명이나 될까? 아니 그런 사람이 존재할까? 세상에 부귀영화를 다 가진 사람들이라도 다 각자의 풍파가 있는 것이다. 그럴 때마다 당신을 잡아주고 인생의 배가 흔들려 부서지지 않고 뒤집히지 않는 당신의 인생 가치관 '닻'이 있어야 한다.

나는 여자, 엄마 창업가로 살아가면서 나만의 인생 가치관은 항상 나 자신 있는 그대로 진실한 모습으로 살아가는 것이었다. 내게 불리한 상황이 오더라도 진실은 언젠가는 밝혀지며 진실은 언젠가는 통하며 진실한 선함으로 상대방을 대하고 적을 만들지 않는다는 인생의 가치관을 나만의 '닻'으로 가지고 살고 있다. 아이들 돌보랴, 회사 돌보랴, 파트너 관리하랴, 직원들 챙기랴, 친정, 시댁 식구 챙기랴 머릿속이 온통 해야 할 일로 가득하다. 노트에 적고 핸드폰에 알람을 다 걸어놔도 놓치는 일이 수두룩하다. 그렇게 발생하는 실수들이 많고 그래서 회사에 손해를 끼치고 파트너에게 피해를 줄 때도 있었다. 내가 회사의 대표니 지금까지 해고되지 않고 있다. 일반 직원이었으면 실수투성이 덜렁거리는 성격에 얼마 가지 않고 회사에서 내보냈을 듯싶다. 시간이 지나면서 많이 성숙해지고 일하는 방법을 터득해서 지금은 실수를 덜 하고 있지만 십 년 전의 내 모습을 돌아보면 참 부끄럽다. 그렇게 나의 실수로 인해서 벌어지는 풍파가 가끔 있었다. 중요한 서류에 오타가 나서 급한 일정을 못 맞추고 다시 새로 서류를 준비해야 돼서 모든 일정이 지연되었을 때도 있었다. 중요한 통관 자료들을 다시 점검해서 파트너에게 전달을 했었어야 되는데 일정을 놓칠 때도 많았다. 그럴 때마다 나는 나의 실수를 감추지 않았다. 나로 인해서 발생된 풍파와 와서 돌아가야 되는 상황에서도 솔직히 실수를 인정하고 해결 안건을 내고 처리하도록 했다. 가끔은 이런 나의 모습을 대표로 보이는 게 부끄러울 때가 많다. 하지만 상황은 벌써 벌어졌고 다음에 같은 실수가 없도록 파악하고 파트너들과 함께 일하는 직원들에게 도움을 청한다. 그런 모습에 나를 우습게 보고 함부로 대하는 사람은 지금까지 다행히 없었다. 감사하게도 그렇게 실수를 인정하고 수정해나가는 과정에서 더욱더 신뢰가 쌓여갔다.

한번은 한국의 유기농 식품 수입 과정이 전체적으로 바뀐다는 정보를 입수했다. 미국 H 회사와 한국 총판으로 2년 이상 수입하면서 많은 실수를 함께 거치면서 성장을 조금씩 하고 있을 때였다. 어느 정도 안정권에 들어가려는 상황에서 수입 과정이 바뀌면서 어려운 상황이 오게 된 것이다. 그동안 진실한 모습으로 함께 일을 해왔던 터라 온전히 이 회사 대표는 나를 신뢰했다. 한국 유기농 식품 수입 과정이 안정될 때까지 필요한 6개월 물량을 혹시나 하고 부탁했던 내 이야기를 100% 신뢰하고 수십 개의 컨테이너 물량을 미리 지원을 해주는 사건이 있었다. 진실은 통했고 진실로 대했던 행동으로 수입 식품의 풍파가 몰려왔을 때 우리 회사만 유일하게 잔잔한 항해를 했다.

세 번째, 창업가 엄마의 인생의 닻은 자신만의 삶의 명확한 목적을 가지는 것이다. 많은 사람들이 꿈을 꿀 때 막연하게 꾸는 경우가 참 많다. '행복한 삶', '부자로 사는 삶', '건강한 삶' 이런 꿈이 틀린 것은 아니다. 하지만 이런 꿈을 이루기 위해서는 당신만의 뚜렷한 삶의 목적을 '닻'으로 가지고 있어야 한다. 막연하게 생각하는 인생의 목적을 닻으로 생각한다면 어느 곳에 닻을 내릴지 몰라 헤매게 된다. 행복한 삶을 살기 위한 방법은 수만 가지 길이 있을 것이다. 당연히 부자로 사는 삶도 마찬가지이다. 건강한 삶을 살기 위해서 우리는 운동하는 방법도 수백 가지 방법이 있다. 당신만이 원하는 명확한 삶의 목적을 인생의 '닻'으로 가지고 산다면 우리는 어떤 상황이 와도 중심을 잃지 않고 흔들리지 않게 된다.

세계적인 베스트셀러인 『목적이 이끄는 삶』의 저자인 릭워렌 목사님은 이 세상에 태어나 그냥 사는 게 아닌 하나님의 목적에 의해 창조된 우리라고 한다. 우리의 출생은 실수도 아니고 불운도 아니고 우리가 우연히 이 세상에 존재하는 것이 아니라고 한다. 각각 이 세상에 존재하는 이유가 있고 우리는 이 세상에 목적을 가지고 살아간다는 것이다. 많은 사람들이 무언가에 끌려서 살아지는 대로 살아가는 경우가 참 많이 있다. 특히 강의를 통해서 만나는 많은 이민자 여성들은 아이들을 키우면서 아이들의 스케줄에 맞춰 살면서 자신의 인생을 아이들의 인생에 끼어서 살아가고 있다. 자신이 이 땅에 어떤 목적이 있어서 태어났다는 것을 잊고 산 채 그렇게 아이들의 꿈을 통해서 자신의 삶의 만족을 얻으려고 하는 경우를 많이 봤다. 당신만을 위한 삶의 목적을 찾아야 한다. 남편도 아닌, 자식도 아닌 당신의 삶의 목적을 가져야 행복한 삶을 살아갈 수 있다. 타인의 삶이 아닌 내가 주체가 되어 살아가는 삶은 어떤 상황에서도 흔들리지 않는 인생의 닻이 되는 것이다. 자신 스스로가 삶의 목적을 알아 항해하는 인생의 배는 뚜렷한 목적지가 있기에 헤매지 않게 된다.

나는 지금까지 돌아보면 참으로 감사한 게 있다. 항상 부모님을 따라 예배를 드리러 갔고 주말마다 봉사하시는 부모님을 기다리기 위해서 교회에서 항상 친구들과 놀면서 부모님을 기다리곤 했다. 듣고 보고 자란 것이 찬양이고 말씀이었다. 어린 나이에는 신앙이라는 것을 깊이 생각해 본 적이 없다. 교회 안에서 생활하면서 매주 들은 설교 말씀과 기도로 인해 어린 나에게 삶의 목적을 갖게 했다. 선한 리더로 살아가면서 먼저 성공의 길을 가서 뒤에 오는 사람들의 손을 잡아주는 것이었다. 그때는 구체적으로 목적지를 그리지 못했었지만 작은 마음이 씨앗이 되어서 지금의 내가 있었던 것에 너무 감사하게 생각한다.

세상의 모든 사람이 각자 너무나도 다른 삶을 살아가고 있다. 누구도 정답도 없이 살아간다. 명확히 어떤 길을 가야 하는지 인생의 나침판이 있는 것도 아니다. 하지만 우리는 명확한 인생의 닻을 가지고 살아갈 수 있다. 당신만의 인생의 닻을 가지고 살아간다면 나침판도 없이 살아가는 인생이지만 우리는 풍파를 만나 부서지지 않을 거고 중심을 잃지 않아 뒤집어지는 인생을 살아가지 않을 것이다.

한국에 런칭하는 브랜드 파트너사를 만나 미팅하는 모습

◀ 06 ▶

작은 성공은 내 삶의 원동력이 된다

"위대한 성과는 소소한 일들이 모여 조금씩 이루어진 것이다."

– 빈센트 반 고흐

당신은 무엇을 성공이라 생각하는가? 어떤 이는 부의 기준으로 성공을 판단하고 어떤 이는 명예로 판단하고 어떤 이는 행복한 삶을 성공이라 판단한다. 그럼 당신에겐 무엇이 성공이라고 생각하는가? 진정으로 한 번이라도 성공의 기준을 생각해봤는가?

나는 미국에 오는 그날, 나의 성공의 기준을 생각했다. 20세라는 나이에 미국 땅을 밟으면서 내가 바라는 성공은 언제든지 내가 자유롭게 하고 싶은 것을 할 수 있는 것이라고 정의했다. 그 의미는 내가 가고 싶은 곳이 있을 때 언제든지 시간을 내어서 갈 수 있는 것, 내가 만나고 싶은 사람을 언제든지 볼 수 있는 것, 내가 하고 싶은 것을 할 재정적인 능력이 있는 삶을 꿈꾸었다. 나에게 성공이란 시간의 자유와 장소의 자유였다. 그렇게 살아가는 삶을 추구하고 바랐다. 그것을 정한 순간 나는 인생의 타임라인이 필름처럼 그려졌다.

누구나 처음부터 잘하는 건 없다. 아무리 타고난 재능이 있다 하더라도 그 재능을 꺼내서 연습을 하지 않는다면 아무 소용이 없다. 하루아침에 무언가를 잘하는 사람은 없다. 무언가를 잘하기 위한 유일한 방법은 작은 일들을 반복적으로 연습하고 꾸준히 도전하면서 만들어가는 것이다. 많은 사람들이 성공한 사람들이 어떻게 살아가는지, 어떻게 유지해가는지 궁금해하며 연구를 한다. 서점, 유튜브만 봐도 얼마나 많은 내용들이 이런 것들을 담고 있는지 알 수 있다. 당신의 삶을 변화시키고 그것을 만들어가기 위해서는 우리는 작은 성공부터 이루어가는 연습을 시작해야 한다.

매해 우리는 새해가 다가오면 결심을 하게 된다. 새로운 학교를 갈 때, 새로운 직장을 갈 때, 새로운 곳에 이사를 할 때, 무엇이든지 새로운 기회가 생기면 우리는 항상 계획을 하고 결심을 한다. 그중 하나, 많은 사람들은 새해 첫날 그해에 꼭 이루고 싶은 것을 다짐하는 시간을 가진다. 하지만, 새해에 첫날 결심한 것들을 이루는 사람은 몇이나 될까?

미국에서 실시한 한 조사에 따르면 새해 결심을 성공시킬 확률은 8%에 불과하다고 한다. 보통 많은 사람들이 25%가 1주일도 되지 않아서 포기하고 30%는 2주일을 못 버틴다고 한다. 30일 안에 절반가량의 사람들이 새해 첫날 큰 뜻을 품고 올해는 정말 새로운 해를 보낼 거라고 다짐하지만 절반 정도가 포기한다고 한다. 왜 이리 많은 사람들은 결심한 것들을 이루지 못하고 살아가는 걸까?

끝까지 계속함을 만드는 『아주 작은 반복의 힘』의 저자 로버트 마우어는 이렇게 말한다. "가장 단순하고, 가장 쉬운 것부터 시작하라.", "목표를 달성하는 유일한 길은 작은 일의 반복이다.", "너무 쉬워서 실패할 가능성조차도 없는 것, 그것부터 시작하라."라고 말한다. 너무 쉬워서 결심조차 필요 없는 일을 시작하는 방법을 말하고 있다.

많은 사람들은 변화를 원하고 성공을 하기 위해서는 혁신적인 것을 해야 한다고 생각한다. 짧은 시간에 결단하고 큰 변화를 해야지 성공하는 길을 가는 것이라고 생각한다. 비즈니스나 인생의 빠른 혁신과 극적으로 변하면 큰 성과를 낼 수 있고 큰 인생의 전환점을 낼 수 있다. 하지만 이렇게 해내기 위해서는 뼈를 깎는 고통과 많은 자금이 필요하다. 이런 전

략은 잠시 효과를 누릴 수 있지만 당신의 삶의 행복한 원동력이 되지는 않는다. 그 과정이 즐거울 수 없고 힘들 것이다. 그렇게 이루고 나면 다시는 그렇게 도전하기가 어려워진다. 도전을 다시 하더라도 결과를 내기도 전에 주저앉고 마는 경우가 많다. 작은 성공을 이루어가면서 삶의 원동력을 주면서 성공한 사람의 라이프 스타일을 만들어가는 것을 제안한다.

2004년도 10월에 창업한 후 지금까지 이 길을 지켜갈 수 있었던 건 지난 여정 속에서 꿈의 사업을 만들어가기 위해 성공의 벽돌을 하나씩 쌓아왔기 때문이다. 너무나도 천천히 작은 성공들을 이루어왔던 그 삶 자체가 나를 오늘날까지 포기하지 않게 해주고 내 삶의 원동력이 되었다.

산을 올라간다고 상상해보자. 뛰어가면 빨리 올라갈 수 있겠지만 우리는 절대 계속 뛰면서 올라갈 수 없다. 사랑하는 가족과 또는 친구들과 산을 함께 천천히 오르면서 아름다운 자연을 즐기며 가는 것이다. 가다가 잠시 쉬어도 가면서 즐거운 대화를 나누며 끌어주고 당겨주면서 올라가는 길은 마냥 즐거울 것이다. 힘들어도 힘든 줄 모르고 그렇게 한 걸음씩 올라가다 보면 어느새 정상에 올라와 있고 사랑하는 사람들과 함께 도착해 정상을 오른 기쁨을 함께 누릴 수 있다. 우리가 엄마 창업가로 살아가는 길이 이와 같다. 내가 오늘날까지 행복한 창업가로 살아갈 수 있었던 이유는 바로 이것인 것이다. 현실에서 할 수 있는 작은 것부터 이루어가면서 사랑하는 사람들과 함께, 같이 그렇게 하나씩 앞으로 나아갔다. 그렇게 한 걸음씩 올라오면서 만 19년이 된 오늘까지 살아남은 사업가로 살아가고 있는 것이다.

나의 삶의 원동력이 된 작은 성공을 이루어가는 방법은 3가지가 있다.

첫 번째, 두려움을 없애기 위해서 작은 것부터 도전하고 이루어간다. 창업을 생각하고 무엇인가를 이루어가기 위해서 꿈을 꾸면 가슴이 벅차고 행복할 것이다. 하지만 그 안에는 '할 수 있을까?', '가능할까?', '실패하면 어쩌지?', '남들이 어떻게 생각할까?' 무언가 새롭게 시작하려면 밀려오는 두려움은 누구에게나 있는 것이다. 특히 꿈을 가지고 생각하고 상상하다 보면 행복함과 동시에 밀려오는 두려움은 더 커진다. 거기를 가기 위해서 많은 것들을 헤쳐나가야 하는 어려움만 먼저 보이게 된다. 처음 창업해 나의 첫 작은 성공은 매달 500달러의 이익을 내는 것이었다. 어려운 창업을 시작해 "500달러 벌려고 시작하냐?"라고 말할 수 있겠지만 아이를 돌보면서 풀타임으로 시간을 투자할 수 없는 나에게는 큰 삶의 변화를 줄 수 있는 금액이었다. 매달 500달러의 이익을 내기 위해 시작한 창업은 나에게 큰 부담이 없었다. 몇 달이 지나서 나는 매달 순수 이익금 1,000달러를 이룰 수 있었고 그것을 다시 두 배로 올려서 이룰 수 있었다. 그렇게 한 발짝씩 올라가면서 사업을 키우는 삶 속에 나는 재미를 느꼈고 지금까지 그렇게 매달 성장하고 있다.

두 번째, 자신을 칭찬하고 자신에게 상을 준다. 결혼 후 경제 활동을 하지 않으니 남편에게 받은 생활비로 살아가면서 절제하면서 살림을 했다. 나를 위해 쓰고 싶은 것들을 하지 못하고 망설이고 그냥 포기해버린 것들이 많았다. 먹고 싶은 것, 입고 싶은 것을 말하는 것이 아니라 배우고 싶고 가고 싶고 하고 싶은 것을 절제하게 되었다. 그래서 창업을 해서 처음으로 500달러의 돈을 벌면 나를 위한 선물을 하고 싶었다. 나만을 위해 책을 사고 나만을 위해 멋진 비즈니스 룩의 옷을 사고 그렇게 나를 위한 선물을 목표를 이룰 때마다 조금씩 주곤 했다. 지금도 때가 될 때마다 상을 정해놓고 일정 프로젝트를 성공적으로 마감한 후 어떤 상을 줄지 정하고 시작한다. 힘들고 어려워도 받을 상을 생각하면 다시 일어나게 되고 다시 도전하게 된다. 정해놓은 시간에 달성하지 않아도 괜찮다. 목표 기한을 지키기 위해서 최선을 다하지만 뜻하지 않는 상황으로 시간이 지체되어도 괜찮다. 이룰 때까지 포기하지 않으면 된다. 그러면 어느새 목표 앞에 도착하게 된다.

세 번째, 매일 반복되는 작은 일들을 주의 깊게 살펴보고 인식한다. 실패든 성공이든 자신을 성공으로 움직이게 하든, 실패로 움직이게 하든 작은 행동 하나로 인해서 방향이 정해진다. '오늘 하루는 그냥…' 하면서 우습게 지나쳤던 하나의 행동이 어느새 습관이 되어버린 적이 있을 것이다. 아이들을 키우면서 사업을 하면 하루 24시간이 부족할 만큼 바쁘다. 그래서 새벽 5시에 일어나서 아이들이 깨기 전까지 많은 일들을 해놓으려 한다. 그러려면 항상 11시 전에는 잠을 이루어야 하는데 어느 날 잠을 늦게 청한 적이 있다. 당연히 아침 5시에 일어나기가 너무 힘들어 늦잠을 잤고 그렇게 하루 이틀이 지나서 어느새 기상 시간이 6시 이후가 돼버린 것이다. 아무렇지도 않게 여긴 하루의 루틴을 바꿔버린 것이다. 다시 원래 루틴으로 돌아가기에 시간이 좀 걸렸다. 작은 일이 좋은 쪽으로 변화를 준다면 그것만큼 좋은 게 없을 것이다. 작은 잘못된 습관으로 삶의 방향이 틀어졌다면 반대로 삶의 작은 좋은 습관이 삶의 터닝 포인트를 줄 수 있는 것이다.

나는 사업가로, 엄마로, 아내로 잘 살아나가기 위해서 건강관리를 최우선으로 생각한다. 건강한 라이프 스타일로 살아가기 위해서는 큰 목표도 있어야 하지만 정말 작은 것을 매일 하면서 살아가고 있다. 매일 아침에 일어나면 따뜻한 물에 레몬즙을 넣어 마시는 습관, 아침에 일어나 15분 러닝머신을 걸으며 묵상하거나 좋은 말씀을 듣는 시간, 항상 물병을 가지고 어디든지 가는 습관, 생각나는 것들을 바로 적을 수 있도록 노트와 펜은 항상 가지고 다닌다. 틈날 때마다 오디오북과 책을 읽을 수 있도록 핸드폰 앞에 바로 보이게 해놓고 최소 1주일에 한 권은 책을 읽어나간다. 이런 식으로 자주 반복하는 작은 습관들을 만들어가고 잘못된 습관이 반복되는 게 있다면 좋은 습관으로 바꾸어가려고 한다.

처음부터 큰 것을 이루는 사람은 없다. '적토성산' 흙이 쌓여서 산이 된다. 작은 것이 모이면 상상할 수 없이 커진다는 뜻이다. 우리의 인생도 그렇다. 작은 성공들이 모여서 그것이 쌓이고 그것을 이루어가는 과정을 통해서 성공한 사람의 삶을 살아가는 원동력이 되는 것이다. 오늘 하루, 작은 성공을 찾아 이루어가는 여러분이 되길 응원한다.

삼성동 한국지사 배송이 늘어나 지하창고를 얻어 배송 중인 모습.

◀ 07 ▶

꿈을 계획하고 도전하는 그 순간이 행복이다

지금까지 살아오면서 꿈이 이루어졌던 행복한 날이 기억나는가?

나이가 들고 철이 들기 시작하면서 한 가지 알게 된 것은 '나를 행복하게 하는 것 또는 불행하게 하는 것은 내 생각'이라는 사실이었다.

내가 무엇을 생각하며 그날을 시작하느냐에 따라서 그날의 기분이 결정되는 것을 알게 된 것이다. 매일 주어진 나의 하루를 '오늘도 힘들게 일을 해야 하는구나.', '언제 가난에서 벗어날까?' 이런 생각들은 하루를 우울하게 만들고 주어진 하루를 힘든 하루고 만들게 된다.

우리는 내 안에 있는 꿈들이 언젠가 이루어지는 그날을 생각하며 이루어진 듯이 행동해야 한다. 원하는 꿈이 현실로 되어간다고 믿는 순간, 행복은 이루 말할 수 없다. 사랑하는 사람을 만나 결혼하는 그날을 정하고 예쁜 신부가 되기 위해서 웨딩을 준비하고 하루하루를 손꼽아 기다리는 결혼식과 신혼여행을 상상만 해도 너무 행복할 것이다. 사랑하는 남편과 나와 닮은 아이를 낳고 싶어서 임신 후 출산하는 날을 기다리는 날도 너무 행복하다. 입덧이 아무리 심하고 몸이 무거워지면서 잠자기 불편해도 몇 달이 지나면 상상하고 기다리던 사랑하는 아이를 만나고 부모가 된다는 생각에 마음이 설레게 된다. 그리고 그날을 생각하면서 엄마가 된 듯 모든 것을 준비한다.

오래전부터 내 안에 깊이 간직했던 꿈이 있다. 20년 전에 가졌던 꿈이다. 잊고 살다가 문득 생각하는 그런 꿈이기도 하다. 하지만 이 꿈은 '사업도 꿈도 다 포기하고 평범한 주부로 돌아갈까?'라는 생각이 들 때마다 나를 잡아주고 일으켜준 꿈이다. '언젠가는 멋진 여성 사업가가 돼서 선한 여성 리더들을 양성하는 기업가가 될 거다.'라는 꿈과 '아이들을 대학교에 입학시키면 전 세계를 자유롭게 날아다니면서 내가 좋아하고 잘하는 일을 하고 살 거다.'라는 2가지의 꿈이 있다.

요즘에 창업 스쿨 1기를 가르치면서 미션을 주었다. 5년 전, 가능하다면 10년 전 자신의 꿈이 무엇이었는지, 그 꿈을 얼마나 이루었는지, 이루지 못했다면 그 꿈을 앞으로도 이루고 싶은지 적어보는 시간을 가지게 했다. 그러면서 나도 예전에 적어놓았던 일기장들과 사진첩을 보고 있었다. 그것을 보면서 나의 과거 속의 나는 무슨 꿈을 가지고 살았었는지 돌아보는 시간을 가졌었다. 그것을 보면서 너무나도 소름이 돋았다. 그때 썼던 이야기들이, 내가 원하고 막연하게 상상하며 이루고 싶었던 것들이 많이 이루어지고 있고 지금도 그것을 이루어가고 있는 것이다. 그때 그 글을 써 내려가면서 상상만 해도 행복했고 그 글을 쓰면서 속으로 웃기도 했다. '김칫국부터 마신다.'라는 느낌이었다. 그리고 의심도 들기 시작하였었지만 글을 쓰며 '공짜'로 누릴 수 있는 나만의 시간을 가지며 행복해했다. 꿈이 이루어지는 그날을 생각하면서 행복감을 느끼는 것은 마치 크리스마스를 기다리는 그런 느낌과 비슷했다.

내가 아침마다 항상 나에게 하는 말이 있다. 이 말들을 강의를 하면서 나눠주고 보이는 곳에다 붙여놓고 소리 내어 읽으라고 한다. 눈으로 보는 것도 좋지만 읽어서 내가 다시 듣게 되면 내 머릿속에 한 번 더 세뇌되며 잠재의식 속에서 나의 머리가 나의 삶을 이끌어준다.

"나는 꿈꾸는 대로, 말하는 대로, 상상하는 대로, 생각하는 대로, 행동하는 대로, 기대하는 대로, 노력하는 대로, 도전하는 대로, 실천하는 대로 이루는 사람이다."

– 강진애

미국 내 유명한 코미디언 짐 캐리는 아버지의 실직 이후 학교도 그만두고 생활 전선에 뛰어들었지만 형편은 나아질 줄 몰랐다. 그는 힘들어하는 아버지를 위해 "배우로 성공하면 천만 달러 수표를 드리겠다. 천만 달러 개런티를 받는 배우가 되겠다."라며 문방구에서 파는 가짜 수표를 건넸다. 이를 받은 그의 아버지는 기뻐하며 "이것을 보면서 늘 약속을 기억하라."라고 말했고 다시 그 수표를 돌려주었다. 이에 짐 캐리는 힘든 일이 있을 때마다 자신이 만든 천만 달러 가짜 수표를 보면서 마음을 다잡았다. 이후 그는 영화 〈마스크〉를 통해 인기를 얻었고 〈배트맨 포에버〉 출연 계약을 맺으며 진짜 천만 달러 개런티를 받게 됐다. 그러나 이미 짐 캐리 아버지는 임종을 맞이한 뒤였다. 결국 그는 아버지의 관에 진짜 천만 달러 수표를 넣으면서 약속을 지켰다.

꿈을 현실로 만들어가는 행복한 삶을 엄마인 당신이 할 수 있는 방법은 3가지가 있다. 돈으로 가치를 정할 수 없는 행복, 이 세상에서 당신이 추구하는 행복한 삶, 생각만 해도 가슴이 떨리는 삶은 무엇인가? 세상 모든 사람이 꿈도 다르고 그것을 이루기 위한 길과 걸리는 시간이 같지는 않지만 우리는 모두 행복한 삶을 살아가기 위해서 꿈을 꾼다는 것만은 같다.

첫 번째, 어떤 꿈이 당신에게 행복을 가져다줄 수 있는지를 알아야 한다. 부모님의 꿈이 아니고, 남편의 꿈이 아니고, 당신의 자녀의 꿈이 아닌 당신만의 꿈이 있어야 한다. 많은 사람들이 지금도 주변 사람들의 행복을 위해서 살면서 그것을 행복한 삶이라고 착각하는 경우가 있다. 어렸을 때 당신의 모습을 살펴보자. 부모님을 기쁘게 해드리는 꿈을 당신의 꿈이라고 생각하며 살아온 적이 있었는가? 아니면 아이들을 키우면서 아이들이 최고의 교육을 받고 최고의 학교를 들어가서 똑똑하게 자랄 수 있도록 키우는 게 당신의 꿈이라고 혹시 생각하는가? 아니면 남편의 직장이나 사업을 위해 서포트하는 것이 당신을 행복하게 하는 꿈이라고 생각하는가?

나는 경제적으로 힘든 20대를 보냈었다. 부모님은 뜻하지 않는 사건으로 회사가 어려워졌고 아버지의 정직한 인생 가치관으로 인해 모든 책임을 지시고 사업을 접게 되었다. 첫딸인 나는 부모님을 도와 집안을 다시 살리겠다는 마음으로 하루도 쉬지 않고 일을 하며 돈을 벌며 학교를 다녔다. 원금을 갚아야지 이자가 줄어드는데 이자를 갚느라고 원금을 못 내니 밑 빠진 독에 물 붓는 것처럼 아무리 벌어서 갚아도 빚이 줄지 않는 것을 몇 년을 반복했었다. 그때부터 돈을 벌어서 부모님이 다시는 돈 때문에 힘들지 않길 바랐고 나의 모든 수입은 빚을 갚기에 바빴다. 내가 하고 싶은 일들과 꿈은 잠시 뒷전으로 밀고 오직 나의 행복은 친정 식구들이 경제적으로 힘들지 않게 사는 것이었다. 부모님의 행복을 위해서 사는 꿈이 나의 행복이라고 착각하고 살았던 과거의 시간을 후회하지는 않는다. 다만 내가 그런 삶을 살아가고 희생하는 나의 모습이 효도가 아니었다는 것을 깨닫게 된 귀한 시간이었다.

두 번째, 당신이 꿈꾸는 그곳에 도착하기 위해 길을 찾고 준비해야 한다. 나에게 그 과정은 아이들을 키우면서 내가 꿈꾸는 사업을 키워가는 것이었다. 나의 목적지는 아이들을 대학에 입학시키고 나서 시간과 장소에 상관없이 새로운 아이디어와 상품을 찾기 위해 세계 곳곳에서 열리는 박람회에 참가하는 것이었다. 지금 하나 더 추가된 꿈은 세계 곳곳에 사는 여성 글로벌 리더들을 만나 그들과 소통하고 그들이 나와 같이 일석삼조의 삶인 '멋진 여자, 훌륭한 엄마, 능력 있는 아내'로 바로 설 수 있도록 워크숍과 세미나를 여는 게 꿈이다. 그렇게 꿈을 꾸고 매일 올라가는 계단 하나하나가 나에게는 행복으로 다가온다. 기업을 운영하면서 수많은 실수를 통해 성장할 때마다 좌절하지 않고 이것을 통해 배우고 깨달은 것을 함께하는 여성 리더들에게 나누어줄 수 있다는 생각에 마냥 행복하기만 하다. 작은 성공을 통해 큰 결과를 얻었을 때 기쁨은 이루 말할 수 없다. 내가 경험한 것을 통해 누군가는 포기하지 않고 제2의 인생을 살아갈 것이라는 생각에 매일이 나의 경험 창고에 나눠줄 선물을 쌓는 날들이 되고 있다.

세 번째, 당신만의 타임라인을 정해야 한다. 주변에 많은 여성들이 도전을 받고 용기를 내어 창업을 한다. 시작한다는 것, 그 자체에 우선은 큰 박수와 응원을 보낸다. 인터넷 발전으로 우리는 언제든지 전 세계 어느 누구와도 커넥트를 할 수 있고 그들의 삶을 엿볼 수 있다. 나와 같은 아이디어를 먼저 이루어 성공한 사람들도 주변에서 쉽게 찾아보기도 한다. 그들을 통해서 많은 아이디어도 얻고 혼자가 아닌 생각에 힘을 낼 수도 있지만 반대로 좋은 모습들만을 캡처해놓고 성공한 순간만 캡처해놓은 이야기들이 많기 때문에 그것을 보면서 자신감이 떨어지기도 한다.

2004년도에 창업을 시작한 내 나이가 28세였다. 무역업이다 보니 남자 사업가들이 대부분이었다. 그리고 연세도 꽤 되신 분들이었다. 경험도 많으신 분들 사이를 뚫고 가야 했고 그들은 전업이었고 나는 아이들을 키우면서 운영하는 거라 그들처럼 시간을 들여서 사업을 키울 수 없었다. 그러다 보니 함께 경쟁하는 무역회사들과 경쟁할 때가 오면 나는 뒤처지게 되었다. 욕심이 나는 브랜드가 있어서 함께 일하고 싶지만 정해진 시간 이외에는 일을 할 수가 없으니 당연히 양보하고 포기해야 할 때가 많았다. 욕심이 났지만 가족을 위한 시간을 희생하면서 사업을 키우고 싶지 않아서이다. 나는 아이들이 3학년이 되면서 아이들에게 집중해 오후 액티비티 활동도 데리고 다니면서 하려고 회사를 급하게 키우지 않기로 결정을 했다. 내가 할 수 있는 것만 하면서 한 계단을 천천히 올라갔다. 함께 비슷한 시기에 무역 시작했던 H 회사는 어느덧 우리 회사를 앞지르기 시작했다. H사를 보면서 부러웠지만 나는 그만큼 여유가 없었다. 경쟁을 할 시간도 없었다. 그렇다고 투자를 할 수도 없었다. 나는 그냥 내가 할 수 있는 것만을 하면서 한 계단씩 올라가기로 결단한다. 너무 멀리 가려고 하지 않고 현 상황에서 할 수 있는 것만을 찾아 했다. 나의 목표 중 한 가지가 '훌륭한 엄마'였고 그것을 충분히 이루며 사업을 키워가는 타임라인을 정해놨기 때문에 행복한 것이다.

행복이란 무엇을 가져야만 얻을 수 있는 게 아니다. 행복이란 무엇을 가질 수 있다는 마음에서 오는 것이다. 그것을 기억하자. 꿈을 계획하고 도전하는 그 순간이 행복이다. 현재 가고 있는 그 여정을 통해 맘껏 행복을 느끼길 간절히 바란다.

나는 행복한

엄마 창업가입니다

◀ 01 ▶

나는 행복한 엄마 창업가입니다

나는 요즘 들어 어느 때보다 바쁘게 활력 있게 살고 있다. 코로나19로 재정적으로 어려운 시기를 겪고 있는 내 두 기업을 돌봐야 돼서가 아니다. 500달러로 18년 전에 시작해 수백억 대 매출까지 일궈낸 내 두 기업, 기업이 크게 성장하고 있어서도 아니다. 언젠가는 성공해서 이루고 싶어 했던 나의 삶의 목적이 생각지도 않게 내 앞에 와 있기 때문이다. 진정한 내 삶의 목적을 가지게 된 과거가 떠오른다.

부모님의 사업이 어려웠던 사춘기 시절을 보냈다. 나는 장녀로서 두 남동생을 돌봐야 했다. 그 때문에 내가 맡은 집안일들이 참 많았다. 그런

데 그 상황이 나를 붙잡고 있다는 생각보다 언젠가는 이 사슬을 끊어야겠다는 책임감이 더 밀려왔다. 당시 나는 긴 터널 속과 같은 상황에서 벗어나고 싶은 마음이 컸었다. 이렇게 힘든 상황에서도 아버지께서는 항상 "희망을 잃지 말자."라고 말씀하셨다. 나는 그 희망을 소망으로 바꾸고 싶었다. 답을 찾기 위해 찾아간 곳은 서점과 도서관이었다. 성공한 사람들에 이야기를 통해 잠시라도 행복을 맛보고 싶어서다.

"기회는 준비한 자에게만 온다."

– 나폴레온 힐

어느 날 부모님 식당을 찾아온 외삼촌. 외삼촌은 자기 딸을 만나러 LA에 가실 때 나도 함께 데리고 가시겠다고 하셨다. 역시 상상하고 바라고 기대하면서 준비하면 기회가 왔을 때 잡을 수 있다. 난 준비가 되어 있었기 때문에 바로 선택할 수 있었다. 미국에 공부하러 간다는 건 나 같은 형편에서는 불가능한 일이었다. 부모님 사업이 어려워서 재정을 보조받을 수 있는 형편이 되지 않았기 때문이다. 다행히 미국에 올 때 외삼촌의 지인께서 바로 일자리를 허락하셔서 비상금 100달러만 들고 미국에 갈 수 있었다.

그렇게 시작한 나의 아메리칸 드림. 미국으로 가는 10시간의 비행시간 동안 눈물만 흘렸다. 그렇게 기대했던 기내식 음식도 먹지도 못했다. 누가 보면 초상난 집에 방문하는 줄 알만큼 울면서 왔다. 미국으로 갈 때 나의 전 재산은 가방 하나와 비상금 100달러, 거기에 담아온 내 큰 꿈들. 흐르는 눈물 속에 나는 이 시간을 절대로 잊지 않겠다는 마음을 가졌다. 그리고 꼭 성공해서 나의 이야기가 많은 사람에게 희망과 소망을 주게 하겠다고 다짐했다. 내가 아메리칸 드림을 책을 통해서 꾼 것처럼 나도 책 한 권으로 누군가에게 선한 영향력을 줄 거라 다짐했다.

꿈은 꿀 때가 이룬 순간보다 더 행복하다고 느낀다. 상상하면서 현실에 불가능한 것을 꿈을 꾸게 되면 기대감에 행복이 더 커지는 듯하다. 막상 꿈이 이루어지는 순간 현실이 되어버려서 어느새 기대감이 사라져버린다. 19년 동안 미국과 한국을 연결하는 무역회사가 되겠다는 꿈을 이룬 나의 감정이 그랬다. 이 기회를 얻으려고 기대하며 상상했던 나의 꿈들이 현실화하였을 때 기쁨은 잠깐이었다. 그 기쁨이 사라지기 전에 나는 또 다른 꿈으로 행복을 찾아 가야 했다. 무언가에 중독이 된 것처럼 다시 나는 다른 꿈으로 나의 행복을 찾아 나선다.

계획을 하면서 상상하는 그 순간이 정말 행복한 시간인 것을 수없이 느낀다. 또 다른 작은 꿈들을 이루어가기 위해 기대로 채워가는 하루들이 행복하다. 당장 눈앞에 어려움과 헤쳐나가야 할 것이 보이지만 이루어질 꿈을 상상하는 기대감은 어느새 힘든 것을 잊게 한다. 그리고 매일 하루하루를 의미 있게 만들어가도록 힘을 준다.

2018년쯤 우연히 나의 창업 경험의 이야기로 재능 기부 요청들이 들어왔었다. 실리콘밸리에 위치한 KOTRA(대한무역투자진흥공사)의 무역을 가르치는 행사에 초정이 된 것이다. 행사를 담당하시는 방 과장님께서 무역하시는 여성 사업가가 없을까 하고 찾고 계셨다고 한다. 하지만 내가 꿈꾸던 아메리칸 드림을 이루지 못한 나의 모습을 아직 보여주고 싶지 않았다.

아직은 내가 정의한 성공의 모습에 도달하지 못했기에 때가 아니라고 생각했다. 그 순간 과거의 나의 모습들이 필름처럼 지나갔다. 1997년 12월 27일 미국에 도착한 날. 스무 살 때 1달러짜리 빵 하나도 사 먹지 않고 이를 악물고 돈을 모았던 기억. '이 또한 곧 지나가리라.'라고 마음을 다잡으면서, 그리고 언젠가 꼭 성공해서 미국에서 힘들게 살아가는 여성들에게 할 수 있다는 희망을 주겠노라고 다짐했던 그 일들이 생각났다. 내 현재 모습에서 누군가에 작은 도움이라도 줄 수 있다면 용기를 내어야겠다고 생각했다. 한 번도 누구 앞에서 강의라는 것을 해본 적이 없지만 한 사람에게 희망을 줄 수 있겠다는 기대가 내 마음에 용기의 씨앗을 심어주었다.

오늘까지의 이런 나의 삶을 돌아보면 많은 도움의 손길이 있었다. 그때는 너무 가난하고 힘이 없어서 줄 수 있는 것이 없었고 받기만 했었다. 지금 돌아보면 그들도 나같이 어려운 삶을 살았기 때문에 나의 삶의 힘듦을 느꼈고 도와주었다. 그래서 난 안다. 작은 손 내밂의 힘이 얼마나 큰지, 따뜻한 응원과 격려의 힘이 얼마나 강한지. 그래, 누군가에게 지금 나의 모습이 도움이 될 수도 있으니 용기를 내기로 했다. 그렇게 시작한 재능 기부 비즈니스 강의. 20세 때 꾸었던 그때의 꿈에 작은 불씨를 붙여 주었다.

미국 출신인 최초로 자기계발서를 만들어낸 저자 데일 카네기는 이렇게 말했다.

"기회를 놓치지 말라! 인생은 모두가 기회인 것이다. 제일 앞서가는 사람은 과감히 결단을 내려 실행하는 사람이다. '안전제일'을 지키고 있다면 먼 곳까지 배를 저어 갈 수가 없다."

나는 그렇게 뜻하지 않게 시작한 강의로 또 다른 창업의 매력과 재미를 느끼고 있다. 그전에 느끼지 못하던 새로운 관점이 생겼다. 새로운 것을 도전하며 작은 실패와 성공을 하는 이 시간들이 다 헛되지 않을 거다. 현재 하고 있는 사업이 힘들어 어려운 일들이 생겨도 괜찮았다. 오히려 함께 나눌 수 있는 스토리가 생겼다는 마음으로 달게 받아들이고 끝이 좋은 스토리를 만들기 위해 긍정적으로 노력하게 되었다. 내 사업을 통해서 내가 먼저 앞서 배워가며 성장해야 더 많은 사람들을 이끌어줄 수 있는 생각에 힘이 났다.

이제는 돈을 버는 사업가가 아닌 나의 사업을 통해서 스토리를 만들어 나누는 사업가이자 비즈니스 코치, 멘토이자 라이프 코치이며, 또한 이렇게 작가의 길을 가고 있다. 지금의 이런 나의 삶이 창업을 준비하고 있는 엄마, 여성 창업가들에게 용기와 희망을 줄 수 있다는 게 기쁘다. 그분들이 나로 인해서 다시 꿈을 꾸고 행복을 느끼며 삶이 변할 것을 아니까.

강의는 본업이 아니라 틈틈이 기회가 될 때 진행하고 있다. 그리고 소그룹으로 비즈니스 코칭도 진행을 하고 있다. 내가 걸어온 길을 본받고 싶다는 분들을 위해 나는 매일 더 열심히 앞서 나가려고 한다. 내가 수없이 실패하고 이루어가는 작은 성공들을 나누면서 나를 믿고 함께하는 리더들이 삶이 바뀌고 바로 서 나아가는 모습에 감사하다. 나의 작은 성공 이야기들은 그들에게 희망과 소망으로 다가간다. 그리고 그분들의 감사 편지는 나에게 기쁨과 삶의 원동력이 되어 돌아온다.

지금은 미국에 있는 여성들에게만 나누는 이것을 시작으로 나는 또다시 꿈을 꾼다. 나는 앞으로 전 세계를 다니며 한인 여성들이 글로벌 리더로 성장하도록 돕고 싶다. 꿈꾸는 지금이 꿈을 이룬 미래보다 행복한 것을 알고 있기에 새로운 꿈을 꾸는 나는 참 행복하다. 이렇게 선한 영향력으로 세상을 아름답게 만들어주고 책 한 권으로 누군가의 인생을 변하게 해주는 삶. 그런 삶을 그렸고 언젠가는 꼭 이루고 싶었다.

아직 내가 바랐던 성공의 기준에 도착하지 않았지만 그 길을 가기 위해 나는 다시 꿈을 꾼다. 내가 가려는 그 목표의 문을 열어 줄 작가의 꿈. 때는 기다리는 게 아니라 만드는 거라 믿는다. 지금 이 순간, 내 삶의 바닥에 있을 때 소망을 가져본다. 오늘 이 시간의 이야기가 누군가에게 또 다른 희망을 주는 이야기가 될 테니까. 될 때까지 최선을 다해서 내가 할 수 있으니 누구든지 마음먹으면 할 수 있다는 것을 보여주려고 한다.

나는 끝이 보이지 않는 무한한 목표를 가지고 살아가는 행복한 엄마 창업가다.

스킨케어 프로모션 – 한민 마켓 판매 중

한국 음식 프로모션 인터뷰 중

◀ 02 ▶

생각하고 말하는 대로
이루어진다

생각하고 말하는 대로 이루어지는 게 가능한가? 우리는 살아가면서 많은 것들을 바라고 이루고 싶어 한다. 무언가를 이룬다는 건 쉽지 않고 세상은 손쉽게 성공을 안겨주지 않는다. 그럼에도 우리 주변에는 늘 성공한 사람들이 눈에 띄고 원하는 것을 이루며 살아가는 사람들도 볼 수 있다. '그렇게 성공한 사람들과 나 같은 사람은 뭐가 다른 걸까?' 너무나 궁금했다. 알고 싶었다. 그냥 언젠가는 나도 그렇게 성공한 사람들처럼 남다른 삶을 살고 싶다는 생각에 꿈을 꾸고 살았다.

나에게는 멋진 남동생 둘이 있다. 우리 셋은 사이가 너무 좋다. 어렸을 때를 기억하면 항상 우리는 자기 전에 함께 방에 누어서 그날에 있었던 일들에 관해 이야기를 나누면서 잠이 들었다. 사실 서로 이야기를 들어주는 게 아니라 각자 자기 이야기만 하고 있다. 그런데도 뭐가 그리 재밌는지 서로 웃다 너무 시끄럽게 한다고 부모님한테 혼난 날들이 많았다. 그렇게 우리는 가난하고 어렵게 살았지만 가족애는 남달랐다. 부모님의 어렸을 때부터 항상 가르침이 "콩 하나라도 나눠 먹어라.", "아빠, 엄마가 없으면 네가 동생을 잘 챙겨줘라." 남동생들에게는 "누나를 아빠, 엄마 말처럼 잘 듣고 따라라.", "형제끼리 우애해라." 그렇게 배우고 자라서 항상 우리는 서로 의지하고 도우며 우애 있게 살았다.

대학교 1년을 마치고 잠시 휴학하고 부모님의 식당 일을 도와주고 있었을 때다. 동생은 고등학생이라 늦게 야간자율학습을 마치고 식당으로 오면 나랑 집으로 간다. 집으로 향하는 길은 항상 재밌었다. 서로 종일 있었던 이야기를 나누며 어느새 집에 도착한다. 어느 날은 이야기 도중 그동안 생각하고 있던 나의 '아메리칸 드림' 이야기를 했다. 신나고 기대에 차서 이야기를 하는데 동생은 다른 날과 달랐다. 갑자기 얼굴이 빨개져서 화를 내는 거다. 눈에는 눈물이 차 있었다.

"우리를 두고 미국에 간다고?"
"누나 혼자서 잘 먹고 잘살려고?"
"뭐 해서 성공할 건데?"

본인이 믿었던 누나가 그렇게 미국으로 떠나려는 준비를 한다는 게 엄청 서운한 거다.

"아니야, 누나가 먼저 가서 자리 잡고 있을게."
"우리 언제까지 이러고 살 순 없잖아."
"누나가 자리 잡으면 꼭 데리러 올께."
"꼭 그렇게 할 거야. 나 믿지?"

아무리 달래도 동생은 내 이야기를 들어주지 않는다. 그냥 화가 나 어두운 그 길을 혼자서 터벅터벅 먼저 걸어가버렸다. 나는 그냥 눈물만 흘렸다. 마음이 너무 아팠다.

사실 나도 미국에 가서 어떻게 성공할지 계획도 없었다. 오랫동안 마음에 담아둔 생각을 나눈 것뿐이다. 남이 가지 않은 길을 가는 것은 참 어렵다. 누구를 따라 할 모델도 없고 나만의 길을 갈고 닦아서 만들어야 한다. 두렵고 어렵지만 남들이 가보지 않았기 때문에 보장도 없다. 그러니 동생이 뭐라고 화내는 것에 대답을 할 수가 없었다.

"우리는 원하는 것을 창조할 수 있고, 원하는 것을 소유할 수 있으며, 원하는 존재가 될 수 있다."

– 웰리스 워틀스

우리에게 공평하게 주어지는 게 있다. 선택의 기회이다. 우리는 어떤 생각을 할 것인지 선택할 수 있다. 부정적인 생각과 걱정을 할 수 있고 희망적인 생각이나 밝은 미래의 꿈을 가질 수 있다. 어떤 것을 선택하느냐는 우리에게 다른 기회를 가져다줄 것이다. 그리고 우리의 선택에 따라 인생의 목적지를 갈 수 있게 한다. 어떤 태도를 가지고 삶을 대하느냐에 따라서 삶의 방향은 달라진다. 삶의 결과로 보여지는 것들은 내면에서 언젠가 가졌던 어떤 생각에서 이루어진다. 비옥한 땅에 씨를 뿌려져 뿌리를 내린 후 열매가 맺는 것처럼 좋은 생각은 좋은 열매를, 나쁜 생각은 나쁜 열매를 맺게 되는 것이다.

미국에 와서 혼자서 일하면서 공부하다 보니 의지할 곳이 없었고 어린 나이에 혼자 살고 있으니 주변에서 힘들게 하는 경우도 있었다. 그래서 기도하길 부모님같이 따뜻하게 나를 믿고 함께해줄 그런 분을 만나고 싶었다. 미국 생활의 롤 모델이 될 사람, 내 인생의 멘토가 되실 분이 있었으면 좋겠다고 기도했다. 생활비를 벌기 위해 시작한 일식집 서빙일을 찾게 되었다.

내 엄마와 나이가 비슷하신 주인 이모님을 보고 이런 곳에서 일하면 참 좋겠다고 생각했다. 여러 개 일본 식당을 운영하시고 계시는 그레이스 이모는 카리스마가 있으셨다. 식당 하나도 운영하기 힘든데 여러 개의 식당을 성공적으로 운영하시는 모습을 보면서 나도 언제가 그레이스 이모처럼 꼭 사업을 해서 성공하고 싶었다.

그런 생각에 그것에서 일할 때마다 '내가 주인이라면 어떻게 운영할까?', '내가 주인이라고 생각하고 해봐야지?' 상상하면서 시뮬레이션을 돌리면서 서빙을 했다. 그렇게 일을 하다 보니 오는 손님들의 이름도 기억하고 그들이 자주 먹는 음식 이름들도 기억하고 그랬다. 그러니 당연히 서비스가 좋다고 많은 팁을 주고 가신다. 그런 모습이 이모에게는 너무 기특하게 보였었나 보다. 조금씩 마음을 열어주시며 친조카같이, 딸같이 대해주시기 시작했다. 학교 마치고 막 오느라 배가 고픈 나에게 따뜻한 밥을 해주시고 생활비에 보태 쓰라고 일당도 넉넉히 주시고 그랬다. 그리고 항상 누가 "얘 누구예요? 새로운 아르바이트생?" 이러면 그레이스 이모는 항상 "우리 조카예요." 하면서 그렇게 나를 꼭 감싸주시고 챙겨주셨다. 생각하고 바라는 대로 나는 부모님이 오시기 전 나를 부모님같이 챙겨주시는 분을 만난 것이다.

미국에 온 지 4년이 지난 후 그동안 생각하고 말한 대로 우리 세 남매는 미국에서 다 함께 모이게 되었다. 군대를 마치고 온 멋진 남동생들과 함께 부모님은 미국에 작은 식당을 인수하게 되었다. 사실은 한국에서 오랫동안 식당을 하시면서 너무 힘들어서 다시는 안 한다고 다짐하셨지만 다시 그 길을 가게 되셨다. 그래도 행복했다. 아무것도 없이 시작하는 미국 생활에 서로 의지하는 가족들이 있어서 그냥 감사했다. 오랫동안 떨어져 지냈기에 돈이 없어도 행복했다. 근데 현실은 금방 그게 아니라는 것을 깨달았다. 어떻게 하면 친정 식구들이 미국에서 자리를 잡고 살 수 있을까 하고 고민을 하기 시작했다.

2004년, 첫아이를 낳고 시작한 다음 카페, 네이버 카페가 점점 활성화되어간다. 많은 엄마가 모여서 육아 정보를 나누며 지내는 아지트가 되어갔다. 그렇게 시작해 소개한 상품들이 인기 상품으로 자리 잡고 비즈니스가 나날이 바빠지고 있었다. 배송은 많아지고 집에서는 도저히 물건을 포장하고 할 수가 없어서 부모님이 하시는 식당 옆에 조그마한 오피스를 계약했다. 5평도 안 되는 작은 오피스를 얻어서 그곳에서 감격으로 드린 첫 예배가 생각난다. 책상과 의자 몇 개를 두니 벌써 꽉 차버린 그곳에서 '에리카스 클로젯'이라는 회사명으로 창업을 본격적으로 시작하게 되었다. 미국에 오면서 막연히 생각하고 꿈꿔왔던 나만의 창업을 드디어 이루었고 작은 첫발이지만 나도 의젓한 CEO가 되어 있었다. 6년 전 밤에 동생과 나누었던 그 이야기들이 현실로 이루어져 있었다.

미국의 시인이자 사상가인 랠프 에머슨은 "인간의 삶을 결정하는 열쇠는 생각이다. 아무리 완강하고 반항적인 사람이라도 자신만의 방향키를 따르는 셈이다. 그 방향키는 바로 생각이며, 그 생각에 따라 인간의 모든 경험과 현실이 좌우된다. 기존의 생각을 압도할 수 있는 새로운 생각을 보여줘야만 그를 다른 사람으로 변화시킬 수 있다."라고 말하고 있다.

이렇게 우리는 각자가 선택한 생각에 의해 인생을 만들어가고 있는 것이다. 가난한 환경 살고 있다 하더라도 당신은 훌륭하고 멋진 꿈을 얼마든지 생각할 수 있고 이룰 수 있다. 역사 속의 많은 인물들 이야기에서 볼 수 있다.

『성공의 법칙』의 저자 나폴레온 힐은 이렇게 말한다.

"성취는 상상력으로부터 시작된다."

이 책에서 나오는 내용 중 성공자는 다들 명확한 목표를 가지고 잠재의식에 새겼다는 것이다. 신문팔이에서 시작하여 세계적인 발명가가 된 에디슨, 통나무집에서 가난하게 태어난 링컨 대통령 등 성공한 그들은 매일 밤 잠자리에 들기 전 눈을 감고 상상 속에서 목표를 이루는 날을 그린 것이다. 그들의 잠재의식에 뚜렷하게 각인되어서 자석처럼 그 목적을 달성하기 위한 모든 것들을 끌어당기어 이룬 것을 알 수 있다.

우리의 삶을 자세히 살펴보면 지난 과거의 어떤 시점에서 생각했던 무언가를 이룬 게 분명히 있다. 바쁜 삶 속에서 인식을 못 하는 것뿐이다. 내가 함께하는 '창업 스쿨' 대표님들과 각자 자신의 타임머신을 타고 과거로 돌아가는 시간을 가져본 적이 있다. 다들 잊고 있었던 무언가를 발견하시고 놀라기도 하고 스스로를 대견하다고 느끼신다. 그리고 또 하나, 자신이 생각한 대로 이루어진 것도 있는 것을 발견한다. 그렇다. 우리의 현재의 삶의 모습은 과거 내 생각에서 온 것이다. 이 진리를 받아들이자. 인정하자. 그리고 오늘부터 당신의 삶을 원하는 삶인 긍정적이고 아름다운 생각으로 채워가길 바란다.

부스터 시트 첫 컨테이너 출고 작업 중

5평짜리 사무실에서 창고가 있는 사무실로 옮긴 첫날

◀ 03 ▶

목적이 있기에 세상이 아름답다

"명확한 목적이 있는 사람은 가장 험난한 길에서조차도 앞으로 나아가고 아무런 목적이 없는 사람은 가장 순탄한 길에서조차도 앞으로 나아가지 못한다."

– 토머스 카알라일

"당신 인생의 목적은 무엇인가?" 이렇게 물으면서 강의를 시작하면 다들 눈이 똥그래진다. 무슨 말로 답을 해야 할지 망설인다. '인생의 목적'이란 어떤 미래로 살아가는지에 대한 질문이다. 어떤 존재의 모습을 원하는지 묻는 거다. 많은 사람들의 선택은 '행복'이다. 행복을 위해서 돈을 벌고 싶어 하고 행복을 위해서 자유를 원하고 행복을 위해서 도전을 한다. '인생의 목적'을 찾기 위해서는 '이유'를 알아야 한다. '왜' 그것을 원하는지를 알 때 진정한 목적을 알게 되는 것이다.

아침에 눈을 뜨자마자 자신이 제일 먼저 생각하는 것이 무엇인지 아는가? 아침에 눈을 떠서 "오늘도 행복하고 즐거운 하루가 될 거야."라고 기쁜 마음으로 일어나본 적이 있는가? 누구나 행복하게 살고 싶어 한다. 누구나 행복한 아침을 맞고 싶어 하고 즐거운 하루를 보내고 싶어 한다. 하지만 아침에 눈뜨자마자 그것을 인식하고 아침을 맞이하는 사람이 몇 명이나 될까?

아침에 잠에서 깨면 일반적으로 뇌는 과거를 생각하게 되며 주로 문제들을 회상하게 된다. 그렇게 될 경우 부정적인 감정으로 하루가 시작하게 된다. 좋은 하루를 보내기 위해, 아름다운 세상을 바라보기 위해서는 간단한 방법으로 할 수 있다. 행복한 마음을 가지기 위해서 아침에 일어나자마자 어떤 생각을 하는지가 참 중요하다. 아침을 기쁘게 맞이하고 시작하는 하루가 기대되도록 하기 위해서는 저녁에 취침 시간부터 다음 날을 준비해야 한다.

큰아이를 낳고 아이의 육아 이야기를 나누면서 창업의 길을 들어왔을 때 나는 매일 아침에 눈 뜨는 게 즐거웠다. '밤사이에 내 글에 어떤 댓글들이 달렸을까?', '밤사이에 주문은 얼마나 들어왔을까?' 하는 기대로 아침을 맞이하곤 했다. 그렇게 몇 년 동안은 함께 카페에서 삶을 나누고 아이를 키우는 재미로 매일 그렇게 살아갔다. 이제는 친구 같은 엄마들이라 함께 같은 동네에 살지 않더라도 인터넷상으로 나누는 이야기들 속에서 그렇게 함께 엄마의 길을 가고 있었다. 그 당시 나에게는 인터넷이라는 공간은 엄마들의 외로움과 힘든 육아를 도우는 공간으로 서로의 맘을 나누는 곳이었다. 모든 카페 회원들을 통해서 함께 육아를 해나가는 그 시기는 참 행복했다. 어떤 글을 올리든, 어떤 상품을 설명하든 많은 사람들이 응원해주고 믿어줬으니까 그렇게 참 재미있게 창업의 길을 갔던 시간들이 있었다.

점점 사업이 성장하는 과정에서 한국 엄마들과 좀 더 가깝게 교류하고 그리고 좀 더 나은 서비스를 제공하고자 한국 지사를 열기로 결정했다. 당찬 꿈을 가지고 시작했지만 현실은 내가 생각하는 것과 너무나 달랐다. 예전과 다르게 '아침에 일어나면 어떤 이메일이 와 있을까.' 걱정이 되기 시작했다. '밤사이에 무슨 일이 있으면 어쩌지?' 고민이 밀려온다. 좋은 뜻과 목표를 가지고 사업을 키우고 있었던 과정에서 매일 가슴을 졸이는 삶을 살아야 했다. 나의 삶은 살얼음판을 걷는 기분이었다. 지금 돌아서 생각해보면 생존하기 위해서 사업을 하는 내 모습이 보였다. 매일 밀려오는 청구서들과 어느새 말일이 되어서 챙겨야 하는 월급, 그것들에 치여서 나는 처음에 순수하게 가졌던 마음들을 잃고 그렇게 생존을 위해서 살아가고 있었던 거다. 어느 순간 갑자기 성장하게 된 회사가 나의 짐이 되어버린 것이다. 나의 꿈을 이루기 위한 회사가 아니라 회사의 생존을 위해 존재하는 내가 되어가고 있었다.

내가 사는 이곳 샌프란시스코가 얼마나 아름다운 곳인지 미국이 얼마나 살기 좋은 곳인지 느낄 감정도 없이 그렇게 나는 내가 원하는 목표, 돈을 벌고 아이들을 잘 키우기 위한 것들에만 집중했던 시기가 있었다. 그렇게 살아온 삶에 대한 대가로 사업도 커가고 매출과 수입도 늘어가니 그것이 전부인 양 살아간 것이다. 뭐든지 열심히 하면 되는 거라는 생각만이 나를 지배했었다. 다가올 미래를 준비하고 그것을 이룰 생각에 현실 속에서도 현실을 바라보지 못하고 미래에 살고 있었던 것이다.

당신만의 삶의 목적을 찾고 깨닫는 순간 당신 주변에 있는 모든 것들이 다르게 보인다. 목적은 누구에게나 필요하다. 목적은 우리의 삶을 균형 있게 잡아주고 목적을 통해서 삶의 여정을 다르게 느낀다. 목적은 어느 날 당신에게 찾아오는 것이 절대 아니다. 목적은 당신 스스로 찾아야 하고 추구해야 한다. 목적을 찾아 그것을 마음에 새겨두고 살아간다면 당신의 인생은 달라진다.

『톰 소여의 모험』의 저자 마크 트웨인은 “인생에서 가장 중요한 날이 이틀 있다. 첫 번째 날은 당신이 태어난 날이고, 두 번째 날은 당신이 이 세상에 왜 태어났는지 그 이유를 알게 되는 날이다."

어느 순간 미래가 기대된 적이 있나? 아니면 어느 순간 미래가 두렵게 느껴진 적이 있나? 이 2가지의 생각 중 어느 쪽으로 당신은 살아가고 싶은가? 당연히 첫 번째일 것이다. 미래가 기대된 삶을 살고 싶을 것이다. 그러기 위해서는 당신만의 인생의 목적을 가져야 한다. 어떤 삶의 목적으로 살아갈지 정하기 위해서 3가지 방법을 통해 찾아볼 수 있다.

첫 번째, 당신이 무엇을 잘하는지 알아야 한다. 아무리 작고 소소한 것이라도 당신이 잘하는 게 있다. 미국 내 여성들을 코칭하고 강의를 하면서 그들이 가장 힘들어하는 것이 잘하는 것이 없다고 생각하는 것이다. "주변에서 자주 칭찬하는 게 있을 겁니다. 잘 생각해보세요."라고 물어본다. 많은 사람들이 소소하게 지나치던 칭찬 속에서 당신만의 재능을 발견하고 삶의 목적과 의미를 찾을 수 있다고 생각하지 못한다.

미국 내 이민자 한국 여성들과 소그룹을 만들어 매일 그들과 소통하고 있다. 그들에게 자신이 남보다 조금이라도 잘하는 것이 있다면 나누고 가르쳐주라고 격려한다. 그렇게 해서 요즘 어떤 분은 자신이 잘하는 요리를 가르쳐주고, 요가를 가르쳐주고, 컴퓨터를 가르쳐주고 한다. 전문가 실력은 아니라고 생각하시던 여성들이 이 시간을 통해서 누군가에게 자신이 조금이라도 잘하는 것을 나눌 수 있다는 것에 자신감을 얻고 그 과정 속에서 자신이 무엇을 잘하는지 더욱 깨닫게 된다.

두 번째, 당신이 무엇이든지 할 수 있는 상황이라고 가정했을 때 무엇을 가장 먼저 하면서 살고 싶은지 생각해보라. 많은 사람들이 환경 속에 갇혀서 '… 때문에', '…이라서', '…가 없어서'라는 부정적인 생각의 틀에서 자신만의 인생의 목적을 뒤로하고 살아가고 있다. 만약에 시간과 돈의 자유가 있었다면 하고 싶었던 것들이 참 많을 것이다. 많은 사람들이 돈을 위해서 자신이 잘하지 못하고 자신이 좋아하지 않는 것을 하면서 살아가고 있다. 그런 생활 속에서 살아서는 한 발짝 앞으로 나아가는 성공의 삶을 살지 못하게 된다. 잘하고 즐겁게 하는 일을 하면서 살아간다고 해도 역경은 있는 것이다. 그런데 싫은 일, 잘하지 못하는 일을 하면서 어떻게 더 앞으로 나아가는 삶을 살아갈 수 있겠는가? 지금 당장은 생활은 해야 하니 어쩔 수 없다고 생각하는가? 현재 살아가고 있는 시간 중에 버릴 것을 찾아서 앞으로 전진할 수 있도록 할 수 있는 그것을 찾아서 삶 속에 일부를 채워서 살아가야 한다. 지금 당장 할 수 있는 것 작은 것 하나를 끼워 넣어야 한다.

세 번째, 당신의 죽음 뒤에 어떤 모습으로 기억되고 싶은가? 바쁘게 살아가는 삶 속에서 우리는 가끔씩 피해 갈 수 없는 죽음을 잊고 산다. 나 또한 그렇게 살아가고 있었다. 영원히 살 것 같은 생각으로 산 것은 아니지만 죽음이라는 단어를 아예 배제하고 살았었다. 사업이 커지면서 나는 자주 출장을 다녀야 했고 어느 해는 3분의 1 이상의 시간을 밖에서 보내기도 했었다. 매일 집을 떠나면서 내가 했던 시간은 사랑하는 가족들에게 남기는 유서였다. 집을 나가는 순간 어쩌면 다시 못 돌아올 수 있다는 생각이 들기도 했다. 그랬을 경우 살아 있는 가족들에게 하고 싶은 말들과 남겨두고 갈 회사의 일들과 모든 것들을 정리해놓고 떠나야 했다. 부정적인 생각보다는 사랑하는 사람들을 위한 배려였다. 이렇게 유서를 정리하면서 나는 내 삶을 돌아보기 시작했다. 이 세상을 떠나는 날 어떤 모습으로 남고 싶은지를 생각했고 그런 과정 속에서 나는 내 삶의 목적을 찾기 시작했다. 당신은 어떤 모습으로 기억이 되고 싶은지 생각해보길 바란다. 상상하지 않았던 당신의 삶의 목적이 눈에 띄기 시작할 것이다.

그냥 살아지는 대로 살아가는 삶에서 이제는 삶의 목적을 두고 살아가게 되면서 세상의 모든 것들이 다르게 보이기 시작했다. 예전에는 무엇을 하고 어디를 가던 내 앞에 것만 보고 주변을 보지 못했던 나였다. 인생의 목적을 알고 찾아서 그것을 깊은 마음속에 담아 두고 살아가는 내 삶을 통해서 나는 이제 마음의 여유와 어려움이 다가와 폭풍이 몰려오더라도 내 마음은 잔잔함을 느낄 수 있게 된 것이다. 어느새 나도 모르게 새소리도 들리고 꽃이 피면 아름답다 느끼고, 어느새 나도 모르게 인생의 사계절을 즐기는 삶을 살게 된 것이다. 목적을 가지고 살아간다면 인생이 공허하지 않다. 목적을 이루는 삶속을 통해 열정을 느끼며 만족한 삶을 살아가게 된다. 목적을 가지고 살아가기에 세상이 아름답게 보이고 기쁨으로 채워지는 것이다. 목적은 본인 스스로가 찾아야 한다. 어느 누구가 대신 찾아줄 수 없는 것이다. 오직 당신의 가슴속, 마음속에서 찾을 수 있는 것이다.

◀ 04 ▶

꿈을 가진 엄마는 늙지 않는다

"사람은 늙고 나이 들어서 새로운 도전에 대한 꿈을 중단하는 것이 아니라 새로운 도전에 대한 꿈을 접을 때 늙는다. 만약 꿈이 없다면 나는 나도 모르는 사이에 천천히 그러나 확실히 시들어버릴 것이다."

– 엘링 카게

초등학교 때 학교에서 미래의 꿈을 적어 오라는 숙제가 다 있었을 거다. 순수하고 세상에 때가 묻지 않은 그런 아이일 때는 아무것도 꿈에 대한 준비가 없는 상태에서 가졌던 꿈을 기억하는가? 우리 모두는 어렸을 때 상상의 날개를 펼쳐 자신이 되고 싶은 꿈을 가지는 시간을 가졌다. 학교에서 늘 있는 수업 시간에 선생님이 자신의 꿈을 적어보라고 한다. 초등학교를 다녔다면 누구나 억지로라도 숙제를 해갔을 것이다.

그때는 어린 나이라 무엇이 되고 싶은지는 내가 보는 세상 속에서 고르는 게 전부였다. 세상에 물들지 않고 세상의 부정의 안경을 쓰지 않고 바라보는 당신만의 꿈은 무엇인가? 지금 아이를 낳고 엄마가 된 나는 아이들이 학교 숙제로 미래의 꿈을 적어오라고 하면 이렇게 말한다.

"무엇이 되고 싶은지보다 어떤 사람이 되고 싶은지 적어봐."
"무엇이 되고 싶다는 건 이 세상이 변하고 네가 더 성장할수록 달라질 수 있어."

이들이 꿈을 적어 내려가는 동안 나도 잠시 아이들과 함께 나의 꿈이 무엇인지 생각하는 시간을 갖는다. 나는 오래전부터 마음속에 조용히 담아둔 여성상이 있었다.

'멋진 여자! 훌륭한 엄마! 능력 있는 아내!'

이런 사람이 되고 싶었다. 지난 20년간 속으로 조용히 외쳐왔던 나의 '무엇'이 이것이었다. 이 안에 내 꿈을 다 담았다. 꿈을 위해서 나는 디딜 수 있는 첫걸음을 걸었고 그것을 위해서 매일 도전하는 삶을 살고 있다.

막연하게 어떤 사람이 되고 싶다는 것에서 시작하니 내가 무엇이 되고 싶은지 정확히 답이 나오지 않을 때도 있다. 그렇다 할지언정 멈추지 말아야 한다. 멋진 여자가 되기 위해서 나는 계속 더 성장해야 했고 훌륭한 엄마가 되기 위해서는 실패하고 넘어졌다 해도 다시 일어나 도전해야 했다. 능력 있는 아내가 되기 위해서는 사업을 잘 키워야 했다. 이렇게 끝이 없는 '어떤 사람으로 살고 싶다.'라는 나의 꿈은 멈추지 않는 나만의 원동력으로 자리 잡게 되었다.

싱글맘으로 일론 머스크, 킴벌, 토스카를 키워내고 67세에 뉴욕 패션위크 정상에 선 메이 머스크의 책 『여자는 계획을 세운다』에서 메이 머스크는 이렇게 말한다.

"잘할 수 있는 일을 찾아서 계획을 세우고 열심히 일한다면 행운이 찾아온다."

"나이 드는 것을 두려워하지 말고 나이 드는 것을 두려워하지 않는 친구들과 어울려라. 당신이 매혹적이고 흥미롭고 지적이고 자신감이 넘치고 어쩌면 스타일까지 멋져서 당신을 좋아하는 모든 연령대의 친구들과 즐겁게 지내라."

"무엇이 자신을 행복하게 해주는지 찾아서 그것을 해야 한다."

"나이를 먹는 것을 두려워하지 마세요. 어떤 나이에든 원하는 삶을 살 수 있습니다. 인생을 통제할 수는 없지만, 계획을 세운다면 말이죠."

나의 젊은 시절을 돌아보면 공부를 잘하지도 못했고 특별한 재능이 있었던 것도 아니지만 한 가지 잘한 게 있었다면 꿈을 잘 꾸었던 거다. 현재를 즐기지 못해서라기보다 현재에 힘든 일이 있어도 나는 금방 잊고 새로운 미래를 상상하면서 살아왔었다. 그때는 그런 행동이 현재를 탈출하기 위한 나만의 방법이라고 생각했었다.

창업을 하고서부터 나의 꿈꾸는 습관을 가지게 되었다. 미리 앞서나가서 3년, 5년, 10년의 꿈을 상상하면서 그리는 삶 속에서 현재의 어려움을 잘 견디어낸 것이다. 꿈이 있었기에 어떤 상황에서도 당당해질 수 있었고 언제나 삶의 활력이 넘쳤던 거다.

아이가 초등학교쯤 입학했을 때는 아이와 함께 한 해를 마무리하면서 그 한 해의 감사한 일들을 나누며 새해의 꿈을 적는 시간을 갖는다. 함께 앉아서 자신의 비전 보드를 적어가는 시간을 통해서 잠시나마 자신의 꿈을 이야기하면서 상상하는 시간을 가지곤 한다. 가끔씩 아이들에게 새해의 꿈 말고 나의 미래의 꿈을 이야기하기도 한다. 아이들이 듣고 기억하든 상관없이 나는 아이들에게 온 힘을 다해서 말한다.

"엄마는 너희 열심히 잘 키워놓고 너희들이 좋아하는 공부하고 멋진 꿈을 이루면서 살 때 엄마도 여기저기 세계를 다니면서 엄마가 하고 싶은 일을 멋지게 하면서 살 거야."

"지금 그래서 엄마가 할 수 있는 거 매일 꾸준히 하면서 그날을 준비하고 있어."

"너희가 대학교 가서 공부하다가 집에 오기 전 엄마한테 미리 알려줘."

"엄마 그때 집에 없을 수도 있으니까."

"세계를 돌아다니면서 여성 리더들을 위해서 강의하고 있을 거야."

"비즈니스 미팅 중일 수도 있어. 미리 엄마 스케줄 확인하고 집에 와."

그러면서 아이들도 자신이 가지고 있는 미래의 꿈을 이야기한다. 서로 신이 나서 목소리를 높여가며 말한다. 어느새 상대방의 말에는 귀 기울이지 않은 채 정신없이 자신의 이야기만 하고 있는다. 이렇게 나누는 꿈의 대화는 우리 가족에게는 흔히 있는 이야기이다. 몸으로 느끼고 가슴으로 느끼면서 서로 그 순간을 상상하면서 신이 나서 대화하는 이 순간 우리는 말할 수 없는 기쁨을 느끼고 기대하게 된다.

아이와 함께 꿈을 이야기할 수 있다는 사실만으로도 나는 행복하다. 이제는 커버린 아이들은 엄마들의 꿈을 응원해준다. 책을 쓰겠다고 도전했을 때 큰딸아이는 자신이 운영하고 소셜미디어 팬들에게 엄마가 자랑스럽다며 동영상도 올리고 했다. 큰아이는 북토크 활동을 하며 청소년들에게 책을 재미있게 읽을 수 있도록 권장하는 영상을 나누고 있다. 책을 읽게 된 계기도 엄마의 영향이라고 이야기하는 동영상을 보고 내 마음이 짠해진 적도 있다. 둘째 딸아이는 내가 자주 대학교 졸업 못 한 것이 아쉽다고 한 말에 자기랑 같이 대학교 가자고 격려도 해주곤 한다. 함께 꿈을 가지고 나눌 수 있는 두 딸들이 있어서 감사하고 행복하다.

오래전 봤던 애니메이션 〈짱구는 못 말려〉에 등장하는 짱구 아빠의 명언이 있다. "꿈은 도망치지 않는다. 도망치는 건 언제나 자신이다.", "할 수 있다고 생각하기 때문에 가능한 것이다." 엄마가 되어서도 꿈을 잃지 않고 살 수 있었던 이유는 여러 가지가 있었지만 그중 나에게 큰 영향을 준 3가지 질문이 있다.

첫 번째, 이 꿈이 정말 나를 위한 꿈인가? 진정으로 내가 원하는 것인가? 누구의 엄마, 누구의 아내가 아닌 나 자신을 위한 꿈을 꾸어야 한다. 자신이 무엇을 하고 싶은지 자신이 주변 환경에 의해 영향받지 않고 선택하는 꿈은 무엇인지를 알아야 한다. '시간이 없어서', '영어를 못 해서', '자금이 부족해서', '실력이 없어서', '인맥이 없어서'라는 제약된 틀에 꿈을 가둬놓으면 안 된다. 누구의 꿈이 아닌 나만의 꿈을 가져야 한다. 어차피 어떤 꿈을 가지고 사느냐에 따라서 쉬울 수도 있고 고될 수도 있다. 어차피 원하는 꿈을 이루기 위해서는 시간이 걸린다. 나만을 위한 꿈이었기 때문에 그 꿈을 이루는 과정이 마냥 행복했고 힘들어도 견딜 수 있었던 거다.

두 번째, 꿈을 이루는 과정이 행복한가? 나는 너무 행복하다. 이루어가고 있는 과정 하나하나가 너무나도 소중하다. 우선은 꿈이 있다는 그 자체로 행복하고 그 꿈을 언젠가는 이룰 거라는 생각에 하루가 지날 때마다 더 가까워지니 기쁘다. 그만큼 꿈이 현실화되었을 때 가져다줄 행복이 얼마나 크다는 것을 알고 있기에 이루는 과정이 행복한 것이다. 지금도 이 글을 쓰면서 하루에도 수십 번씩 글을 쓰다 지우다 한다. 원고 마감 시간이 얼마 남지 않았는데 코로나 바이러스에 두 번째 감염이 되어서 며칠간 누워서 일어나지 못했다. 아픈 몸을 억지로 깨워서 글을 쓰고 있는 이 순간 몸은 아프지만 이 책이 출간돼서 많은 여성들에게 희망을 줄 수 있다는 생각에 행복하기만 하다.

세 번째, 꿈을 이루게 되면 당신이 사랑하는 사람들도 행복하게 될까? 그들에게 어떤 이득을 줄 수 있을까? 다른 사람을 위한 꿈이 아닌 자신이 원하는 꿈을 가져야 하지만 그 꿈으로 인해서 누군가에게 상처를 주거나 누군가를 밟고 일어나야 한다면 그 꿈은 옳은 꿈이 아니다. 당신이 성장하면서 꿈을 이루었을 때 함께하는 사람들에게도 행복을 준다면 그 자리에 선 당신은 더욱더 행복한 삶을 살게 되는 것이다. 내가 가진 꿈은 '멋진 여자, 훌륭한 엄마, 능력 있는 아내'이다. 이 꿈을 달성한다면 주변에 많은 여성들에게 멋진 여자로 좋은 영향력을 나눠줄 수 있다. 훌륭한 엄마가 되어서 두 아이를 잘 키워서 선한 마음을 가진 멋지고 능력 있는 여성 리더로 키운다면 세상의 도움을 주는 아이가 될 것이다. 능력 있는 아내는 가장인 남편이 가진 경제의 짐을 덜어줄 수 있다. 그리고 '백지장도 맞들면 낫다.' 말처럼 함께 가정의 경제적 부담을 나눠서 하면 삶이 더 여유롭고 풍족해진다.

꿈은 삶을 생동력 있게 한다. 꿈은 삶을 더 빛나게 만든다. 꿈은 젊음을 다시 느끼게 한다. 그래서 꿈을 가진 엄마는 늙지 않는다.

둘째 낳기 이틀 전까지 큰 아이와 함께 일하는 모습

내가 직접 컨테이너 상하차 작업 중

◀ 05 ▶

남들 신경 안 쓰고 내 인생 챙기기

"다른 사람들이 당신을 어떻게 생각하는지 너무 신경 쓰지 마라. 당신에 대해서 거의 생각하지 않는다."

대부분의 많은 사람들을 자신도 모르게 다른 사람들의 시선을 신경 쓰곤 한다. 그런 생각이 자신도 모르게 내면에 있어서 진짜 하고 싶은 행동이나 말을 하지 못하곤 한다. 2천 명을 대상으로 한 설문 조사에 따르면 보통 성인들이 '남들의 시선에 신경 안 쓰기' 하는 나이는 평균 46세라고 한다. 그렇게 인생 절반을 남들의 시선을 의식하고 살아가면서 많은 사람들이 진정한 자신을 표현하지 못하고 살아가는 게 너무 안타깝다. 전문 상담사들은 “인간은 무리 생활을 하고 사회에 속해 있기 때문에 다른 사람을 의식하는 건 당연하다.”, “인간은 누구나 그런 본성을 가지고 있다.”, “인간은 소속감을 얻기 위해서 무의식적으로 다른 사람을 인식하고 행동한다.”라고 말한다. 나 또한 오랫동안 그런 사람 중에 하나였다. 너무 자주 오랫동안 ‘내가 하는 말과 행동에 대해서 사람들이 어떻게 생각할까?’, ‘직원들이 나를 부족하다고 생각하고 무시하면 어쩌지?’, ‘틀리면 창피한데.’라는 생각에 많이 망설이고 시도하지 못하곤 했다.

나는 제주도에서 고등학교와 대학교 1년을 마치고 휴학 후 미국에 왔다. 고등학교 때 공부를 잘하지 못하고 항상 망상에 빠져서 살아온 나였다. 성공을 원하지만 틀에 박힌 것을 싫어했다. 지금 돌아보면 참 안타깝다. 공부할 수 있을 때 했어야 했는데 그때는 왜 몰랐을까 하는 생각에 후회도 많이 했다. 미국에 와서도 공부를 마치지 못하고 생계를 이끌어 가기 위해 일을 시작했다. 오늘날까지 항상 내 마음 깊은 곳에는 학위 하나 있었으면 좋겠다는 생각이 든다. 대학교 교육을 다 마치지 못했기 때문에 나는 항상 남들보다 뒤처진다고 생각하고 자신감 없이 살아온 적이 참 많았다. 그래서 누구보다도 아이들의 교육에 더 신경을 썼고 아이들만큼은 최고의 교육을 배워 나처럼 후회하지 않는 삶을 살게 서포트하게 되었다.

남편에게 틈날 때마다 나도 대학교 가서 공부하고 싶다고 학교를 보내

달라고 하면 남편은 "학교에서 비즈니스 공부하는 것보다 당신이 더 많이 알고 있을 거야. 시간 낭비라고 느낄 걸." 하면서 항상 말린다. 그런 남편이 솔직히 서운했다. '내가 돈 벌어 오는 게 더 좋아서 그러는 거 아닌가.'라는 생각도 들었다.

아이들은 커가고 사업도 바빠지고 그러다 보니 학교에 가고 싶어 하는 마음도 조금씩 사라졌다. 내가 할 수 있는 건 필요할 때마다 읽어가는 책들이 전부였다. 나의 무지함을 들키기 싫어서 읽어나가기 시작한 책들을 통해서 나는 점점 변하기 시작했다. 그때는 단지 직원들에게 조금 더 똑똑한 사장으로 보이고 싶은 이유에서 보기 시작한 책이다. 워낙 아는 게 없이 시작한 창업이기에 혹시라도 얕보일까 두려운 마음뿐이었다.

시작은 그랬지만 이 계기를 통해 읽어나가는 책들 속에서 인생의 전환점을 가지게 된 것이다. 나에게 부족하다고 생각했던 것들을 책을 통해서 잊고 살게 되었다. 무언가를 배우기 위해서 집중을 하다 보니 그동안 안 좋은 쪽으로 신경 썼던 것들이 점점 줄어들었다.

남들을 신경 쓰고 살아가는 나의 모습은 나 자신을 바로 바라보지 못한 것에서 온 것임을 깨닫게 되었다. 나 자신을 제대로 알지 못했기에 남들이 바라보는 나의 모습을 신경 썼던 것이었다. 사실 남들은 당신에게 크게 관심이 없다. 당신은 남들을 얼마큼 신경 쓰는가? 그들이 입은 옷,

행동하는 것, 뭘 좋아하고 싫어하는지 당신은 그들에게 얼마나 많은 관심을 두는가? 그리고 그것을 기억하는가? 잠깐은 스치게 생각을 할 수는 있지만 우리는 다른 사람들의 것을 그리 오래 마음에 담아두지 않는다. 그리고 생각만큼 크게 중요하게 생각하지도 않는다. 결국 타인의 시선을 그렇게 의식하며 신경 쓸 필요가 없었던 것이다. 남들 신경 안 쓰고 당신의 인생을 잘 챙기기 위한 4가지 방법을 나누려 한다.

첫 번째, 자신감을 쌓아야 한다. 자신을 진정으로 사랑하고 자신 있게 살아간다면 어느 누가 자신을 어떻게 바라보느냐는 중요하지 않다. 자신감은 내 안에서 나오는 거다. 걸음걸이부터 자신 있는 사람은 표가 난다. 창업을 하고 사업을 하면서 협상의 경험이 없었을 때는 자신감을 내 안에서 찾기보다는 외면으로 보여주려고 했었다. 한국 지사를 설립 후 한국에서 미팅을 하러 갈 때는 여기저기 좋다는 명품을 사서 멋지게 입었다. 실력으로 승부하겠다는 마음도 있지만 여자이고 어린 나이에 사업을 시작했던 때라 처음에 만나는 순간부터 그들이 나를 진지한 사업가로 봐주길 원해서다. 경험이 많은 사업가들을 만나서 협상을 해야 하는 자리에서 혹시라도 내가 초보 사장이라는 것이 들킬까 봐 그랬던 것도 있고 잘 차려입는 옷맵시에서 성공한 사업가의 모습으로 인식을 시키고 싶어서 이기도 했다. 하지만 반대로 미국에서 미팅을 하러 갈 때는 한국에서와 다르게 편안한 옷차림으로 가야 한다. 미국, 특히 실리콘밸리에 사업인들은 편안한 옷차림 속에서 여유와 자신감을 표현하기 때문이다.

두 번째, 자신을 온전히 신뢰해야 한다. 자신 스스로가 자신을 믿어야 한다. 삶의 중심을 남이 아닌 나에게 두는 것이다. 자신을 신뢰하지 못하는 것에서 타인을 의식하게 되는 것이다. 스스로가 자신을 믿고 자신이 소중한 사람이고 자신이 결정한 것들에 대한 신뢰를 해야 한다. 나를 잘 아는 건 누구보다 나이다.

예전부터 나한테 한 가지 고집이 있었다. 무언가를 도전하려고 할 때 주변에서 안 될 것 같다고 조언해주거나 힘들고 어렵다고 말하면서 걱정해주는 분들이 있다. 그러면 그분들의 의견을 무시하는 게 아니라 나는 내가 선택한 것을 도전해서 내가 아니라고 직접 답을 내기 전까지는 인정하지 않았다. 그 고집으로 인해서 실패와 실수도 많았다. 조언한 사람이 '내가 그럴 줄 알았어.', '내가 말해줬잖아.'라고 답할 수도 있겠지만 그건 그들의 의견일 뿐 내가 직접 눈으로 몸으로 확인하고 싶었던 거다. 나 자신의 결정을 온전히 신뢰했고 나 또한 내 스스로를 믿었기 때문이다.

세 번째, 세상을 바라보는 부정적인 생각을 피하도록 한다. 주변을 바라보는 나의 관점이 부정적으로 보이기 시작하는 순간 일어나지도 않는 것들에 신경을 쓰게 된다. 어떤 시각으로 바라보는지에 따라서 나의 감정이 달라진다. 똑같은 사물을 어떤 방향에서 바라보느냐에 따라서 다른 느낌과 다른 모양으로 보인다는 것을 우리는 알고 있다. 똑같은 말의 표현이라도 내 안에 부정적인 생각으로 가득 차 있다면 상대방의 뜻과 다르게 해석이 된다. 그래서 뜻하지 않는 오해로 인해 신경 쓰는 일들이 일어나기도 한다.

나는 남편에게 웬만하면 사업에 대한 고민과 어려움을 이야기하지 않으려 한다. 혹시라도 내가 힘들다고 하면 그만두라고 할까 두려운 마음에 그렇다. 어느 날은 다른 누구에게도 물어볼 수도 없고 중요한 결정이라서 남편에게 조심히 상황을 이야기하고 조언을 구하려고 대화를 시작했다. 오직 나를 이해해주는 사람은 남편이겠지 하는 생각에 대화를 시작했다. 그렇게 시작한 대화는 결국에 나의 반격적인 태도로 인해서 싸움까지 이어진 것이다. 지금 돌아서 생각해보면 남편이 한 그 한마디는 내가 생각했던 의미가 아니었다.

"You don't need to know everything."

이 말 한마디에 난 순간 기분이 상한 것이다. 남편은 나를 위로한다고 한 말이었는데 나는 나를 무시해서 한 말이라는 오해로 싸움까지 일어난 것이다. 대화도 하기 전 문제의 부정적인 생각을 가지고 대화를 시작했기에 어떤 말이라도 나는 현명하게 바라볼 수 없었다.

네 번째, 모든 사람에게 호감을 얻어야 한다는 생각을 버렸다. 세상에 모든 사람은 나를 다 좋아할 수가 없다는 것을 인정해야 한다. 각자 우리는 다른 성향과 성격 모든 것이 다르게 태어난 존재라는 것을 인정해야 한다. 모든 사람들에게 호감을 얻어야 한다는 생각에 미움을 받고 싶지 않아서 사람들의 기대에 부응하려는 행동은 멈춰야 한다. 주변에 있는 상대들에게 맞추며 살아가려는 강박관념을 버린다. 옳고 그름의 문제가 아니라 다른 것을 인정하는 연습이 필요하다. 나답게 사는 것만이 답이다.

나와 함께 일하는 직원들이 혹시라도 나를 무시할까 봐, 사장으로 인정하지 않을까 봐, 두려움에 그들의 반응을 살피고 좋은 사장이 되겠다고 그들의 의견을 다 받아들일 때가 있었다. 그들에게 인정받고 싶은 사장이 되고 싶어서 그랬다. 우리 회사가 존재하는 이유, 섬기는 고객을 위한 결정이 아닌 더 멋진 사장이 되고 싶은 마음에 직원들이 좋아하는 쪽으로 결정을 하고 그렇게 프로젝트를 이끌어가려는 때가 있었다. 목적과 방향을 잃은 채 말이다. 회사가 존재해야 직원들이 존재하고 그렇게 이끄는 회사의 사장을 존중하는 것이지 기분을 맞춰주는 사장이 필요한 것이 아니었다.

『신경 쓰지 않는 연습』의 저자 나토리 호겐은 이렇게 말한다.

“비교하지 마라, 걱정하지 마라, 애쓰지 마라!”

오늘도 나는 어느 누구와 비교하지 않는 삶을 살아가려 한다. 오늘도 나는 긍정적인 마음으로 걱정을 하지 않는다. 그리고 남들에게 인정받으려고 애쓰지 않고 어제보다 오늘 더 발전하는 나를 위해서 살아가려고 한다.

살다 보면 어쩔 수 없이 사랑하는 이들의 지나친 관심으로 낙담이 될 때도 있다. 그들이 하는 사랑의 조언이 신경이 쓰여서 자신이 진정으로 좋아하는 일을 하지 못하고 원하는 사람이 되지 못하게 막는 경우도 있다. 우리는 인간이기에 가장 가까이 있는 사람들에게 인정을 받고 싶어 하고 그들의 생각도 듣고 싶어 한다. 절대로 잘못된 것이 아니다. 중요한 사실 하나는 무엇을 결정하든, 무엇을 위해 살아가든 중요한 사실은 각자 자신을 위해서 살아야 한다는 것이다. 다른 사람들에게 보이기 위함이 아니다. 다른 사람의 행복을 위해서도 아니다. 다른 사람이 원하는 삶이 아닌 당신이 진정으로 원하는 삶을 살아야 한다는 것을 잊지 말길 바란다.

내가 일하는 동안에 아이를 돌보고 있는 남편

◀ 06 ▶

미래를 위해 오늘은 천천히 간다

"미래는 당신이 오늘 하는 일에 따라 달라진다."

– 마하트마 간디

바쁜 삶 속에서 가끔 주위를 돌아보게 되면 '다른 사람들은 어떤 삶을 살고 있을까?' 궁금해질 때가 있다. 내 삶이 즐거울 때도 있지만 어떨 때는 답이 없이 답답한 날도 있고 힘들어서 모든 것을 포기하고 싶은 날도 있는데 주변을 돌아보면 다른 사람들은 뭔가 나랑 다른 삶을 살면서 더 행복한 듯싶을 때가 있다. 나만 왠지 헤매는듯하고 나만 모르는 것 같기도 하다. 열심히 살고 최선을 다하지만 나만 그 자리에 서 있는 것 같은 날들도 많이 있다.

하이킹하기 위해서 산을 오른다고 가정해보자. 혹시라도 컨디션이 좋지 않은데 무릅쓰고 산을 올라간다고 하면 어떨까? 올라가는 도중에 몸에 아픈 곳들이 느껴지면서 중간에 다시 내려가고 싶고 괜히 왔나 후회가 될 거다. 산에 단풍이 아무리 아름답게 피고 날씨가 선선하니 시원하고 공기가 맑다 하더라도 산을 오르는 게 즐겁지 않을 것이다. 몸이 힘든 상태에서 억지로 오르고 싶지 않은 산을 오르고 있기 때문이다. 우리가 살아가는 인생도 그렇다. 당신의 몸 상태, 마음 상태에 따라서 현재 처해 있는 상황이 다르게 보이게 된다. 삶을 대하는 태도와 마음 갖기에 따라서 주변의 모든 것이 다르게 보이고 느껴지기 마련이다.

우리가 살아가고 있는 인생이 꼭 산과 같다. 정상으로 올라가는 그 길이 평탄하지 않다. 가는 길이 울퉁불퉁 지그재그 너무나도 다른 길들을 지나서 올라가야지 정상에 오를 수 있다. 아스팔트 작업된 고속도로가 아닌 산길은 어느 누구 하나 뛰면서 멈추지 않고 올라갈 수 없는 것이다. 우리가 살아가는 인생이 그렇다. 각자 살아가는 인생의 목적과 목표가 누구는 뒷산일 수도 있고 누구는 설악산일 수도 있고 누구는 한라산일 수도 있다. 어느 계절에 그 산을 올라가는지에 따라서 준비하는 것도 다르고 산을 올라가는 방법도 다를 것이다. 그리고 가장 중요한 건 당신이 그 산을 오르기로 결정하는 그 순간의 마음 상태와 몸 상태이다. 그 산을 올라가고 있는 나의 마음 상태와 몸은 어떤가? 올라가고 싶었던 산을 오르고 있는가? 올라가는 길에 풍경을 즐기는 마음에 여유는 있는가? 가는 길에 지치지 않도록 준비는 잘하고 오르고 있는가?

아이가 어렸을 때는 유치원에서 종일 시간을 보냈기 때문에 아이들을 내려놓고 픽업할 때까지 온전히 나만의 시간을 가지고 사업에 집중할 수 있는 시간이 더 많았다. 사업을 키워가면서 일에 일에 욕심이 생기다 보니 사업군을 확장 시키고 싶은 나와 엄마로 아이들을 서포트해야 하는 나와 내면의 갈등이 시작되고 있었다. 그동안 꾸준히 키워놓은 회사를 조금만 더 노력하면 성과를 내고 성장시킬 수 있다는 욕심에 아이들을 학교에 더 오래 맡기고 최대한 늦게 픽업하고 싶은 마음이 들 때가 정말 많았다. 어차피 아이들은 그냥 신나게 놀게 하든 무엇을 가르치든 모를 테니까 우선 내가 원하는 것을 먼저 챙겨서 하고 싶은 마음이었다. 그렇게 이기적인 엄마가 되어서 내가 원하는 꿈을 조금 더 챙기며 살았다.

큰딸아이가 아홉 살이 된 생일이었다. 생일 축하를 하며 해맑게 웃은 큰딸아이의 얼굴을 보면서 갑자기 내 눈에 눈물이 핑 돌기 시작했다. '이 아이가 열여덟 살이 되면 내 품을 떠나 대학을 갈 텐데 벌써 반이라는 시간이 지나버렸네.' 매일 사업을 더 키우고 싶어서 아이를 오전 8시에 학교에 데려다주고 오후 5시에 픽업을 해온 나의 모습들이 갑자기 후회되었다. 매일 아이와 함께 4~5시간 깨어서 보내는 시간을 좀 더 줄이기 위해서 학교에 최대한 오래 있게 하려 했던 엄마인 나의 모습이 너무 미안해졌다.

'그래, 일, 사업은 내가 평생 천천히 키워가면서 하면 되는 거지. 아이들을 키우는 이 시간은 다시 나에게 오지 않는 시간이잖아. 두 아이가 대학교를 입학하는 그날까지는 내 꿈은 조금 천천히 가도 괜찮아. 하늘에서 보내주신 귀한 두 딸을 잘 키우는 훌륭한 엄마가 되는데 조금 더 노력하자. 100세 시대에 살고 있잖아. 아이 둘 다 대학교 가도 아직 젊을 건데 뭐 괜찮아.'

이런 말들이 내 머릿속을 스쳐 지나가면서 잠시 잊고 살았던 나의 소중한 것들이 보이기 시작했다. 다급한 마음에 조금 더 빠르게 내 인생의 목적의 산에 올라가기 위해서 정신없이 달려온 나의 시간이 필름처럼 지나가며 잠시 주변을 돌아보는 시간을 가졌다. 다시 오지 않을 육아의 시간을 훌륭한 엄마로 아이들을 넓은 세상에 떠나보낼 그날을 위해 더 노력해야겠다는 마음을 가졌다. 큰아이가 대학교 입학하기까지 9년이라는 시간, 아이의 미래와 나의 미래를 다시 꿈꾸는 시간을 가지게 된 것이다.

많은 사람들, 특히 엄마들이 자신이 원하는 미래의 모습을 이루기 위해서 시간이 항상 부족하다고 생각한다. 나 또한 그랬기에 아이를 조금 더 오래 학교에 있게 하고 빨리 성공하고 싶었으니까. 근데 인생의 관점을 달리해서 내 인생의 꿈인 나만의 산의 정상을 천천히 한 걸음씩 올라 간다고 생각하니 마음이 훨씬 가벼워졌다. 가는 길에 사계절이 올 때도 있겠지만 그때마다 그 계절을 즐기며 그렇게 천천히 오르기만 하면 언젠가는 도착할 정상이니 급하지도 않다. 함께 같이 비슷한 산을 오르는 사람들이 나보다 먼저 간다고 하더라도 괜찮다. 나만의 시계에 맞추어 내가 갈 수 있는 한 걸음씩 가면 되는 거다.

당신이 꿈꾸는 당신만의 행복한 미래를 위한 삶을 만들기 위해서는 지금 할 수 있는 게 무엇일까? 조금만 주변을 돌아보면 가지고 있는 것이 많이 있고 할 수 있는 것도 많이 있다. 그것은 당신이 찾아서 보기까지는 눈에 띄지 않는다. 당신이 원해야 보이는 것들이다.

어떤 미래를 원하는지 아는가? 진정으로 원하는 그 미래가 무언지 말이다. 막연히 바라는 행복이 아닌 명확하게 그려지는 자신의 미래, 그것을 찾아야 한다. 그렇기 위해서 우리는 3가지의 질문을 해볼 수가 있다.

첫 번째, 당신을 활기차게 하는 것이 무엇인지 생각해보라. 어떤 상황에서도 '이것'만은 몸이 아파도 시간이 없어도 시간을 어떻게든 내서라도 찾아서 하는 것이 무엇인지. 어느 누구에게나 어떤 형태이든 있다. 나는 아무리 바빠서 정신이 없어도 하는 것은 누군가가 도움이 필요하다거나 궁금한 게 있다고 하면 시간을 내어 상담을 해주고 들어주고 조언해주는 것을 예전부터 참 좋아한다. 예전에는 그냥 내가 사람을 좋아하고 그래서 그런 거라 생각했는데 작년부터 강의를 하면서 많은 여성분들을 만나서 이야기를 나누고 그들을 도와줄 때마다 아무리 힘든 일이 있어도 상담하고 통화할 때는 에너지가 넘치고 시간 가는 줄 모른다는 것을 알게 되었다. 얼마 전에는 코로나 바이러스에 걸려서 이틀을 일어나지 못하고 누워 있었다. '창업 스쿨' 강의가 있는 날이라 참여자 대표님들이 연락 와서 연기해도 된다고 하시면서 배려해주셨다. 몸은 '그래, 아프니까, 이해해준다니까 하루 쉴까?' 했는데 머리는 알았다. 아픈 거와 상관없이 에너지가 생길 거라는 걸. 예정대로 진행하기로 하고 무거운 몸을 일으켜 샤워를 하고 컴퓨터 앞에 앉았다. 언제 아팠는지 모를 정도로 온몸에서 힘이 나고 열정을 다해서 강의를 했다.

두 번째, 대가가 없이도 하는 일은 무엇인가? 부모가 되어 아이를 키우면서 대가를 바라고 키우는가? 힘들게 육아를 하면서 먹을 거 입을 거 아껴가며 소중한 시간과 자신의 삶을 다 내려놓고 키우는 부모지만 아이에게 어떤 대가도 바라지 않는다. 부모의 입장에서 아닌 자신 스스로를 돌아보자. 당신이 '무엇'을 할 때 대가 없이도 하고 싶은지 찾아보자. 어느 누구는 그림을 그리기, 요리하기, 노래하기, 아이들 가르치기, 춤추기 등 여러 가지 일들을 대가 없이도 즐겁게 하고 그것을 나누는 것을 아낌없이 하는 게 있을 거다. 함께하는 글로벌 여성 리더들 중에서 그런 분이 참 많다. 운동을 너무 좋아하는 한 대표는 자신이 몸이 너무 약하셔서 운동을 시작했고 많이 아팠던 본인의 과거를 잊지 않고 함께하는 많은 여성분들을 운동으로 치료하도록 도와준다. 바쁜 자기의 시간을 쪼개서 카톡과 전화를 통해서 자신이 가지고 있는 경험을 통해서 운동하는 방법을 나눠준다. 어느 날 그분에게 전화해서 정기적으로 유료 프로그램을 하는 것을 제안했고 지금은 아침마다 많은 여성들을 운동으로 치료하는 일을 하고 있다.

세 번째, 은퇴 없이 평생 하고 싶은 일은 무엇인가? 나이가 들어 더 이상 걷지 못하는 그 날이 올 때까지 평생 하고 싶은 일이 무엇인지 생각해 보라.

『마지막 강의』의 저자 랜디 포시는 췌장암으로 시한부 인생을 선고 받은 카네기멜론 대학 교수이다. 그는 세상에서 가장 아름다운 작별인사로 캠퍼스에서 마지막 강의를 한다. 죽음을 앞두고 살아가는 그의 마음이 어떨지 상상도 되지 않는다. 어떻게 그는 그 강단에 서서 학생들과 동료 교수들에게 장애물을 헤쳐나가는 방법, 다른 사람들이 꿈을 이룰 수 있게 돕는 방법, 모든 순간을 값지게 사는 방법, 우리의 이생을 사는 방법들을 나눌 수 있는 걸까? 그가 남긴 말 중에 내 가슴속에 깊이 새겨진 말이 있다. "나는 죽어가고 있지만 재미있게 살고 있다. 앞으로도 나는 남은 하루하루를 계속해서 재미있게 살 것이다." 사실 랜디 포시 교수와 나의 삶은 전혀 다를 게 없었다. 우리 모두는 언제인지 모를 죽음 앞에 서 있는 것이다. 단지 그날을 알지 못하고 인식하지 못하는 것이다.

단 하나뿐인 당신의 인생을 위해서 현재의 삶을 즐기고 절대 포기하지 않는 삶을 살아가야 한다. 어느 누가 정한 타임라인에 맞춰서 뛸 필요가 없다. 당신만의 미래를 위해 오늘도 한 발을 딛고 그렇게 천천히 가면 된다.

◀ 07 ▶

나의 행복은 가족의 행복이다

당신에게 행복이란 무엇인가?

행복의 의미를 사전에서 찾아보면, 생활에 만족하여 즐겁고 흐뭇하게 느끼는 감정이나 상태라고 정의한다. 이 뜻은 즐겁고, 만족스러워 축복을 느끼는 마음의 상태를 뜻한다. 행복이란 본질적으로 감정에서 오는 것이다. 보이지 않는 형체에서 느끼는 만족하고 기쁘고 편한 감정 등 여러 가지 감정에서 우리는 "행복하다."라고 느끼는 것이다. 여러 가지 다른 감정으로 느끼는 행복을 한마디로 정의하기는 참으로 어렵다. 그런 행복을 우리는 간절히 바라며 살아가고 있다. 어느 누구나 행복을 위한 삶을 위해 살아가고 습관처럼 "행복하고 싶어서."라고 이야기하곤 한다.

한 연구 결과에 따르면 대한민국의 행복 지수는 OECD 국가 중 최하위권이라고 한다. 왜 한국 국민은 행복을 느끼지 못하며 살아가는 걸까? 행복이 무엇이길래? 무엇이 행복한 삶을 가져다주길래? 많은 이들이 행복한 삶을 살기 위해 평생 고민하면서 살아가는 것일까?

지난 나의 모습을 돌아보면 주변 사람들의 행복을 위해서 살아온 시간이 많았다. 부모님 말씀을 잘 들어서 부모님을 기쁘게 행복하게 해드리고 싶었다. 동생을 잘 챙기는 것도 부모님이 힘드실까 봐! 그리고 동생한테 미안해서 내가 하고 싶은 일을 뒤로 미뤄놓고 먼저 챙기기도 했다.

시집와서는 남편이 좋아하는 거, 남편이 관심 있어 하는 거 중심으로 선택하면서 살아오기도 했다. 무언가를 결정할 때 내가 좋아서 결정하기보다 주변에 내가 사랑하는 사람들이 좋아하는 것을 우선시하고, 그들을 행복하게 하는 거면 내가 행복해지는 거라 생각하며 항상 의견을 묻고 동의를 얻으면 행동으로 옮기고 결정했던 내 모습이 있었다.

내 남편은 미국에서 태어난 중국인 2세이다. 한국과 다른 문화 차이로 처음 신혼 생활 때 많이 힘들었던 기억이 있다. 밥을 먹을 때나 어디를 갈 때나 무엇을 결정할 때나 항상 예의상 나는 내가 원하는 것을 바로 제안하지 않고 남편이 답을 할 때까지 기다려주곤 했다. 오랜만에 외식을 하러 나가기로 한 날이다.

남편이 묻는다.

"뭐 먹으러 갈까?"
"당신이 먹고 싶은 거 먹으러 가자. 난 아무거나 괜찮아." (사실 가고 싶은 곳이 있었다.)
"그래? 그럼 멕시칸 음식 먹으러 가자."

그러고 바로 출발을 한다. 순간 나는 '뭐야? 다시 안 물어보는 거야?', '난 한 번 더 물어보면 내가 원하는 곳 말하려고 했는데.' 영어가 짧은 나는 멕시칸 음식 별로 안 좋아한다는 말도 하지 못하고 갔다.

혼자 집안일을 하고 있을 때도 남편이 보다가 "도와줄까?" 그렇게 물으면 나는 예의상 "아니야, 괜찮아. 자기도 힘들지. 그냥 쉬어." 말한다. 솔직히 마음속에는 '그런 걸 뭘 물어봐? 그냥 도와주면 되지.' 이런 생각을 하고 있었다. 한 번 더 물어보면 청소기를 전달하려고 했는데 다음 질문이 없이 그냥 자기 할 일을 하러 올라간다.

이런 일들이 반복적으로 일어나면서 화가 나기 시작했다. 시간이 흐르고 나니 지금은 웃으면서 쓰고 내려가는 글이지만 첫아이를 임신했을 때는 자주 울었다. 남편이 '왜 내 마음을 몰라주지.' 하면서 말이다.

내가 나이가 어려서 그랬나? 아니면 한국에서 배운 습관이었을까? 원하는 것을 당당하게 표현하지 못하고 항상 남의 감정을 먼저 생각하고 나 자신을 표현하지 못해서 나중에 속상해하는 경우가 참 많이 있었다. 결혼 후 몇 년은 참으로 힘든 생활의 연속이었다. 불행 중 다행인 게 영어로 감정을 다 표현하지 않았기에 지금까지 남편과 잘살고 있는 거라 감사히 생각한다. 아마 내 성격상 언어가 통했다면 잦은 부부 싸움이 있었을 것이다.

아이들이 학교에 다녀오면서 어느 날은 기분이 좋지 않은 얼굴로 집에 온다. 엄마인 나는 한눈에 아이의 마음이 불편한 것이 보인다. 아이에게 묻지만 아이는 "아무것도 아니에요." 하면서 말을 돌린다. 나는 아이에게 "엄마한테 솔직하게 말을 해줘야 엄마가 도와줄 수 있어.", "네가 표현하지 않으면 엄마는 알 방법이 없지.", "뭐가 너를 힘들게 하고 슬프게 하는 건지 말해줄 수 있니?", "엄마의 도움이 필요하면 언제든지 도와줄 테니까 준비되면 나눠줘." 이렇게 이야기를 하면서 아이를 달랜다.

아이의 어두운 얼굴 표정에 나의 마음도 영 편하지 않다. 그렇게 나는 아이가 솔직히 표현하고 말해주기를 기다린다. 아이에게 나는 그러길 원하면서 정작 나는 나 자신에게 그렇게 대하고 있지 않다는 것을 깨달았다. 힘들거나 어려운 일, 괴로운 일이 있어도 언젠가는 남편이 알아봐주겠지, 부모님이 알아봐주겠지 하면서 몰라주는 주변 사람들에게 괜한 서운함을 가졌던 내 과거가 있었다. 지나고 보면 성숙하지 못한 나의 모습이었던 거다. 나의 행복은 아이가 행복하면, 남편이 행복하면, 그것이 나를 행복하게 만든다고 믿었다.

'멋진 여자, 훌륭한 엄마, 능력 있는 아내.' 그런 모습으로 살아가고 싶은 게 나의 꿈이다. 엄마라는 자리에서 그냥 좋은 엄마이고 싶다는 것 그 이상의 것을 나는 원한다. 그냥 아이를 잘 키우고 남편을 잘 서포트하는 것만이 나를 행복하게 하지 않는다는 것을 알게 되었다. 엄마이기 전 여자인 나 스스로가 바로 서고 내가 나의 인생을 소중히 여기며 만족해야 나의 가족들도 행복해질 수 있다.

나의 행복 그리고 가족의 행복을 위해서 반드시 챙겨야 할 3가지가 있다.

첫 번째, 건강을 잘 챙겨야 한다. 육체의 건강과 마음의 건강을 말한다. 이 세상 모든 사람들에게 건강이란 삶 속에서 가장 중요한 거다. 여자가 엄마가 되면 아이를 너무도 사랑하는 마음에 그 사실을 잊고 살 때가 있다. 자신 몸을 희생해 가면서 아이를 챙기고 끼니를 걸러 가면서 아이를 재우고 먹이고 하는 경우가 많다. 나 또한 그런 시간들을 보냈다. 하지만 자신을 희생하면서 가정을 챙기는 것은 진정한 사랑이 아니다. '엄마가 대신 불편해지는 삶, 엄마가 양보해야 하는 삶이 가정을 위하고 아이를 위하는 것이 아니다!'라는 것을 명심해야 한다.

두 번째, 자신의 취미 생활을 찾아야 한다. 아이들이 키우면서 새로운 것들을 가르치며 아이의 적성을 찾아주고 잘하는 것을 찾아주기 위해 부모들은 많은 노력과 시간을 들인다. 그것을 통해서 아이가 자신의 삶의 목적을 발견하고 배워가고 알아가는 과정을 통해서 성장하면서 행복을 느끼게 될 것이다. 우리도 마찬가지이다. 자신이 좋아하는 일, 잘하는 것들을 찾아 취미를 가지며 생계를 위한 게 아닌 온전히 자신만을 위한 시간을 가져야 한다. 나에게 온전한 나만의 시간은 피아노를 치는 시간이다. 피아노를 칠 때마다 부모님께 참 감사하다. 포기하지 않게 해주셔서. 일상에서 벗어나 피아노를 치는 시간을 통해 스트레스도 날리고 복잡한 마음도 정리할 수 있다. 밤낮 상관없이 칠 수 있는 전자 키보드가 있어서 언제든지 마음이 답답한 날에는 피아노를 치며 기분 전환을 한다.

세 번째, 자신의 꿈을 챙겨가며 살아야 한다. 남편의 꿈을 위해 사는 것, 아이의 꿈을 위해 사는 것은 정작 당신 스스로를 행복하게 해줄 수 없다. 당장은 희생하며 사랑하는 사람을 위해 희생하는 것이 행복이라 느낄 수도 있지만 채워지지 않은 공허함으로 삶이 무의미하게 느껴질 수 있고 우울한 감정을 느낄 수 있다. 우리 이전 세대의 많은 부모들이 자식을 위해서 삶을 양보하고 꿈을 포기하고 자식의 꿈을 이루기 위해 살아온 스토리를 자주 듣는다. 그렇게 어느 누구보다도 열심히 가르쳐 성공시키고 노력했지만 정작에 자신의 세월은 다 지나가고 자신이 기대한 만큼 챙겨주지 않는 자식들에게 서운한 마음에 힘든 노년의 생활을 보낸다는 이야기들을 주변에서 또는 매스컴을 통해서 듣게 된다. 아이를 다 키우고 난 20년 후 자신의 삶을 상상해보라. 아이들은 자신의 꿈을 펼치며 살아가는 시간에 당신은 무엇을 하고 살고 있을지를 상상해보는 것이다. 그럼 지금 현재 자신이 왜 꿈을 챙겨가며 살아야 하는지 답이 나올 것이다.

『행복한 엄마가 행복한 아이를 만든다』의 저자 슈테피티 슈나이더은 "인생은 당신이 어떻게 하느냐에 달려 있다. 당신이 행복한 엄마가 되기를 원한다면 스스로 결심하고 정말 그렇게 되길 원해야 한다. 일단 당신이 무쇠처럼 단단히 결심을 하고 행복이라는 이름의 자석을 한 걸음을 내디디면 그 후로는 더 쉽게 여정을 단축시킬 수 있다."라고 말한다.

'행복 바이러스'라는 말을 주변에서 자주 들어봤을 거다. 행복이란 감정은 다른 감정처럼 언젠가 모르게 전염이 되고 당신도 모르게 영향을 받게 된다.

미국 하버드 대학 연구팀에서 남녀 1,800명을 대상으로 진행한 연구 결과가 있다. 연구팀은 참가자들을 대상으로 자신의 감정 상태를 만족, 불만족, 중립으로 구분하고 다른 사람을 만났을 때 감정에 어떤 변화가 일어나는지 추적, 조사했다. 그 연구 결과, 행복을 느끼는 감정은 바이러스처럼 전염이 된다는 결과가 나왔다.

행복한 엄마 창업가로 살아가기 위해서는 당신의 행복을 찾아 살아가는 것부터가 시작이다.

본인 스스로 행복한 삶을 살아가기 위해 도전하고 살아가면 함께하는 가족도 행복해진다는것을 분명히 기억하자.